スリランカ海村社会の女性たち

―文化人類学的研究―

高桑 史子
Fumiko Takakuwa

八千代出版

はじめに

本書の目的は文化人類学的調査によって得られたデータをもとに、以下の二点に焦点を当てながらスリランカ南岸海村の家族と地域社会の変化を考察することである。

第一に家庭運営に責任をもつ女性の役割に注目する。アジアの海村は近年になって開発政策の影響を受け、グローバルエコノミーに巻き込まれ、その生産活動や人々の生活は急激な変化の途上にある。このような変化に家事の担い手である女性はどのように対応し、いかなる生き方を選択しているかをみていく。第二に漁撈活動を通じて、独立性の高い家々の集合体として臨海域で生活してきたこの地域の人々が、国家の政策に呼応する形で地域的なまとまりのある実体として集合していく過程を追っていく。

以上の問題意識により本書は二部構成からなる。

第一部では、家族を中心に家庭経営において毎日の生活で現金と係わることの多い女性の役割と労働を論じる。スリランカの海村は家族の独立性の高い社会であり、自律性のある村落共同体としてのまとまりよりも、親族や姻族を介在して地域を越えた広範囲にわたるネットワークが形成されている。そのような状況において、家族の男性成員による漁撈という不安定な経済活動に対し、女性成員とりわけ妻の果たす役割を論じる。具体的には、婚姻によって妻方からもたらされる持参財であるダウリー（dowry：シンハラ語でダーワッダ）の意味とそれが果たす機能、女性の実家との関係が男性の経済活動に与える影響、さらに妻の経済活動が家庭経済に果たす役割を考察する。近年、女性の生活や女性の視線からの民族誌が多く出版されている（ガードナー 二〇〇二・石井 二〇〇二・中谷 二〇〇三・森谷 二〇〇四など）が、本書はこれら「発展途上国」「第三世界」の女性の日常生活の記述も意識しながら、海村における女性の役割について考察する。

第二部では、家族の独立性が高く村落としてのまとまりが希薄な社会において、国家の政策によって一定のまとまりのある地域的枠組みが形成されていく過程を追う。その際に行政的な働きかけを支えるものとして、仏教や寺の関与が大きいことを論証していく。独立後のスリランカにおいて、国民意識の啓蒙は仏教徒としての自覚へとつながっていったが、国家的規模で信仰される寺が栄える一方で、ムラ（村落）内の小規模な寺では信者の数が減少して寂れていく傾向があった。しかし、行政とタイアップした寺は、地域内に独立的に存在する家族をまとまりのある村落社会として統合するために一定の役割を果たすようになる。本書では人々と寺との関係をみることが目的であるので、実際の仏教教義や仏教儀礼、あるいは僧侶の生活には言及しない。国民の七〇パーセント以上が仏教を信仰する仏教国スリランカにおける近年の寺のあり方の変化にも注意を払うことになる。

第一部と第二部では南岸の一海村の変化をみていくが、補論として家庭の中で女性の関与する調理、食の領域が、生活向上政策や、食のグローバル化によってどのように変貌したかに関しても論じていく。

なお本書では、女性の役割や村落構造を中心に論じるため、漁撈・漁業に関する記述は必要最小限にとどめている。本書で論じるためのデータは一九八四年十月～一九八五年十月、一九九一年九月～十月、一九九三年四月、一九九九年八月、二〇〇一年八月の約一年四ヵ月にわたって南岸の海村に滞在して収集した。またその間、西岸、東南岸、東岸をはじめコロンボと近隣の海村やいくつかの多目的漁港も訪問してデータ収集を行った。

滞在先の地名を仮に以下のように名づける。直接全戸調査を実施した小規模な臨海村落をタルナウェラとし、隣接する臨海村落をロクウェラとする。ともに行政的にダクヌガマ村に属する。また登場する人々はすべて仮名や記号で表記する。また収入や物価などは特にことわりがない限り、全戸調査を実施した一九八五年当時のものである。当時は一ルピーが十円であった。

地名については、スリランカでは通常、英語で呼び慣わしている地名とスリランカ人による地名が異なることが多く、またシンハラ名とタミル名も異なる。本書では日本人になじみ深いコロンボ、ネゴンボ、キャンディ、ジャフナを除いて、調査地であるタルナウェラの人々が使用する地名に従い、英語名については括弧で説明をする。

さらに本書のデータを収集した時代も明記しておく必要があろう。スリランカでは一九八三年の反タミル暴動をきっかけとして、タミル人の多く住む北部州・東部州の分離独立を目標に掲げた反政府勢力である「タミル・イーラム解放の虎（Liberation Tigers of Tamil Eelam；LTTE）」と政府軍との戦闘が続き、一九八七年にはインド軍が平和維持軍（Indian Peace Keeping Force；IPKF）として北部と東部に軍事介入をした。インド軍が引き上げた後も戦闘は激化し、海上封鎖が行われ、一部の海岸や沿岸では漁業活動が禁止されたりまた大幅に制限されていた。また一九八〇年代後半は中部から南部一体にかけて、シンハラ人の「人民解放戦線（Janatha Vimukuti Peramuna ; JVP）」による反政府暴動が頻繁に起こり、一時は内乱状態になったが、一九八九年に指導者が殺害されて、騒乱は沈静化した。その後もタミル人反政府ゲリラと政府軍の戦闘は続いたが、二〇〇二年九月になって政府と反政府勢力との間で和平交渉が開始され、今後の進展が注目されている。データ収集が行われた一九八〇年代から一九九〇年代は内戦の影響が随所に現れ、筆者の滞在した海村では海上での漁業活動に制限が加えられていただけでなく、日常的に生活や生命が危険にさらされていた時代であった。このようにスリランカ社会全体が疲弊していた時代であったことを付け加えておく。

本文中で登場する家族はすべて巻末の一覧表にある世帯番号で示してある。

親族関係は以下の記号で示してある。

F：父、M：母、Z：姉妹、eZ：姉、yZ：妹、B：兄弟、eB：兄、yB：弟、S：息子、D：娘、H：夫、W：妻

複数のアルファベットはたとえば、FM：父の母、FZHZ：父の姉妹の夫の姉妹、WZH：妻の姉妹の夫、のように読み替えていただきたい。

また、本文中でふれるが、親族名称に関してはシンハラ社会で使用されている親族名称を補ってい

る。たとえば、本人から見て父の兄弟FBを〈父〉、父の兄弟の息子FBSを〈兄弟〉などのカテゴリーに入れるので、〈 〉内に示してある。

二〇〇四年四月

高桑　史子

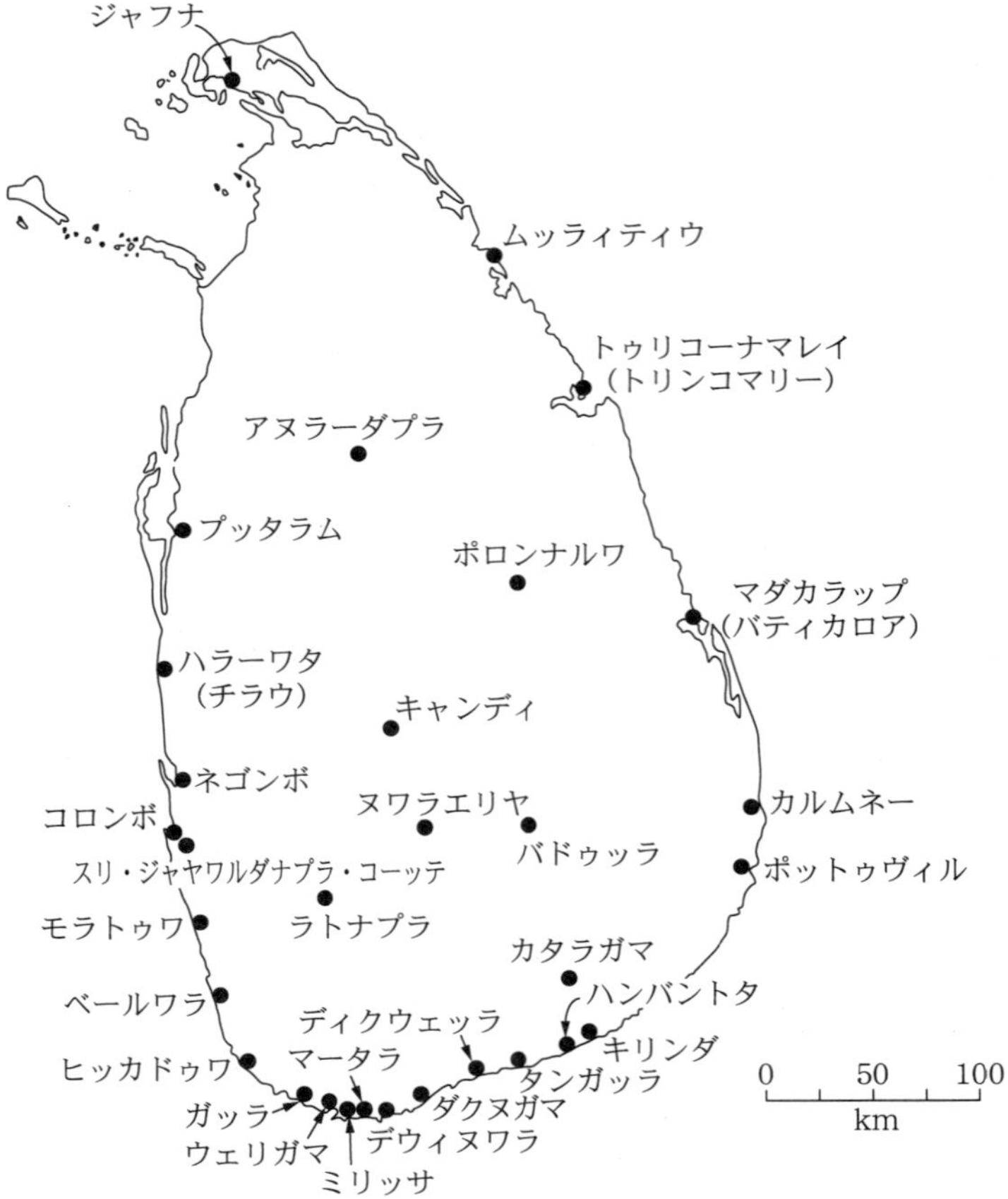

スリランカ地図

地名は日本で比較的知られているコロンボ、キャンディ、ネゴンボ、ジャフナ以外は原語に基づいて表記する。英語表記と大きく異なる場合は、括弧内に英語のカタカナ表記を入れる。なお、地名はシンハラ名とタミル名とで異なるが、筆者の調査地の人々が使用するシンハラ名で表記する。

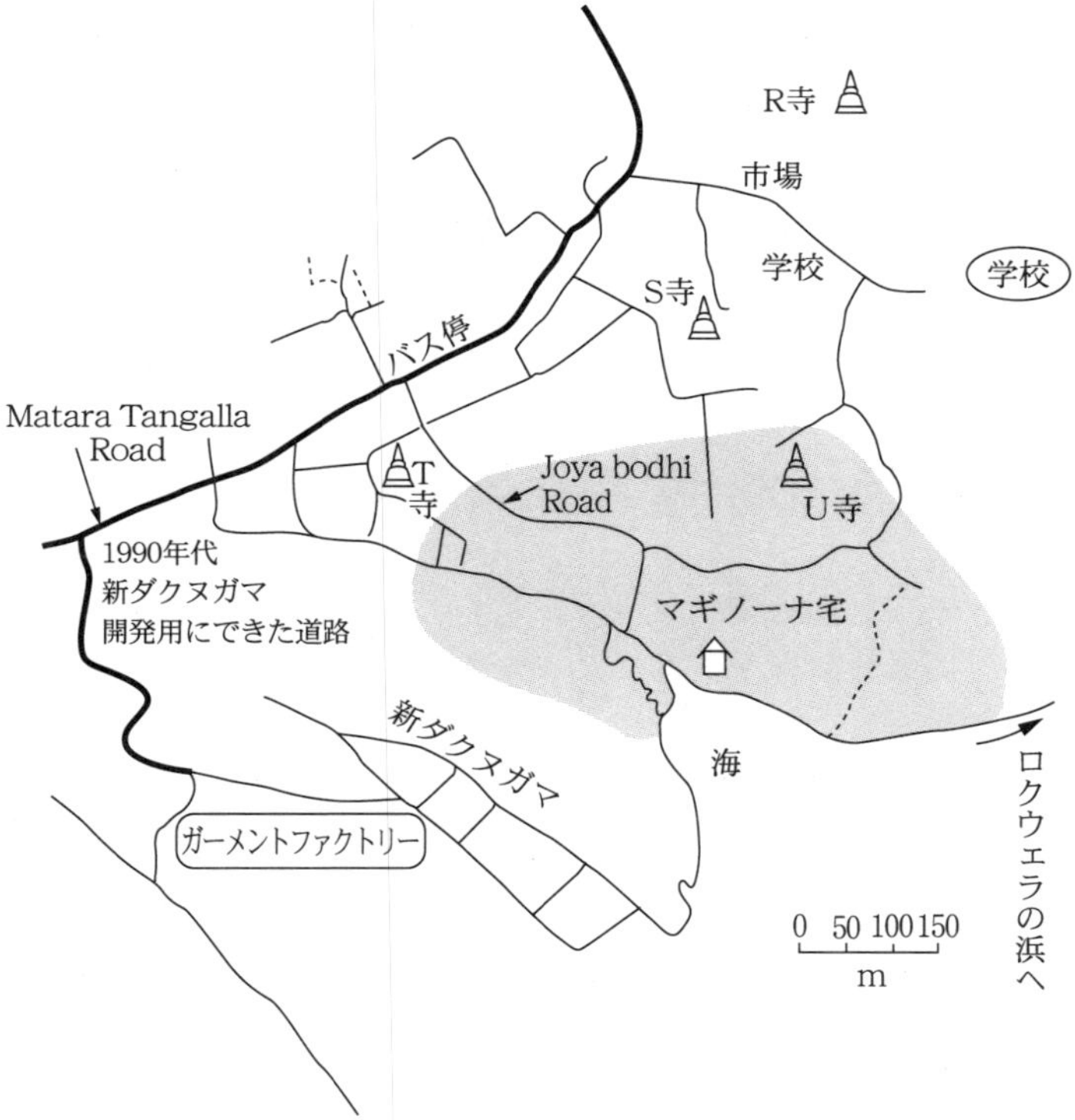
R寺
市場
学校
学校
S寺
バス停
Matara Tangalla
Road
T
寺
Joya bodhi
Road
U寺
1990年代
新ダクヌガマ
開発用にできた道路
マギノーナ宅
新ダクヌガマ
海
ガーメントファクトリー
ロクウェラの浜へ
0 50 100 150
m

タルナウェラ地図

目次

目　次

第二部　ムラの創成とムラアイデンティティの確立

目　　次

第一部

スリランカ海村における女性の労働

第一章　海村と女性の労働

第一節　漁撈活動と女性の役割

本書で筆者は「漁村」ではなく「海村」という語を使用している。臨海域に住む人々は、海洋資源と係わりながら生きてきたが、その係わり方も様々であり、社会経済史的・歴史的諸条件等との相互関係により変化を遂げてきた。さらに臨海域には専業漁民だけではなく、半農半漁民をはじめ、海と係わりをもたない農業従事者が居住している場合もある。漁村ということばでは漁撈・漁業を強調し過ぎることになり、臨海村の多様な側面を等閑視してしまう可能性がある。

一「漁村」と「海村」

社会学者である柿崎京一は日本における漁村、漁民、漁家を以下のように定義づけている(1)。漁村とは「漁家（漁民）を主要な構成単位とし、漁業生産秩序を基盤に統合されている生産・生活協同の地域集団」である。また、漁民とは「漁業（水産動植物の採捕または養殖業）に従事する人々」であり、「広義には漁業に密接に関連する水産加工業や市場等を含めた水産業従事者をさすこともあり、また従事者とその世帯員を一括して漁民と定義することもあ」り、「漁民は大別して①他人の営む漁業経営体に雇われる賃労働漁民と②家族労働を主体とする自営漁民に区分される」。さらに漁家は「一般に漁業就業者を含む世帯をさす」が、漁業就業者については「漁業の海上作業に年間三〇日以上従事した人（農林水産省統計）という規程を基準にしていることが多い」とする。民俗学の立場から高桑守史は「漁村とは、水界における漁撈活動に主な生活の基盤をおく人々によって構成され、その社会的・経済的利害を調整すべく、これらの人々によって漁業協同組合が形成されている地域的社会集団である」（高桑（守）一九九四：二八六）とし、海村が漁村であることの条件として漁業協同組合の存在を指摘している。柿崎や高桑の定義は日本をはじめ、企業的経営が行われたり、組合が組織化されていたり水産物の販売等の組織が整備されている国や地域を対象としたものであるが、スリランカの場合、漁協が組織されていても社会が「漁業生産秩序を基盤に統合されている」とはいい難く、行政的に漁村とされた海村とするのが妥当である。

世界各地の海村・漁村のジェンダーに着目しているナデル-クラインとデービスも「漁村（fishing community）」の語の使用には注意が必要であるとし、Maritime Arena（海事に係わる圏域）という語を使用している（Nadel-Klein & Davis 1988）。そこで本書では、特に家族における男性の労働つまり漁業よりも女性の役割を強調するという立場で論述を進めていくため、ダクヌガマ村を「海村」とする。

一九六六年にファースがマレー半島の漁村の民族誌を発表した。彼は、農村社会に比べて、漁村社会が漁業という不安定で流動的な生産活動に依存しているため長期的計画が立てにくく、生産物の保存が不可能であるため迅速な流通が必要とされ、居住地（陸）と生産活動の場（海上）が異なるなど、漁村の特異性に着目し、従来の農村を対象にした研究とは異なる研究の枠組みを設定する必要性を指摘した。これが最初の漁村や漁民に関する文化人類学研究であるとされる。彼の描いた民族誌がその後の漁村・漁民研究の方向性を提示した（Firth 1966）。しかし、スポアーが指摘するように、他の経済活動、特に農業に従事する社会の研究に比べると、その後の研究は量的にも質的にも遅々たる進歩しかみられなかった（Spoehr 1980 : 9）。フルベルトは、南アジアのカースト研究において漁民が無視されたり、東南アジアの海洋民が東南アジア研究の対象から欠落していると指摘している（Hulbert 1970）。スミスは、生計の大部分が海から得られたものによって占められている社会の研究においてさえ、研究者はそれらの事柄を脚注で扱い、相変わらず土地を基礎とする生活体系のほうに重点を置きがちであると指摘している（Smith 1977 : 2）。

しかし、近年では地理学、生態学、経済学、法学など自然・社会諸科学が参入する総合科学的研究が漁村や海村研究にて展開し、特に資源管理や漁場管理などの領域における研究、漁具・漁法の改良と新技術の導入による海村社会の変化に関する研究、水産業振興を目的とした開発援助の効果をはかるための漁民の生活調査などが行われている(2)。飯田卓も指摘するように、生態人類学の分野で人と自然環境の係わりを明らかにするために様々な生業活動が定量的に記述され、漁撈活動もその研究対象とされており、環境への適応の度合いを考察するために漁撈の多様な側面を把握しようとする傾向がみられる（飯田 二〇〇一 : 八一）。

秋道智彌は海と係わる人々を包括的に「海人」ということばで表し、そこで生活する人々である海人の比較研究を試みている。これは従来の村落研究の枠組みにとどまらず、歴史学・言語学研究や生態学・海洋学、考古学調査と連携する学際的研究という意味をもっている（秋道 一九九八）。
さらに漁民の心的世界の投影する信仰や世界観・諸儀礼に関する研究にも展開がみられる。それは農民との比較を通して、漁民のパーソナリティを明らかにするものであるとともに、ある一定の地域的なまとまりのある社会における多元的文化の存在を示唆する研究へと発展している。また海域世界に生きる人々が陸上中心の歴史観により無視されてきた点を強調し、海からの視点により、交易ネットワーク、海上ネットワークの研究へと発展させようとするものもある（鶴見 一九九〇）。

二 「海村」の女性

西洋社会では漁業を勇敢で力強い男性の領域として認識する傾向があり、海村における女性の社会的・経済的活動の実態が詳細に検討されることは少なかった。非西洋社会では日本の海村研究にみられるように、早くから海女の実態や女性による水産物の販売などの経済的側面、漁や航海安全などに関する女性の儀礼的側面などの研究も展開されている。

ナデル-クラインとデービスによれば、男性の経済活動に重点が置かれてきた従来の研究では、漁撈・漁業に従事する者の大半が男性であるため、男性の労働場面である漁撈の組織や形態あるいはその変化などが主な考察の対象となった。海上や浜での労働の担い手は男性であり、女性は陸上での補完的役割を担うに過ぎないという固定化された「西洋的」伝統の現れである。しかし近年では、フェミニスト人類学や人類学における女性研究の隆盛により、特に女性の生活に焦点を当てた研究が海村を舞台に展開されている。フェミニスト民族誌では、男性に偏った人類学的「伝統」の再考に加え、女性を社会システムの中で重要な役割を果たすものとして位置づけており、その研究の流れの中で、西洋の伝統で男性専門の領域とみなしてきた漁撈における女性の役割に注目しようとする。漁村の女性が男性による漁撈の補完的役割しかもたないとみなされていたのに対し、非西洋社会の情報が充実するにつれ、海産物の販売、加工などに女性が大きく関与していることが明らかになっている。このような従来の研究の批判に基づく新しい視点は、女性を主体とした生産活動の記述や女性の行動を中心に社会をみるという関心を深化させた。一方で男性の長期的不在に対する女性の役割、つまり女性が家庭と男性不在の地域社会の双方の経営に関与している点に注目し（Nadel-Klein & Davis 1988 : 5)、男性の不在という条件を前提として、生産活動に係わりながら家事労働を担うべき存在という女性の二重の役割を強調する記述もみられる。

開発とジェンダーの視点からも、海村の女性が従来から有していた潜在的力を引き出すことやエンパワーメントの方向づけが討議されるようになった。また、男性の係わる漁撈が近代化という名目の漁業振興策により揺れ動く過程で、むしろ周縁であったためにこれまで積極的に評価されていなかった女性の労働にも焦点が当てられるようになっている。漁村において女性の担う労働は「みえない労働」であることが多く、そのために女性の役割は無視され、近代化政策の対象にはならなかった (Nieuwenhuys 1989 : 174)。近代化つまり商業漁業に向かうことによる漁撈活動の変化は、漁場の拡大や漁獲量の増加とそれに伴う漁船や漁具の大型化、維持費の高騰などによる損益が論じられ、数量的に把握しやすい側面をもつ。しかしこの変化は女性の労働に質的な大転換をもたらすこともあり、統計的なデータ処理の枠内で論じることはできない。たとえば、スラウェシ島南西岸の海村では、従来男性が海洋交易に従事していたのが、国境警備の強化により遠洋航海が不可能になった一九八〇年代後半から、商業漁業が盛んになり、海産物の需要が増えてきた。そのため、従来商品としての布を生産するために家庭内で機織りに従事していた女性が機織りをやめ、より現金収入が見込まれる魚の販売に進出するようになった（Volkman 1994）。女性が現金収入を得る労働の場が質的に変化したのである。

以上概観したように、海村における女性の生産活動やジェンダーの文化人類学的研究は近年になって盛んになってきたが、今後論じられるべき課題は次の三点に要約できる(3)。

第一に、漁撈活動への女性の経済的社会的関与という論点である。性的分業の内容や配分、男性の活動と女性のそれとの違いや労働に関する認識の相違などが論じられる必要がある。男性の労働の場が主として海上であり、また漁撈活動中の男性の長期間にわたる不在から、陸上で展開する漁民家族の生活における女性中心性や女性の意思決定権などに関する研究があるが、多くの場合漁業という特殊性の枠組みの中で考察されている。これらで論じられているのは、生産活動の主たる担い手は男性であって女性の労働は従属的あるいは補助的な役割とされているのか、同じ漁撈活動に従事していても、漁法や漁場あるいは活動内容に性的区分があるのか、同じ内容であっても意識上両性の労働は区別されているのか、というような個々の文化・社会におけるジェンダーイデオロギーとも関連する労働観である。

第二の論点は漁撈活動への女性の儀礼的係わりである。漁の運・不運を決定づける女性の儀礼的位置は、女性のセクシュアリティとも関連づけて論じられている。女性を豊饒性と枯渇性に関連させることは漁業という場面でより重要な意味をもっている。たとえば若い女性・妊産婦・高齢女性など女性の成長や加齢と関連させた豊饒あるいは不吉・不浄の兆候、男性にとっての姉妹・母・妻など女性の社会的位置と海上活動との係わり(4)など、女性との関係のあり方が男性の生産活動をいかに左右するかが報告されている。以上から指摘できることは、男性が担う漁業や漁撈を女性がいかに儀礼的に支えているかという研究の必要性である。これは男性労働への儀礼的側面からの補完性ということだけではなく、当該社会の女性観の把握にもつながる。

第三の論点は、現代における多様化する価値と同時進行しながら、しかもその流れに逆行するかのようにもみえる、国家あるいは大資本による女性労働の「搾取」とジェンダーイデオロギーの一元化ともいえる現象の評価である。これは次のような動向として把握できる。個々の家族が多方面にわたる生計維持活動の単位となり、経済活動が国家や国際市場の統制下に置かれずに小規模な地域社会や民族内で独立して行われる社会においては、女性の地位は従属的なものではなかった。これらの社会は漁撈・狩猟・採集・農耕などのすべての生計維持活動を両性の協同により実行していたが、国家の「近代的」経営や産業の振興、賃労働の導入により男女の活動領域が区分され、男性が特に現金収入の担い手（providers）としての役割を担い、女性が家事労働という枠の中に次第に押し込められ、結果的に女性の従属的な地位がつくられていった（Nowak 1988・松井 一九九六）。同様に、地域社会（小社会）で販売や交易活動に女性が中心的役割を担っていたのが、大規模な資本の進出や流通の国家的整備により、結果的に女性の活動の場が奪われてしまい、小規模漁家の貧困化が進んで零細漁民化したり、女性の労働力が家事労働か、意思決定権をもたない賃金労働の中に埋没してしまった。近代的経営あるいは開発が結果的に女性の社会的・経済的地位を脆弱なものにし、隷属化してしまったということになる(5)。この議論は女性の社会的役割の変化をフェミニズムイデオロギーによる一元的図式で把握しようとする姿勢であるが、人類学における女性研究はこのようなフェミニズム的説明に対応すべき事例と解釈を用意しなければならない。

たとえばガーナのファンティ民族（Fanti）の市の女性魚商は漁船の大型化と動力化で漁獲量が増えたため、さらに経済的上昇を果たした（Christensen 1977）し、シエラレオネのシェルブロ海岸（Sherbro Coast）の漁民家族では、加工と販売という女性の領域の固定化が漁業発展政策により女性の発言権を強めた（Krabacher 1988）。赤嶺綾子によれば、タイの日本輸出用スルメ製造の増加で、イカ漁が盛んになり、イカの加工が女性労働力を重要視し、そのことが女性の社会的地位を上昇させたという（赤嶺 一九九五）。また、女性たちも女性の労働の場が縮小されたり、なくなることを全面的に否定するのではなく、女性としての自らの価値を浜や海上での労働の場でなく、家庭内での労働に置く傾向もみられる（Cole 1988 など）。女性の「主婦化」「ドメスティケーション」などの語で把握される現象であるが、新しい世代において上位世代の女性の労働に価値を置かない傾向をもつ社会も出現している。

近代化や経済政策の変化と女性の労働や経済活動との係わりは、開発と文化を考える際の重要課題となりつつある。しかし、個々の社会を詳細にみていくと、世界的規模で起こりつつある変化が各社会の女性の生活やジェンダーのあり方に与えている影響は異なり、また、ある政策やプロジェクトが結果的に村落内や村落間の格差を顕在化させるのと同様に、女性の間にも様々な形で格差を生じさせている点も無視できないであろう。またジェンダーやセクシュアリティの観念は、近年の高学歴化や情報化などによる女性の多様な生き方が浸透するにつれ、変貌を遂げつつある。

第二節　スリランカ海村におけるジェンダーとセクシュアリティ

スリランカ女性の役割や地位に関して南アジアという文化的枠組みでの考察は有効である。南アジアの広い部分を占めるインドでは、北インドと南インドとの間に文化的相違が存在するが、スリランカは宗教儀礼、親族名称体系、婚姻における交叉イトコ婚の優位性、ハイパガミー（上昇婚、女性が自分の所属する集団よりも上位集団の家に嫁ぐこと）の欠如と妻の実家の役割の重要性などの点で、南インド文化と類似する部分が多い（Gombrich & Obeyesekere 1988・辛島 一九九四・鈴木 一九九六など）。また女性のセクシュアリティへの配慮と、女性の持参財つまりダウリーの存在については広く南アジアと共通するものとして比較検討する余地があろう。

スリランカ女性の行動は南アジアに広範に存在する規範や原理に支えられている。それは女性のセクシュアリティを豊饒性と結びつけての評価であり、同時にそれは危険なものでもあり、ケガレ・不浄として捉えられる。そしてそのような女性のセクシュアリティの保護と管理は父から夫へ、つまり実家から婚家に移動するものである。それは以下のような観念として理解することができる。

第一に母になるまでの期間の家族による安全の保障である。結婚までは実家により、結婚後は夫により彼女の人生（吉祥性）は守られるべきであるという考え方である。第二に女性はしかるべき男性と結婚して母になるべきで、結婚後は妻として母として家族に責任をもつことが期待されている。第三に男性はその力と能力とによって女性を父、兄弟、夫として保護すべき義務がある。男性は特に母に対する敬愛の念をもちながらも、保護する対象としての女性を守る者として優位にある。しかしながら、このような理想像が実現できるのは中産階級のみであり、多くの女性の生活はこのような規範が複雑に絡み合う中で営まれていた。男性の優位、女性は男性を中心とする家族の保護下にあるべきという規範と、家庭を管理する主婦としての責任は、結果的に女性が家族と家計の管理者であるという認識の中で様々な労働に従事する主体として現れる。つまり、一家の稼ぎ手（bread winners）であり家族の代表者である男性と、男性のもたらす不安定かつ不規則なあるいは少額の収入の中で家族員に対する主婦としての責任を果たすべき女性との関係のあり方が、社会・経済的背景とジェンダー観に影響を受けながら、女性に様々な行動の選択肢を用意している。

このような女性の役割の変化に関する研究は近年社会科学諸分野で展開している（Galdwell 1999 な

ど)。とりわけスリランカ女性の、社会の中で保護されてしかるべきセクシュアリティの侵犯とも係わる中東出稼ぎや開放経済政策により急激に増大した女性の賃金労働の分析に関心が向けられている(Jayatilaka 1998・Gamburd 2000など)。男性を含め、女性の出稼ぎ事情をドキュメンタリータッチで記述した内藤俊雄の著作は臨場感が漂ってくる(内藤　一九九〇)。これらの研究姿勢は、女性労働の搾取について論じたものもあるが、近年ではむしろ女性たちの労働への自己評価から彼女たち自身のアイデンティティの覚醒、いわゆるエンパワーメントなどを扱うものが多い。しかし途上国女性の経済的・社会的苦難とその解決策を模索する研究も続けて行われており、たとえば女性への抑圧の状況を報告したもの、スラムの女性の生活を扱ったもの、少数民族であることから抑圧される側としてのタミル女性の生活を論じたものなどが報告されている(6)。

海村の女性については、文化的にスリランカと共通する部分の多い南インドの海村の研究が行われ、タミルナードゥ州のカトリック漁村(Ram 1991)、ケーララ州のカトリック漁村(Busby 2000)のジェンダーに関して詳細なモノグラフが発表されている。ともに南インドにおけるヒンドゥー的価値体系を基本とする枠組みとは別の枠組みでのジェンダー研究の方向性を示唆している。それは、カトリックで漁民であるという「特異性」あるいは「例外性」ではなく、インド社会の多面性、多元性を引き出そうとする研究である。

スリランカの海村においては、アレクサンダーがダクヌガマ村の東方十マイルにある地引網漁村ガハウェラ(仮称)の社会変化を論じる中で、主たる生産活動である漁業や魚販売、輸送などに関与することのない女性が、男性による収入の管理者として重要な役割を果たしていることにふれている(Alexander 1982 : 40–41)。これは上記の南インドの海村でも同様で、ラムは、海村における中心的労働つまり漁業や魚の販売に関与することのない女性たちが、男性の労働によってもたらされる経済活動とは別の「アンダーグラウンド経済」を担っている状況を詳細に述べている(Ram 1991 : 145–163)。アレクサンダーと同様にスリランカ南岸海村の社会構造の分析を行っているヤルマンは、特にダウリーをめぐる姻戚関係のあり方を論じているが、実際の漁村の女性の生活やあるいは家族の日常については深く分析されていない(Yalman 1971 : 271–281)。

最近のスリランカのタミル漁村の女性に関しては、田中典子が女性の生活を民族紛争に翻弄される様子とともに記述している(田中(典)一九九三)。田中典子の描き出すタミル漁村の女性は南インドのタミルナードゥ州の漁村と類似する部分が多い。また田中雅一も同じ漁村のデータからスリランカ漁村のジェンダーについて論じており、一般に流布している「漁村の女性は強い」という言質を再考する必要性を論じている(田中(雅)一九九五)。多くの漁村・海村で女性は漁船に乗らないが、その理由は特に女性の不浄性で説明されることが多い。田中雅一も不浄である女性が聖なる空間である海に出ることが禁じられているとする(田中(雅)一九九五：二五七)。筆者が調査をした仏教徒の海村では直接このような理由づけを聞くことはなかったが、女性が浜に近づくことも乗船することも男性にとって「恥ずかしい(ラッジャイ)」ものであるという(7)。

スティラットは、スリランカ西岸のカトリック漁村におけるジェンダーイデオロギーについて論じている（Stirrat 1988 : 89）。女性の労働から仏教徒漁村とカトリック漁村の違いをみると、カトリック漁村では魚の販売に女性が従事している点が指摘できる。本書で論じる仏教徒の海村との比較をするために、少々長くなるがカトリック漁村の女性観をスティラットの報告から概観する。スリランカでは、女性は男性より弱く傷つきやすいと考えられている。女性へのキッラ（不浄・ケガレ）の概念は女性が他人に危険を与え、悪魔を引きつけやすいというものである。このイデオロギーに沿って女性は法的に従属的位置に置かれており、父や兄弟の保護から夫の保護へ譲渡されるものと考えられている。

スティラットはオベーセーカラの研究（Obeyesekere 1963）を踏襲し、男性、特に父や夫は家族の中で優越しており、権威をもち、妻は彼らの役に立つように行動すべきであると考えられているとする。具体的には家庭内活動として、料理、水汲み、薪とり、子供と夫の世話をするものとされ、それに対して父や夫は提供者、つまり肉体的精神的優位性で家庭に食料や必要物資をもたらすものとされる（Stirrat 1988 : 89）。しかし、実際の漁家経済で女性の果たす役割は多大なものがある。特にカトリック漁村で女性が魚の販売をするという行為に対する彼らの説明づけを、スティラットは次のように論じている。ムラでは女性が魚の販売をするということ、つまり女性が現金をもつということについて、男性はお金が汚いものであるという認識をもつ。男性はお金を「クリーンではないもの（アピリシドゥ）」と考えており、特に高齢の男性はマチに買い物に出かけるときも、可能であるならば現金をもち歩かない。もし必要ならば妻を買い物に行かせたり、つけで買おうとする。今日の漁獲からどれだけの収益を上げたかとか、今我が家にどれだけのお金があるかとか、どれだけの借金があるかなどということに関する情報は女性の領域であり、男性にとって無用である。女性はこのことに関して異なる見方をしており、男性は単に物をもってくる人、具体的には魚をとってくる存在であり、お金を男性にもたせると、無責任で思慮がないためどうするかわからない、それで女性が仕切るのが当然と考える。女性は自分の夫のことを「私たちの労働者（アペー クリカーラヨ）」ともいっている。ムラでは女性が男性の活動に対し、お金の面で後援する態度で接し、男性が財政的決定をすることを阻止しようとする。男性はモンスーン期に風波の影響を受けないところへ移動して地引網漁を操業するが、網元が移動のために網労働者を募集する際、女性が賃金や前借り分を交渉しようとする。募集人はこの交渉相手を、女性よりも、すれていない男性に限定しようとする。また、漁期の終わりに網元が賃金を支払うためにムラにやってくると、女性たちが現金を受け取ろうとする。このような場面をみると、確かに家庭内では男性が女性に従属しているかのように感じられるが、家庭外では女性は公的場面から排除されており、女性が魚の販売に従事しても、それはフルタイムの魚商ではない。女性の経済行為はより規模の大きい仲買人や卸商人に魚を売るという、下請けの仕事でしかない（Stirrat 1988 : 91–94）。

このような女性の行為、つまり魚販売のためにムラの外に出るということが一般的シンハラ人の価値観から逸脱するとの認識から、より商業化の進んだネゴンボなどでは女性が魚販売をすることが徐々になくなり、女性が家庭化つまりドメスティケイテドされつつある。つまり中産階級のシンハラ人と同じ価値を是とするように変わっていった。これは第一節第二項で検討した、女性の価値を家庭内にとどめておこうとする動きと類似する観念である。

《注》

（1）『新社会学事典』（有斐閣、一九九三年版）による。

（2）国連の食糧農業計画のプロジェクトの一つであるベンガル湾沿岸計画（Bay Of Bengal Project；BOBP）ではニュースレターや報告書を刊行している。また、日本においても各種政府・非政府組織が調査を実施している。筆者が係わったものとして、国際協力事業団（一九九四）がある。

（3）近年、海村の女性に関する研究書がいくつか出版されている。実態調査に基づく様々な社会の実情や変化が提示されているものとして、ナデル-クラインとデービスの研究がある（Nadel-Klein & Davis 1988）。本書もこの書で展開されている議論を参考にしている。また、従来の漁村研究において女性の役割が無視されてきたことが、漁業振興と漁民の生活向上を目的とした様々なプロジェクトでも問題視され、漁村の女性の役割と地位に関する社会経済的実態調査が多数行われるようになった。この研究の目的は開発計画に女性の潜在的可能性を取り入れようとするＷＩＤ（Women in Development）の考えが基本となったが、実証的データの積み重ねで特に小規模な漁業活動を行っている漁村女性の実態が明らかになってきた（たとえばDrewes 1982など）。

（4）たとえばスリランカ南岸では、出漁の前に若い女性や妊娠中の女性に出会うことは豊饒を招くとして歓迎されるが、高齢の非婚女性は不漁を呼ぶ者とされる（同様の意味で僧侶も出家した者、つまり豊饒と無縁の者として歓迎されない）。東アジアの例としてオナリ神信仰や船霊様の御神体の内容などに代表されるような、姉妹や妻が兄弟や夫の航海安全を霊的に保証することなどが知られている。

（5）西マレーシアの先住民社会がイスラム国家の中に組み込まれ、男性たちがプランテーションの賃金労働者に変貌して以来、女性たちの従属的な地位が確立していった（Nowak 1988）。松井やより（一九九六）は、大資本の介入や流通の改編が女性によって担われてきた小規模な販売の組織を破壊し、結果的に漁民家族の貧困化が進んだ例を報告している。漁村の女性が商業漁業のみならず、紛争にも巻き込まれていく点に関して石井正子（二〇〇二）がミンナダナオ島のムスリム女性の詳細な報告を行っている。また、開発が文化に与える影響を文化人類学の観点から論じたものとして岡本真佐子（一九九六）などがある。

（6）スリランカに関しては、特に内乱（政府軍と反政府ゲリラとの闘争）が女性の人権を抑圧している事実が様々な組織や報道機関の報告にみることができる。また、都市スラムに生きる女性に関して、コロンボ郊外の町ラトマラーナの報告がある（Thorbek 1994）。また、ラトナパーラは性産業で働く女性についての報告を行っている（Ratnapala 1999）。女性研究センター（Center for Women's Research; CENWOR）では、独立後の女性の労働、法的地位や社会的地位など様々な分野から研究を行っている（Jayaweera 2002）。スリランカのタミル漁村の女性については、第三世界の女性が非抑圧的立場にあるという観点から論じられたジャフナタミルの報告がある（Skjomsberg 1982）。また、「民族紛争」が激しさを増してから、NGOの報告などで難民となったタミル人についての情報はあっても、実際の村の生活は不明な部分が多い。この点を田中典子（一九九三）が詳細に報告している。谷口佳子は開発とジェンダーをスリランカの女性労働との関係で論じている（谷口　一九八八、一九九七、一九九九）。また国家的規模のテロリズムが横行する中で、南部の女性がどのように生き、そして現在もそのトラウマとどのように向き合っているかを詳細に分析したアルジェンティ-ピレンの研究がある（Argenti-Pillen

2003)。

（7）南岸の仏教徒漁民は西岸のカトリックの漁民がカラーワ（後述）であり、漁民であるという点で同じだと認めながら、カトリックと仏教徒の差異を女性の行動の違いから説明する。カトリックは女性が魚の販売で村落外に出たり、村落内に入ってくる商人と交渉したり、夫の手伝いが目的であっても浜に近づくという点で仏教徒と異なっているとする。そして、女性の行動から自分たちの優位性を誇る。

生産活動の一部の領域で女性がその不浄性（キッラ）ゆえに排除されることに関しては、スリランカの農村での脱穀場からの排除が報告されている。これと同様に宝石採掘場でも女性がその近くに立ち入ることはよくないとされる。しかし女性だけがグループをつくって宝石採掘を行っている例もある(Spencer 1999 : 119)。シンハラ人にとっての恥（ラッジャ）の概念を、スペンサーは英語の shame との比較で説明をしている（Spencer 1999 : 169–173)。

――第二章　スリランカの漁業の歴史と現状――

第一節　スリランカの概要(1)

スリランカ（正式国名はスリランカ民主社会主義共和国）は面積六万五千六百九平方キロメートル、人口約千九百十七万人（二〇〇〇年推計）の国家で一九四八年にイギリス連邦内の自治領としてイギリスから独立し、一九七二年に完全独立を果たし、セイロンから上記の国名に変更した。また首都は一九八五年にコロンボからその東北に隣接するスリ・ジャヤワルダナプラ・コーッテ（Sri Jayawardenepura Kotte）に移ったが、今でも経済の中心地はコロンボにあり、政府機関の多くもコロンボ内にある。

インド亜大陸の南端にポーク海峡を挟んで位置するスリランカは、インド洋交易の重要拠点の一つとして古くから様々な人々の往来があり、それがスリランカの文化の多様性を育んできたと同時に、国家が仏教的価値を基礎とする政策を実施して以来の民族紛争の要因ともなっている。

スリランカは多民族・多宗教国家であり、上座部仏教、ヒンドゥー教、イスラム教、カトリックの諸宗教が流入し、それぞれが固有の民俗信仰と結びついて現在に至っている。上座部仏教は紀元前三世紀に仏教教団が来島して広がったとされ、幾多の盛衰や一時期大乗仏教の影響が強まったりしたが、王権と強く結びつきながら存在していた。ヨーロッパ列強の植民支配下に入ってから、特に十九世紀にシンハラナショナリズムと結びついた仏教復興運動がおこり、国民の七割強を占めるシンハラ人の間で信仰されている。

ヒンドゥー教は島の北部と中央高地に居住するタミル人の多くが信仰している。イスラム教はインド洋交易を担っていたアラブ商人により南インドを経由して入ってきた。アラブ系商人の子孫が九世紀頃から主に西南岸に定住を開始したが、特にベールワラは最初の定住地とされている。続いてオランダ支配のとき（一六五八～一七九六年）にジャワやマレー半島から移住してきた人もイスラム教を信奉していた人たちであった。さらにイギリス統治時代（一七九六～一九四八年）に北インドからもイスラム商人がやってきた。カトリックはポルトガルが沿岸部を支配したとき（一五〇五～一六五八年）に宣教師による布教活動によって海岸部に広がり、学校教育にも力を入れ、植民地体制下でのエリート層を形成していった。特に筆者が研究対象とする西南岸～南岸に住む人々はヨーロッパ列強の影響を受ける中でカトリックを信仰するようになったが、その後仏教復興運動と結びついたシンハラナショナリズムが強まる中で仏教に改宗し、その後熱心な仏教徒になっていった。

民族構成を考えるとき、そもそも民族意識が植民地体制下で醸成されたものと指摘されていることと関連させて考えるべきである。それは民衆の仏陀への帰依の気持ちが、シンハラナショナリズムの昂揚により「仏教（仏陀のアーガマ）」という精神的枠組みで整備されていったのと同じ現象である。シンハラとタミルという民族意識も、特に独立運動が高まっていく中で明確な形をとるようになったといわれる。本来民族を決定づける主要な要素は言語であるが、ネゴンボからハラーワタの漁民の多くは、タミル語を話すシンハラ人が多い。また親の代までタミル語を話していたが、学校でシンハラ語の読み書きを習うことでシンハラ人と意識する人も増えている。スリランカの西岸は北上するほどタミル語を母語とする人が多くなり、南下するほどシンハラ語を母語とする人が多くなる。北部にタミル人が多く住み、南部にシンハラ人が多く住む。ほぼ、モラトゥワ付近からハラーワタ付近に至る地帯は仏教徒とカトリック、シンハラ語を母語とする人とタミル語を母語とする人の混住地帯である。このような例を別にして、シンハラ人はシンハラ語を母語とし、タミル人とムスリム（イスラム教徒）はタミル語を母語とするが、イスラム教徒の中でもマレー人はかつてはマレー語、今ではシンハラ語を話す人が多い。島の約七割を占めるシンハラ人と、島の北部から東部にかけて住むタミル人は言語は異なるが、生活文化には大きな違いはなかったともいわれる。

シンハラ歴代王朝は南インドに栄えた王朝と時に敵対関係、時に同盟関係を結びながら島の北部の乾燥地帯に仏教教団と結びつき、溜池灌漑文明を築き上げてきた。民衆の間には南インドから流入してくるヒンドゥーのカミ観念を受け入れながら、仏教とヒンドゥーの融合した文化が成立していたが、独立の気運が高まるにつれ仏教徒であるシンハラ民族意識が醸成されてきた。またタミル人の間にも、インドにおけるドラヴィダ文化の再生やスリランカにおける対シンハラという動きの中で強烈なタミル意識が芽生えるようになった。

スリランカの民族構成と宗教構成をパーセントで示すと以下のようになる。

民族構成（%）	
シンハラ	七四・〇
スリランカタミル	一二・七
インドタミル	五・五
ムスリム（イスラム教徒）	七・一
※バーガーとユーラシアン	〇・二
マレー	〇・三
その他	〇・二

宗教構成（%）と主に信仰する民族	
仏教（シンハラ）	六九・三
ヒンドゥー教（タミル）	一五・五
イスラム教（ムスリム）	七・六
キリスト教（シンハラとタミル）	七・五
その他	〇・一

※バーガーは一般にオランダ人の子孫、ユーラシアンはヨーロッパ人の子孫という意識をもつ人々の集団である

また、一九八〇年のマルガ研究所（MARGA Institute）の調査では、スリランカの漁民の宗教別内訳は以下のように報告されている（Munasinghe, 1984 : 33）。

シンハラ仏教徒	二二・八四%	タミルヒンドゥー	二一・〇〇%
シンハラカトリック	三〇・九八%	タミルカトリック	一四・四七%
シンハラプロテスタント	〇・二〇%	タミルプロテスタント	〇・六〇%
		イスラム教徒	九・九一%

全体的にみると漁民はカトリックが多く、カトリックが多く住む西岸から西北岸は港湾設備も充実

し、大型漁船も多い。筆者の経験では、非漁民で南部以外の地域に住む人々は、漁民はタミル人を除くとすべてカトリックだと思っていることが多い。

スリランカのカースト制度がインドと異なる点は、ブラーマンを頂点とする位階性が欠如していることである。シンハラのカースト体系の基本は、王を頂点とし、貴族層（ラダラ）の下にある様々な世襲的な職能集団の集合体である。農民カーストであるゴイガマが高位カーストであり(2)、人口の半数近くを占めるとされる。ただしこの中には低位カーストが独立後に苗字を変えるなどしてゴイガマと名乗るようになった例もある。タミル人の社会でもヒンドゥー寺院と結びついたブラーマンがいるが、インドのように浄性が最も高いという位置づけはない。むしろシンハラと同様に農民カーストであるヴェッラーラが高位にあるとされる。

第二節　カラーワ（漁民カースト）の両義性

スリランカの臨海域に住む人々が「漁民」とされ、またその社会は「漁村」とされているが、住民が自らの居住地を「漁村」と認識しているかは疑問である。シンハラ語で「漁民」を表す語はいくつかあるが、漁民と非漁民とは異なる語を使用することが多い。漁業を表す最も一般的なことばはディーワラであり、漁村はディーワラガマ（漁業のムラ）であり、漁民はディーワラヤ（男性・単数形、複数形はディーワラヨ）である。女性形はディーワリヤ（単数、複数形はディーワリヨ）であるが、この意味は英語の fisherwoman に相当し、時には女性魚商を表す。これらの語はややフォーマルな言い方で、漁業従事者やその家族は好んで使用する。また漁民は彼らのカースト名であるカラーワを使用することのほうが多い。しかし、非漁民は漁民を「魚を採る人（マール　アッランネ　ミニッス）」、「動物（特に魚）を殺す人（マス　マランナー）」という長い名前で呼ぶ。もっとも非漁民が漁業や漁民について言及することはあまりない。

カラーワと呼ばれる人々はスリランカ西南岸域で優勢な三つのカーストの一つで、他の二つのカーストであるサラーガマ（シナモンの皮むきカースト）やドゥラーワ（トディと呼ばれるヤシ酒を造るカースト）とともに十三〜十四世紀以降に南インドからきたとされる。十三〜十四世紀は内陸部で王を頂点とし、貴族、農民（ゴイガマ）、様々な職能カーストよって構成される社会が確立し、それ以降にセイロン島に移住した諸集団は伝統社会の周縁に位置し、農業と土地所有を社会・経済的基盤とするシステムから分離した存在であった。

カラーワに関しては、ラガヴァンやロバーツがカラーワの起源、伝承、植民地体制下での経済活動と社会的上昇などに関して詳細に論じている（Raghavan 1961・Roberts 1982）。

カラーワの多くはハラーワタ（チラウ）からハンバントタまでの海岸部に多く住み、有力カラーワの家族はインドのクシャトリア起源であることを誇りにし、南インドのマラバル、コロマンデル両海岸域より移住してきた集団の子孫であるといわれる。

カラーワは漁民カーストと訳され、実際にもシンハラ漁民の大部分がカラーワに属し、西岸から西南岸にかけて多数のカラーワが居住している。しかしカラーワの人々は漁業以外にも多くの職業に従事しており、特に商人（小規模な小売業者から企業家に至る様々な規模のビジネスに従事する）や農場、農園の所有者や経営者、大工や家具職人にカラーワが多い。また、もともと漁民であったのがのちに漁業をやめたという家族もあるが、過去から現在に至るまで全く漁業と関係のない家族もかなりの数にのぼる。

カラーワの起源については、南インドのクシャトリアの兵士が王朝警護の役割をもって来島した、最初のカラーワ移住者が聖菩提樹の番人の役を果たしていたなどの伝承があり、有力カラーワの権威づけに利用される。その起源は不鮮明であるものの、植民地勢力との関係を巧みに操りながら十九世紀には高位カーストであるゴイガマに匹敵するだけの社会・経済的地位を確立した。

セイロン島では古くから海を媒介とした人々の交流があったが、歴代王朝はその社会基盤の中心を農業に置き、海岸部に居住する諸集団はそれら内陸の王朝と外の世界をつなぐ交易者としての役割を果たしていた。つまり歴代王朝にとって交易者＝商人は王朝経営に重要な役割をもちながら、沿岸という周縁部に居住する異人でもあった。交易者は南インドのマラバル、コロマンデル海岸域とセイロン島海岸域を中心舞台とし、さらにそこから内陸部に通じる海上と陸上の交易ルートを確立させた。十六世紀以降、ポルトガルがインド洋の交易権を奪取したが、陸上交通と海岸から内陸へ通ずる交易路は掌握できなかった。

こうしてセイロン島の海岸部には南インドのドラヴィダ系言語を話す人々やムスリム商人が、経済的には王朝と海洋交易の媒介者として、社会的には土地所有を基礎に成立している社会体系の周縁部に位置する集団として居住していた。ポルトガルに滅ぼされたコーッテ王朝が南インド出身の商人の子孫を王としたことも、王朝と海洋交易の関係を考察するうえで重要な意味をもつであろう。

ポルトガルに続いて海岸域を支配したオランダも、マラバル‐コロマンデル‐セイロン島に成立した海洋商業圏を活動の場として利用した。この間にも南インドやオランダ支配地から傭兵、奴隷、労働者、小規模商人がセイロン島に来島し、定住した。こうして沿岸部にはヨーロッパ勢力と先住者との間に位置し、両勢力の緩衝的役割を担ったり、時に応じていずれかの勢力に与する集団がまとまりをもつに至った。

また、ヨーロッパ勢力は各集団ごとの機能をより強固にし、固定化していった。このことが結果的に海岸部の諸集団が周縁的な性格をもったまま伝統的カースト体系の中に組み込まれ統合される要因となった。この統合化は十八世紀末には完了し十九世紀以降のイギリス支配下で強化された。本来ラージャ・カーリヤ制（王を頂点とし、土地所有と結びついた職能制度）とは無縁でありながら、伝統的カーストシステムに組み込まれたこれら海岸部に特有のカーストは曖昧で両義的な性格を帯びたまま、近代を迎えることとなる。カラーワの多くはポルトガル支配下でカトリックに改宗した。もともとはヴィシュヌ神やパッティニ女神を信仰し、タミル語を話していたが、南下するにつれシンハラ語を話すようになった。しかし、北上したカラーワはそのままタミル語を話した。現在もネゴンボやハラーワタに住むカラーワはタミル語を話すが、シンハラ語教育が普及するにつれ、若い世代はシンハラ語を日常語に使用するようになってきた。ジャフナにもネゴンボのカラーワと同じ祖先をもつカラーワが住んでいるとされる。

カラーワは絶えず海とのつながりがあったため、漁民という職能カーストに統括されたが、その名称とは異なり、他のカーストと比して多様性をもっている。漁民カーストと呼ばれながら実際の生業は多様で、たとえば船大工の技術を生かして建造物、家具、室内装飾などの職人や、沖に停泊する大型船と浜との間を往復する小型船の船頭や船主の伝統を生かして、オランダ時代につくられた運河の荷物運搬や水路管理の仕事、荷役作業の責任者、植民地支配の事務職やアシスタントなどをはじめとして植民地勢力と結びつく可能性の高い職種に従事していた。また、漁民だけでなく、海上、港湾、浜での労働も多くがカラーワの仕事であり、海に係わる作業に従事していたことが、多様な職種に展開する可能性をもっていたことになる。海からの情報を得ることができたため、海外からの薬草の知識や医療の知識を仕入れることもできた。多くのカーストの中で、カラーワはその多機能性、多面性ゆえに集団内部に最も大きな階層分化を生じているカーストでもある。

インドから渡来後、カラーワの三つの有力な家族にシンハラ王によってネゴンボに土地を与えられたという伝承がある。これら有力カラーワは漁民と同一視されることを、侮辱的であると嫌い、有力者の家柄を誇る家族が独自のグループ（クシャトリア協会）をつくっており、盛んに出版活動やインターネットで活動をしている。西南岸から南岸に住むカラーワは、特に植民地末期に経済的上昇を果たし、仏教復興運動や独立運動の理論的、経済的サポートも行い、ネゴンボを本拠地とするカラーワとは異なる独自のグループをつくっている。

カラーワの儀礼的位置は現在でも曖昧なままであり、スリランカ人は、「カラーワ」とは「漁業に従事するカースト」であると認識しているが、カラーワに抱くイメージは漁民よりもむしろ、企業家やビジネスマン、商才にたけた人たちというものである。また他方で漁民の大半はカラーワであり、漁業という殺生に従事する人たちであるというイメージがある。カラーワの人々もカラーワには企業家から「零細漁民」までが含まれることを否定しないが、非漁民カラーワは漁民カラーワに対して優越感をもち、親族の中に過去から現在に至るまで漁業に従事した人がいないことを強調する。もと漁民でエリートになった家族の人は、自分の出身地の名前を言ったり、カラーワであると言っても、漁民であったとはあまり言いたがらない。親が何をしていたか、あるいは何をしているかという質問には「ビジネスをしている（していた）」と説明することが多い。

このようなカラーワの曖昧性の背景には次の三点があると考えられる。第一に伝統的社会体系の周縁に位置していたためであり、王を頂点として整序化されていたシンハラ人の中で「渡来人・異人」である要素が否定できないからである。植民地体制下で経済的上昇を果たし、ホワイトカラー層を輩出し、後に述べる仏教復興運動でも指導的役割を果たしたにもかかわらず、特に内陸部出身のシンハラ人の中では曖昧な位置に置かれている。第二に植民地からの独立運動の過程で強化された殺生禁止の観念の存在がある。仏教復興運動は漁業と殺生とを結びつけた。この点に関しては、カラーワ内部にも漁民カラーワと非漁民カラーワという経済的区分のみならず儀礼的区分を生み出している。第三にシンハラ王朝以来、内水面や汽水域で漁撈に従事していた専業漁民が劣位に位置づけられており、この集団を表す Kovetta, Kevu などの語と Karawa の語が混同された点が考えられる（Roberts 1982：56）。

カラーワに関する代表的研究であるラガヴァンとロバーツの研究も、カラーワという職能集団が植民地体制下で社会的・経済的に上昇していった過程を分析した社会経済史的研究であり、その中には漁民についての言及はあまりない。国家としてカーストの存在は否定されているものの、カラーワの人たち、特に成功した富裕なカラーワは自らのカーストに誇りをもち、それは結婚に際して顕在化してくる。しかし、カラーワは同時に婚姻規制に柔軟性をもち、特に経済的・社会的上昇に係わる場合や経済的・政治的ネットワーク拡充を意識して積極的に他カーストや他民族に姻戚関係を求める。内陸部に商業目的で進出したカラーワは高位カーストとされる農民であるゴイガマの女性と結婚し、妻の土地で新規のビジネスを開始するケースが多い。また、都市部ではゴイガマよりも南インド起源の諸集団やタミル人企業家と姻戚関係を結ぶ例も多い。南インド起源の諸集団とは、カラーワ、ドゥラーワ、サラーガマ以外のチェッティやパラーワなどである。前者は主にコロンボに居住、後者は主にネゴンボに居住するが、いずれもタミル語を母語とし、ポルトガル系の姓をもつカトリック教徒であり、タバコの栽培と販売を主としながら植民地勢力下で経済力を拡大した集団である。

またカラーワは海外にも進出している。カフェラーは、南岸の港町ガッラ（ゴール）のカラーワの例を述べている（Kapferer 1983：27–28）。一八八〇年代にコロンボ港が開港するまで、ガッラは重要な港の一つであり、外国船が寄港した。カラーワの役割は荷役作業や寄港船に水や食料を運搬することであったが、この機会を利用してヨーロッパ人相手に宝石、貴金属、手工芸品、骨董品などの商売も行った。やがてこのビジネスは船長や乗組員の協力により海外にも活動の場を広げていくことになる。ガッラのカラーワは、モンバサ、ザンジバル、ダルエスサラーム、ペナン、クアラルンプール、シンガポール、上海、香港、オーストラリア、アルゼンチン、チリ、カナリア諸島など広大な海域を越えてネットワークを拡充していった。ヨーロッパ人がスリランカから去ったあとも、これらの港とガッラのカラーワとの間には強い紐帯が保持されている。

　カラーワの人々は自らをシンハラ人と規定しているが、コロンボ以北に居住する主にカトリックのカラーワとコロンボ以南の主に仏教徒のカラーワとはその伝統が異なることを意識している。

　一九八〇年のマルガ研究所の調査によると漁民の民族別・カースト別内訳は以下のようになり、ほぼ八〇%が漁民カーストであることがわかる (Fernando & Devasena & Banda & Somawantha 1984 : 134)。

漁民カースト		
シンハラ人	カラーワ	四六・一二%
タミル人	カラヤール	三一・七四%
非漁民カースト		
シンハラ人	ゴイガマ	一・五二%
シンハラ人	サラーガマ	三・六〇%
シンハラ人	ドゥラーワ	五・六〇%
タミル人	非カラヤール	一・五二%
イスラム教徒		九・一七%

マレー人　〇・七三%

第三節　海岸の光景

スリランカの沿岸部は砂浜海岸が発達し、至る所に砂嘴・砂州や大規模ラグーン（潟）が形成されている。そして海岸地形を利用して海と係わる生活をする人々が住んでいる。水産省の報告（一九九九年）によるとスリランカの漁業者数（海面、内水面の合計）は十五万人で、その家族を入れると、七十五万人が漁業で生計を立てていることになる。漁業従事者の九割以上が、三・五トンボートと呼ばれる小型動力漁船(3)、あるいは船外機付き小型漁船や無動力の伝統漁船を使用して沿岸魚を捕獲する小規模漁民とみなされている。

海浜部は一部がココヤシ農園として開発されているものの、ほとんどが農耕に適しておらず、この地域に住む人々は、海と係わり海産物を農産物と交換しながら生活をしてきた。しかし、そこで展開する海村社会の様子は気候や微地形に影響され、地域的な相違がみられる。また使用される伝統漁船も地域的・民族的相違がみられ、北部のタミル漁民や西北部のカトリック漁民はテッパムやカタマラムと呼ばれる筏船を使用し、南部のシンハラ漁民はシングルアウトリッガーカヌーであるオルー（単数形はオルワ）を使用してきた。

西岸から南岸の都市マータラまでの沿岸部は人口稠密地帯(4)となっており、インド洋に沿って幹

テッパム

オルー

線道路と鉄道がほぼ平行に走り、そしてその二大動脈に沿って絶え間なく家々が建ち並ぶ。家々の連続性を妨げるものは、浜を囲い込んでいる外国人向けリゾートホテルか海に流れ込む大河か広大なココヤシ農園である。この地域の住民は現在ではほとんどシンハラ人によって占められている。以下でシンハラ漁民が多く住む西岸と南岸の海村の様子を概観する。

一　西岸の海村

スリランカの西北岸はポーク海峡を挟んで南インドと接し、十九世紀中期頃から南インドの地引網漁民がモンスーン期にやってくるようになったが、やがて彼らの一部が定住した（Raghavan 1961・Roberts 1982・Stirrat 1988・田中（雅）一九九五）。またコロンボ北部からネゴンボやハラーワタにかけての海岸部はカトリック教徒が多く住む。カトリックの海村では前章で述べたように、男性が漁業、女性が魚の販売という漁撈活動における夫婦間の性的分業が明瞭である。

コロンボに近い西南岸の海村は一部にココヤシ農園が開かれているが、海岸近くにまで家が建ち並び、また観光化の進捗により広大なリゾートホテルやレストランの建設が進んでいる。そこでは男性の多くが漁業をしながら、同時に男女とも都市部での事務職やサービス産業、観光産業、運輸、軽工業、石灰生産、ココヤシ製品の生産などの様々な形態の常勤・非常勤・臨時の仕事がある。また女性も中東出稼ぎや工場などでの雇用があり、各地からの転入者が多い。

この地域の海浜部に居住する人々の多くはコロンボやその周辺の商業地・工業地への潜在的労働力となっている。また、彼らの居住地の中には行政黙認の〈不法居住地〉もある。都市域の余剰人口の居住問題は深刻で、コロンボ域内の海村のいくつかは海岸の空き地（砂地）や海岸部を走る線路沿いに住居を建てて住み始めた人々の〝小さな家屋の集まり〟である。住民の多くが地先の海岸で漁撈活動に従事するものの、この活動は多数の職業選択肢の一つであり、ほかによい職業があれば即中止する。しかし、ここは大消費地内に立地するという好条件から、失業中でも誰かの船に乗船して海に出ることで一定額の収入が期待されている。そのために漁撈活動は活発である。また家族のメンバーも様々な収入を得る機会に遭遇し、こうして、漁撈活動や都市部でのほかの仕事あるいは外国出稼ぎでまとまった収入を得た家族はこの居住地を去り、海岸部から少々離れた地に移動して新しい家を建てる。情報が入手しやすい大都市の地の利を生かして、近年では女性は中東へ、男性は日本や韓国などに出稼ぎに出ており、帰国した人が豪華な家具をそろえた瀟洒な家を建てている。

多数の職業選択と情報が集中しているコロンボ周辺の海村は、スリランカの中でも最も階層差が明確であるとともに流動的であり、しかもそれが居住地にも現れている。

また、海浜部は多くのリゾートホテルや民宿、シーフードレストランなどが建ち並ぶ、国の観光開発の中心地でもある(5)。海産物をホテルやレストランがたとえ少量でも高値で買い上げることと、港湾の整備により設備の整った港に動力船が停泊可能になったため、漁民が各地から移動してくる。彼らが宿泊する下宿や自炊するための施設なども多く建てられている。この地は交通の便がいいので特に南岸からきている漁民たちは、休漁日となる毎ポーヤ日(6)ごとにバスで帰村する。

二　南岸の海村

十九世紀中期以降、南インドから地引網の漁場を求めて来島し、西北岸を中心に定住を始めた漁民の一部はさらに好漁場を求めて次第に南下し、西岸や西南岸に定住した。彼らの中から先進的な漁法をもつ勇猛果敢な漁民がさらに南岸に移動し、定住していった（高桑（史）一九九七、一九九八）。南岸では以前から地先の海や海岸近くの汽水域で小規模な網漁や釣り漁などを行う人たちがいたが、十九世紀末頃には大型網を使用する漁業技術がもたらされた。南岸の海村の中には西岸のネゴンボと並んで勇猛果敢な漁民の住む地域として知れわたっている村々があり、沿岸から沖合にまで大型オルー(7)で出漁し、回遊する魚類をとる漁民も多い。

また、この地域は古くよりモルディヴとの往来があり、ウンバラカダ（モルディヴフィッシュと呼ばれるカツオブシの一種）(8)の製造も盛んである。近年は、モルディヴからの輸入が増加する傾向があり、国内の生産量は減少しつつある。

南岸は一九三〇年代まではコロンボを中心とする大消費地の流通ネットワークに組み込まれておらず、特にガッラから東に行った南岸各地は、かつては、鮮魚や乾燥魚を近隣の農村に供給するのみであったが、二十世紀初頭より交通網が整備されたことでコロンボへの乾燥魚や塩蔵魚(9)の供給地となり、その後の道路網・鉄道網の発達で、特に一九五〇年代以降は鮮魚の供給地へと変貌を遂げた(Alexander 1977)。

南岸をさらに東進してタンガッラを過ぎ、東南岸のドライゾーンに達すると人家はまばらになり、景観も一変する。まず、広大な水田と水牛の群れが日に飛び込んでくる。さらに東進を続けると、水田はなくなり潅木の生えた土地が多くなる。しかし幹線道路から海岸部に向かう分岐点を南に曲がってしばらく進むと、発達したラグーン近辺に整備された漁港が現れる。これらはモンスーン期に移動していた南岸の漁民たちが二十世紀になって定住して成立したものである。他の地域との大きな違いは、ここでは農地を所有したり、農業や牧畜にも従事したりする漁民家族が多いことである。

西南岸や南岸の漁民は、従来より北東モンスーン期に地先漁場で漁撈に従事し、南西モンスーンの期間は東南岸か東岸に移動して乾燥魚の生産に従事していた。この地域には多くの移動キャンプ地が点在する。海岸にココヤシの葉などで小屋をつくり滞在する。米や保存のきく食材とスパイスを船で運び、水は近くの川や池などから調達した。アレクサンダーによれば、大規模地引網が南岸に導入される一八八六年までにはすでに東南岸で移動漁民による漁撈活動が行われていたことが報告されている（Alexander 1982 : 94）。一八八七年にはハンバントタ村の浜に二月から三月の間、南岸からの移動漁民の大型オルーが二十五隻、小型オルーが四十五艘やってきて、加工魚生産のための魚が六十五トン水揚げされたという。一九七〇年代以降の漁業振興政策により船の大型化・動力化や港湾整備が進められ、また道路が拡張され、移動キャンプ地の一部にも漁協が組織されて近代的施設をもつ漁港ができると、定住する漁民が増えた。動力船によって荒天日での漁業が可能になったことと、鮮魚が短時間でコロンボへ運搬できるようになったためである。ラグーン近辺では天候に応じて汽水域と地先の海域の双方にアクセスすることも可能である。こうして人口が希薄で地先の海洋資源へのアクセスが容易な東南岸に定住する漁民家族が増加していったのである。付近には未開墾地が多く残されていたため、漁撈と平行して農業を行う家族や、やがては漁業をやめて農業や牧畜（主に水牛ミルクからヨーグルトを生産する）を行い、漁業に従事しない「漁民カースト」も多い。

これらの移動キャンプ地の中で、キリンダには東南岸の水産業の拠点として日本政府の無償資金協力によるプロジェクトの対象として大型漁港が建設された。築港による海底のしゅんせつの際に出た土砂のため海岸線が変形してしまい、小型船が出漁しにくい環境がもたらされたと嘆く漁民がいるが、その一方で新しい環境で漁業を試みようとする漁民が各地から移動してきている(10)。

第四節　地引網漁の衰退と漁業振興策

スリランカの臨海地域は砂浜海岸が続き、ココヤシ農園などとして開拓された土地は別として農耕に適した土地はなく、一部の地域を除いて半農半漁村という形態で立地していない。そのため沿岸域に住む人々は地先の浜や、ラグーン、河口で漁撈活動に従事し、海産物を農産物と交換していた。動力船の導入以前は地引網による水揚げが漁獲の多くを占めていた。動力船の使用が開始された一九五〇年代には水揚げの四〇パーセント以上を占めていた。地引網漁民がモンスーン期に生産活動を続けるためにはほぼ二つの選択肢があった。その一つは、この期間には地引網漁を停止し、河口や後背のラグーンなどでの汽水漁業に従事する方式である。もう一つはモンスーンの風の影響を受けない海岸にまで移動して地引網漁を続ける方式である。

一般的な傾向としてスリランカの特にシンハラ人は、トゥッサンが「一度も海を向かず、歴史が記録する航海者はすべて外来人（foreigners）である。アウトリッガーカヌーに乗る人たち自身も外来起源である」（Toussaint 1966：4）と述べるように、海に背を向けた人々との印象がある。またホーネルもセイロン島北西部マナル湾の真珠採取漁にシンハラ人が参加していないことに注目している（ホーネル 一九七四：二七四）。十九～二十世紀初頭のスリランカ（当時はセイロン）において、海と積極的に係わっていたのはシンハラ人よりもタミル人であったことが推察できる。しかし現代のスリランカでは積極的に大海に乗り出して、沖合での漁撈活動に従事するシンハラ漁民も多い。

スリランカの海面漁業者数は総人口の一パーセントに満たないが、その漁撈活動の特徴として、第一にそれが周年にわたり、生存のために魚を農作物と交換する必要性があることと、第二に状況に応じて活動の場を移す、つまり移動（migration）を行うことが指摘できる。これらのことから、スリランカ漁民は移動性と商人的性格をもつといえよう。彼らの移動の根拠はかつてはモンスーンによるものであった。モンスーンの風波の影響を受けて地先での漁撈活動が不可能になれば、別の場所に漁場を変えた。

一九六〇年代以降、国家の漁業振興政策に沿って船の動力化・大型化と港湾整備が進められ、また、地引網漁が次第に衰退していく(11)に従って漁民の移動の時期と移動先・動機は大きく変貌を遂げた。加えて一九八〇年代以降は「内戦と内乱」の影響(12)が彼らの移動の計画にまで深い影を落とすようになっている。

水産省は港湾公社や漁業公社を設立し、保冷庫を備えた大型船舶の停泊可能な港を国内数ヵ所に整備し、水揚げされた水産物を公社が直接買い上げるシステムを採用するとともに漁業協同組合を組織化させ、低利の銀行ローンで動力船を購入する政策を実施している。しかしながら、大多数の漁民は依然として小型漁船による漁撈活動を行い、また動力船の維持管理の困難さや漁業収益の不安定さから、購入した船を手放す漁民も多く、全漁獲量はほぼ増加を続けてはいるものの(13)、動力船の供給も当初の〈漁業手段をもたない漁民へ低金利で船と網を支給する〉という政策(14)からかけ離れたものになっている。

政府は漁業振興政策の一環として発展重点地区を設定して漁業センター建設をめざし、動力船隻数の増加と港湾整備を行っている(15)。漁業センターでは、大型動力船で大量に捕獲された回遊魚を即時に大型トラックで中央卸売り市場に発送する。そのための冷蔵設備や運輸装置が整備されている。その結果、男性たちはそれらのビジネスのチャンスが多い地区にモンスーン期とは無関係に長期間出かけていくようになった。漁船や漁具を所有していない漁民は、誰かの船の乗組員となり雇用されるが、漁民のすべてが乗船できるわけではない。また魚の値の不安定性、動力船の維持の困難さ、漁民と魚卸商との間の前貸し制や借金(16)による収入の不確実性のために、漁業収入は絶えず不安定な状況にある。

デ・シルヴァによれば、動力船が導入されるまでの南岸の漁民はその漁法の違いにより、①地引網漁民、②沖合漁民、③沿岸漁民、④内水面漁民の四タイプがみられた。①地引網漁民は、地引網と大型縫合船パルーにより沿岸回遊魚をとり、網を乾燥させるためとパルーを陸揚げするための広い砂浜海岸に居住していた。②沖合漁民は六～七人乗りの大型帆付きオルーで沖合に出て釣り、流し釣り、流し刺し網などで魚を捕獲していた。③沿岸漁民は一～二人乗りの小型オルーで岸近くや波静かな入江で釣り、流し釣り、投網などで魚を捕獲し、沖へはほとんど出なかった。④内水面漁民は海岸線に発達したラグーンや貯水池での小規模な漁撈を行っていた（De Silva 1977）。南岸漁民がこの四タイプのいずれかに属するということではなく、多くはいくつかのタイプを兼ねていた。地引網漁民は地先の海域がモンスーンで地引網漁ができなくなると、集落の背後にあるラグーンや湖沼で汽水漁業や内水面漁業を行った。あるいは地引網漁に雇われながら、小型オルーで沿岸の魚を捕獲する漁民もいた。

一九五〇年代以降の漁業振興策で、動力船が低利のローンで支給されることになったが、その際の支給者選択の基準になったのが、第一にこれまで漁船を所有していなかったこと、第二にこれまで沖合漁業に従事していたことの二点であった。上記③の沿岸漁民はオルー所有の有無に関係なく動力船支給の対象とならなかった。その後の南岸における階層構造の変化を伴う変貌は以下のように概略できる。

地引網漁が盛んであったムラではすでに資本蓄積が進行しており、ムラ内に網の所有者対非所有者、網株の持ち株数の多少による階層差が生じていた(17)。地引網自体はその後衰退していくが、網所有者としてすでに魚の販売網を掌握していた大規模な商人は動力船所有者と新たな関係を結び、さらに経営規模を拡大していった。これに対し、小規模な網所有者は消滅していった。沖合漁民の一部は低金利で動力船を購入したものの、機械部品の欠陥、不完全なアフターケアとともに、漁獲量や魚価の不安定さからローン支払いが不可能になったり、燃料費や維持費の高騰により手放す人が多かった。そして大規模商人がこれらの動力船を手に入れていった（De Silva 1977・Alexander 1982）。

第五節　「民族紛争」と越境する漁民たち

東海岸の中心都市トゥリコーナマレイ（トリンコマリー）近辺は大規模な湾と複雑な海岸線に恵まれているため周年漁業が可能であり、古くから、シンハラ・タミル・ムスリムの漁民が南西モンスーンの季節に各地から移動して漁業を行っていた。また住民構成もシンハラ・タミル・ムスリムの比率がほぼ同数であった。

イギリスは当地に軍港建設を開始し港湾を整備したが、それは独立後も引き継がれていった。やがて政府はこの地に漁業基地を建設し、特に南岸域の過剰人口対策として定住化促進政策による宅地供与が開始された。これまで浜に小屋掛けをしたり親類の家に宿泊するなどして漁撈活動をしていた漁民が入植をし、南岸から家族を呼び寄せて定住を開始した。入植地の中にはタミル漁民のムラの近くにつくられたものもあり、タミル漁民の住むムラと入植地とを合併してシンハラ名の新村を建設した例もある。しかし、トゥリコーナマレイ地域の紛争の激化と、ゲリラの攻勢がシンハラ漁民の定住地も対象とするようになり、一九八〇年代の終わりからはこの地を逃れて再び出身の南岸に帰る家族が増加している。彼らの多くは生産手段である船を焼かれてしまい、生活困窮世帯となってしまった(18)。

民族紛争が及ぼす影響はトゥリコーナマレイ地区に限ったものではない。東南海岸のキリンダからトゥリコーナマレイにかけて、特にヤーラ国立自然公園近くの海岸部には、多数の小規模なキャンプ地が点在している。ここには動力船導入以前より南岸漁民が南西モンスーン期に移動し、地引網漁で得た魚を乾燥魚に加工していたが、一九八〇年代以降は移動不可能な状態にある。たまに移動しても、戦闘に巻き込まれる漁民や魚商が増加している。

スリランカ漁民の移動性の基本にあるものは、モンスーンの影響で地先の海で操業不可能になったときにも漁業を行うための漁場確保であった。南岸漁民の移動先の東岸はタミル漁民やイスラム漁民が多く住む。そのため、漁民の大半はシンハラとタミルの両言語を話し、互いの生活習慣に対してもきわめて柔軟に対応していた。しかし、国家的規模でつくられていった「民族」意識によりシンハラ漁民の間にタミル人地区への恐怖感が生まれ、特に一九八三年のシンハラ人によるタミル人の虐殺とタミル人武装ゲリラの台頭、一九八七年のインド軍の介入と海上封鎖(19)により移動地の選択も狭まっていった。これと同じ頃にタンクボート（製氷設備をもつ動力船。アイスタンクボートともいう）の製造などに代表される技術革新が進められた。設備が整い、魚価が比較的安定している各地の漁業センターへ行けば季節に関係なく動力船での漁業が可能になる。西岸のリゾート開発によって増加したホテルやレストランが建つ地区は少量でも魚を買い上げてくれる。こうして近年になると、南岸では南西モンスーン期でも戦闘に巻き込まれる危険をさけて東・東南岸に移動しない漁民や、北東モンスーン期に地先の海で漁をせずもっぱら西南岸の各漁業基地に移動する漁民が増加している。中には周年にわたり、各漁業基地を移動している漁民もいる。船の大型化と技術革新は伝統的な移動パターンに変化をもたらしたが、その自由な移動性に制約を加えているのがいまだに完全に解決されていない民族紛争(20)である。また大型のタンクボートで操業すると、より遠くに出漁し、長時間海上に滞在することになり、インド海域内に入ってしまい抑留されるケースが増加している。同様にインド漁民も国境警備艇に逮捕され、スリランカに抑留されている。

第六節　海村の女性　―カトリックのムラと仏教徒のムラ―

多民族・多宗教国家のスリランカでは、沿岸部に居住する人々の間に異なる宗教が存在する。国民の七〇パーセント強を占める多数民族のシンハラ人の多くは仏教を信仰しているが、西岸域ではカトリックを信仰する人も多い。シンハラ人社会で漁民の大半は漁民カーストであるカラーワに属すが、カラーワは仏教徒とカトリック教徒に分かれていることになる。空港近くの大漁業基地ネゴンボから西北岸の都市ハラーワタまではカトリック教徒が集中している地域で、漁民の大半がカトリックである(21)。道路に沿って秀麗で荘厳な姿の教会が建ち、辻や広場、さらに魚のせり場などにも聖母・聖人の像や絵が掲げられている。ネゴンボから南下するに従い、仏教徒の比率が高くなるが、コロンボ北部では依然としてカトリック漁民が多い。コロンボ南部から徐々に仏教徒漁民の数が増加し、南岸では漁民のほとんどが仏教徒である。

カトリック教徒はポルトガル系の姓と名前をもつが、南岸に住む仏教徒の中にもポルトガル系の姓をもつ家族がある。また、仏教寺院を建てるなどの多額の寄進をして、敬虔な仏教徒であることを誇る有力な家族も数世代前まではカトリックであった場合がある。このことは、これらの地域の住民の多くが、かつてカトリックを信仰していたのが、その後の仏教復興運動の過程で仏教に改宗した歴史を物語る（Roberts 1982）。

カトリック教徒と仏教徒の間にはいくつかの相違がみられる。海との係わりでいえば、カトリック教徒は新造船や修理後の漁船の進水式に豊漁を願って神父に祝福を与えてもらう儀礼があるのに対し、仏教徒の間では殺生に僧侶が関与することはないため、漁民自らが豊漁を祈願する儀礼を実施する。休漁日はカトリック教徒が安息日の日曜日とするのに対し、仏教徒ではポーヤの日である。

漁民家族の家計を支えているのは女性たち、特に妻たちである。すでに第一章第二節でふれたが、本書のテーマである女性と漁業との関係を考察するために、カトリック教徒と仏教徒の女性の生活を概観したい。両宗教における違いは、カトリックでは女性が漁業に係わるのに対し、仏教では家庭内での調理を除いて女性が漁業に係わらないことである。カトリック海村では女性は鮮魚や加工魚の販売に従事する。夫あるいは兄弟や息子の船の帰りを浜で待ち、水揚げ後の魚を浜にくる魚商に売ったり、あるいは近くの市場まで売りに行く。漁獲量や魚種あるいは魚の値をみて、鮮魚での販売分と加工分の割合の決定、買い手との値の交渉などを行う。この地域では、漁民である男性によってもたら

カトリック海村の浜

仏教徒海村の浜

される魚から、実際に家族が生きていくために必要な収入をもたらす役割を女性が担っている。

カトリックの地引網漁民の場合も、どの地引網の網元と契約を結ぶかを決定する際に妻が意見を述べたり、契約後に前渡し金を受け取るのは漁民本人というよりも妻であることが多い。ときには妻が直接募集人と交渉し、夫は蚊帳の外に置かれている場合もある。地引網漁の場合、女性は移動せずに村にとどまる(22)ため、網元と交渉する妻の手腕がものをいう。テッパムなどの小型漁船で行う漁業の場合も、水揚げした鮮魚を浜にやっ

キリンダの
カトリック漁民の
キャンプ地

キリンダの
仏教徒漁民の
キャンプ地

てくる魚商に売ったり、近隣の市場や得意先にもっていって売るのも女性の仕事であり、夫が海からもたらしたものを直接現金に換えて家族の生活費を確保するために妻の役割は重要である。ときには妻も夫の季節移動に伴うことがある。この場合、妻は移動キャンプ先での家事のみならず、キャンプ地に魚を買いにくる魚商とも値段の交渉をする(23)。

女性は結婚後は夫のとってきた魚を販売するが、実家の特に未婚の兄弟も彼女に魚販売を依頼することがある。彼女は主婦としての仕事のみならず、実家においても依然として経済力を保持している。男性は妻がもたらした現金で生活をすることになるが、独身の男性は母親かもしくは、結婚した姉妹を頼る(24)。

仏教徒海村では女性は漁業に係わらない(25)。また、販売を目的とした加工魚の生産も行わない(26)。女性たちの労働は別のものに向けられている。一九九〇年代までの主要な労働はココヤシの殻から繊維（コフ）をとる仕事（ヤシ殻繊維業：coconut coiring）であった。浜に穴を掘り、そこにヤシ殻を沈めると数ヵ月で果肉が腐り、繊維のみが残り、これを取り出して乾燥させてロープを編む。この仕事に着手して実際に現金を手にするのは数ヵ月先のことであるが、確実に収入のあることがわかっているので、長期的な展望に立った家計が組める。そのほかにも、オランダ統治時代に伝えられたレース編みの生産や、機織りをする女性も多かった。近年は中東出稼ぎをしたり、自由経済地区（フリートレードゾーン）に建設された工場や、輸出用衣料の縫製工場など、グローバル化の中での出稼ぎや賃金労働が増加している。

海村の生活をカトリックと仏教徒の違いでみると、カトリックでは家族単位で漁業に従事しているという専業性の高さがうかがわれる。家族単位で漁業を行っている家族は、地引網漁民を除いてモンスーン期に、妻もともに移動キャンプ地へ移動することがある。仏教徒の家族の場合は多角的な経営体の様相を呈している。女性の漁業への関与の状況は異なっているものの、両地域とも女性が漁家の実際の生存に大きく関与していることは明らかだ。カトリック教徒の家族では男性が海からもたらした魚を実際に現金に換えるのは女性の役割であり、仏教徒の海村では男性による不安定な漁業収入を女性の安定的な収入が補う形で家族の生存が支えられているのである。漁業がもつ不安定さを現時点で乗り越えることは困難であるものの、家族の生活では主婦である女性の采配と労働とによって家計の安定が保障されている。また、カースト内婚に加え、村内婚や近隣村同士の結婚が多く母・娘を核とする女性たちのネットワークが発達しており、女性たちの情報交換や助け合いも頻繁にみられる。

第七節　魚の流通とマールムダラーリ（魚商）

鮮魚の需要が増大してから、水揚げ後の魚は、人口の集中するコロンボやその周辺に送られるようになった。ダクヌガマ村のあるマータラ県でも、県内で水揚げされた魚の三〇～五〇パーセントがコロンボとキャンディに送られ、残りが周辺の町に送られる（Muthumala 1999 : 65）。ここで、水産物の販路における中間業者についてふれておきたい。水産物は様々な流通経路によって消費者の手にわたる。その際、水揚げされた魚あるいは水揚げ場から運ばれてきた魚を集めて、魚商や輸送業者に送る集魚人が多くの場面で流通に介在している。マルガ研究所は一九八〇年にスリランカの二十ヵ所の水揚げ場で実施した調査で集魚人（fish assemblers）を五つのタイプに分けている。第一は小魚を集める集魚人、第二に大型魚を集める集魚人、第三にコロンボに魚を送る集魚人、第四に輸出用魚のみを集める集魚人、第五に内陸部に魚を送る集魚人である（Fernando 1984 : 79）。これらの五タイプは完全とまではいかなくても分業に近い状態である。第一のタイプは主に伝統漁船で水揚げされた魚、第二のタイプは大型オルーか動力船で水揚げされた魚を扱う。また第三のタイプは、仲買人としてコロンボに魚を送るが、途中の市場で価格が折りあえば魚を卸すこともある。また、水揚げ場まで自転車、オートバイ、小型トラックなどで買い付けにくる魚商（fish trader）などもいる。小売業者も浜まで直接買い付けにくる人や集魚人から魚を買い上げる人など様々である。また小売業者もマチの大型販売店の経営者から自転車の荷台で売り歩く人や、道端の露店商、天秤棒をかついで売り歩く人まで、その資本によって様々なタイプがある。鮮魚輸送を委託される委託業者や輸送業者もいる。これらすべての業種、水揚げ後の魚の流通に関与するすべての人が、シンハラ語でビジネスマンや商人を意味するムダラーリの語で呼ばれている。魚（マール）を扱うのでマールムダラーリと呼ばれるが、魚の輸送から始まったムダラーリ業から各種輸送業に転ずることもあり、一般的には単にムダラーリと呼ばれる。魚が生産者から消費者の食卓に上るまで多くの中間業者つまり大小様々な規模のムダラーリが介入する。彼らを区別する厳密なことばはなく、単に「ロクムダラーリ（大きなムダラーリ、大規模な卸商や仲買人のこと）」といったり、「コロンボムダラーリ（コロンボの中央市場の卸商）」と呼ぶぐらいである。ムダラーリは本来は、漁民あるいは集魚人や小・中規模仲買人から魚の販売を委託されており、必要経費を差し引いて売上金から一定の率を支払うというタテマエではあるが、実際は売上金の前払いをしたり、これまでの借金を差し引いた残りを支払う仕組みが定着している。ムダラーリの人気は、魚の買い上げ価格つまり販売委託において高値で魚を仲買人に売る能力と、借金や前払いの依頼に応じてくれるか否かで左右される。フェルナンドはスリランカの魚流通システムの特徴を、流通のどの段階においても少数の買い手が市場を独占している（Monopsony と Oligopsony）ことが魚価に影響を与えているとして、魚流通の簡略化の必要性を論じている。しかしその一方で漁民の数に比して小規模な魚商の数が多い、つまり数人から十数人規模の漁民の魚を扱う魚商が数多く各水揚げ場におり、流通の第一段階である浜では集魚人が多く、彼らが集めた魚をさらに集めるために中間段階にも多くのムダラーリがいることが結果的に魚の値を引き上げ、また不安定にしている（Fernando 1984 : 75）。つまり一方で魚の値は買いたたかれるが、他方で魚の値が引き上げられるという矛盾した現象が同時に起こっているのである。魚需要の拡大と交通網の整備で、自分が得た魚を他人に依存せずに、自分で売るか信頼のおける人に売りさばいてもらう欲求から、多くのムダラーリが生まれ、やがてムダラーリをたばねる人々（ロクムダラーリ）が出現してきた。

漁業協同組合の組織化が進行中であるが、漁民の多くは漁協よりも、簡単に借金の依頼ができ、様々な日常生活の面倒までみてくれるムダラーリとの関係を重視する。ムダラーリと漁民との関係は後者が前者に負債を負っているが、支配・被支配の関係ではなく、むしろ自由な個人間の信用関係である。

ムダラーリの大部分がもともと漁民であり、逆にもとムダラーリであった漁民も多く、ビジネスチャンスを巧妙に生かせるかどうかは、本人の才覚だけでなく、運・不運にもよる。動力船購入後、信頼できる乗組員に漁を任せ、水揚げ分を高値で買い上げてくれる仲買人との交渉に終始する者や、やがて資金をもとにムダラーリへの道を歩み出し、兄弟の名義で次々に船を購入して企業家へと発展を遂げる者など、動力船供給が開始されてから、ムダラーリの数は増加していった。逆に船の維持管理の失敗などからムダラーリに船を売却したり借金の形に差し押さえられる漁民も多い。動力船の総数は増加しつつあるものの、漁民の数に比べると少なく、多くの漁民は無動力の小型漁船での沿岸漁撈活動を行っている。

国家全体の漁獲高の増加を目的とする政策は、海村の社会構造や水産物の流通組織の改編にはほとんど目が向けられなかった。漁業公社と漁業協同組合による公営部門と、従来からの様々な中間商人による私営部門が併存する現状で、漁獲量の増加と鮮魚を大量に運搬するための道路・交通網の充実がはかられながら、流通過程に様々な中間商人が介在するという従来の組織がそのまま残存している。

《注》

(1) スリランカの概論書として杉本良男（一九八七・一九九八）、澁谷利雄・高桑史子（二〇〇三）などを参照。

(2) 王から土地を与えられ、王に役務を提供する義務をもつシンハラのカースト体系にあって、農民であるゴイガマは高位であるといわれる。王と主従関係のある貴族（ラダラ）を別にすれば、最高位であると主張するゴイガマもいる。ゴイガマは旧キャンディ王朝の支配地（高地シンハラ社会）では人口の半数近くを占める。

(3) 二十五～三十五馬力の船内ディーゼルエンジンがついた三・五～五トンまでの動力船を総称して三・五トンボートと呼んでいる。

（4）スリランカの西岸から南岸つまりガンパハ県からマータラ県までは二十世紀初頭には人口集中が始まっており、集落の切れ目がない状態になっていた。ゴンブリッチとオベーセーカラによれば、西部州と南部州（Western Province と Southern Province）の都市ハラーワタからマータラまでとそこから数マイル内陸部、またキャンディ付近の中央州は都市人口が田舎に流れ出したかのようにみえ、人口密度が高いため、集落がつながってその境界線が行政上の地図の上での線引きに過ぎなくなるほど、村が大きくなっていった（Gonbrich & Obeyesekere 1988 : 68）。

（5）観光は一九七〇年代以降、外貨収入の中で重要な位置を占めるようになった。一九七〇年から一九八〇年にかけての十年間で急激な伸びを示したが、その後の内戦の長期化で観光客数は減少している。スリランカに入国した観光客数は一九六六年の一万八千九百六十九人から一九八一年の三十七万七百四十二人と十五年間で二十倍近くの伸びである。しかし宿泊施設をみると、一九七六年以来設備の整った施設の数は減少傾向にあり、ゲストハウスや個人宅など安価な宿泊施設が増加しているという（Ahmed 1987）。西岸から南岸の海沿いのリゾートは、漁家が安価な宿を提供しており、西洋人の我が物顔の振舞いや「少年買春」、麻薬の拡がりなどが問題になっている（Ratnapala 1984）。しかし、同時にこれらの地区ではあまり多くの資本を必要とせずに観光業に転ずることができ、またそれらの宿泊施設やレストラン用に魚の需要が高い。

（6）仏教徒の間では新月、上弦月、下弦月、満月は仏陀の徳を讃える日であり、寺に詣で祈り、殺生を忌避するのが正しい仏教徒の生活であるとされる。特に満月のポーヤ日は最も重要で国民の休日になっており、各地の寺で様々な催し物がある。

（7）スリランカおける伝統的なカヌーで、バランスをとるための腕木（バランサー）が取り付けられている。両側面にバランサーが取り付けられたカヌー（ダブルアウトリッガーカヌー）と区別して、シングルアウトリッガーカヌーと呼ばれている。二人もしくは一人乗りの小型オルーと異なり、七〜十人乗りの大型のオルーは帆柱を備えており、巧みに帆を操って沖合から遠洋にまで出漁した。

（8）ソーダカツオを原料として日本のカツオブシと類似した方法で製造するモルディヴフィッシュはカリーのだしとして使用されたり、細かく削ってライムの絞り汁とスパイスとで混ぜたサンボルの材料として調理には必要不可欠である。モルディヴフィッシュに関しては岡村隆（二〇〇〇）や酒井純（二〇〇一）などの報告がある。

（9）不漁期や海岸から遠く離れた遠方の消費者に向けて乾燥魚が製造された。近隣に売りさばいて残った分も乾燥魚にした。内陸部には海岸部から乾燥魚を売りに来て地元の女性と結婚して定住したカラーワの男性も多い。また、かつてはジャーディと呼ばれる塩蔵魚も多く製造された。ジャーディのつくり方はカツオ類（バラヤ：skipjack やケラワッラ：yellowfin tuna など）を切り身にして塩水で洗い、浅い土製の壺にゴラカ（*Garcinia cambogia*）、塩、唐辛子、コーッチ（緑色の唐辛子、鷹の爪に近い）、ターメリックとともに入れてかき混ぜる。約3ヵ月後に食べ頃になる。ちょうど、パヌワ（ウジ虫）がわいてくる頃が食べ頃といわれる。炒めたり揚げたりして食べる。ジャーディは普通は魚からつくるが、ときにはエビからつくることもある。この場合、唐辛子、胡椒、塩、タマネギ、ランペ（*Pandanus latifolia*）、カラピンチャ（*Murraya koengil*：ナンヨウコブミカンの葉）、クミン、ターメリック、コリアンダー、トマトソース、あればソヤビーンズソースを混ぜたものに、皮をむいたエビを漬けておく。ジャーディは内陸部まで運ぶことが困難であったため、主に沿岸部で食された。冷蔵庫が普及した現在はほとんど食べられなくなったし、存在そのものを知らない若い人が増えている。ジャーディを知っている、あるいは食べた経験があるということは「田舎者」と受け止められる可能性があるので、わざと知らないふりをする人もいるという。

(10) ハンバントタ県のキリンダはもともとマレー人が多く住んでいた。小屋掛けをして滞在していた浜もマレー人が所有している土地であったという。一九八二年から日本の無償資金協力で多目的漁港の建設が開始された。一九八〇年代末には反政府ゲリラと政府軍の戦闘の激化や南部域の内乱により漁港の使用が不可能になり、港の入り口のしゅんせつ工事の遅れなどで繰り返し資金協力が行われたが、実際に使用が可能になったのは一九九〇年代後半になってからである。

　キリンダを南西モンスーン期の移動キャンプ地にしていた人々は、当地に大規模漁港が建設されることに関して異なる見解をもっている。一つは港の完成で移動が容易になったという肯定的な評価であり、もう一つはこれまで自由に移動して操業していた浜に港湾施設ができたため、高額の使用料を支払わねばならなくなったという否定的評価である。また築港がかえって船の接岸を困難にしてしまったという意見と、波止場が波除けになっているという異なる意見がある。

(11) かつては漁獲量ならびに漁獲高の過半数以上に達していた地引網漁は沿岸回遊魚の減少により衰退する。一九五〇年代に四〇パーセントを占めていたが、一九七〇年代から減少し、一九八四年には水揚げ量の七・六パーセントにまで後退した (Sivasubramaniam 1997 : 26)。この要因ははっきりしないが、水産資源の減少のみならず、特に東アジア各国の大型漁船の出漁が影響しているともいわれている。また、小型動力船の出漁の際に地引網の網や引き縄が切られてしまう事故も多い。しかし、一九九〇年代になってから、より効率的で新しいシステムを導入することで、この漁法を活かすための新たな法が整備されつつある。

(12) すでに本文中でもふれたように、一九八三年以来の反政府ゲリラとの戦闘が、特にタミル人の多い東海岸域への移動に影響を与えている。タミル人への恐怖感、軍による海上封鎖、実際に戦闘に巻き込まれる漁民の増加などが移動に影響を与えるようになった。

(13) 一九七二年に漁港公社が設立され、港、漁船の停泊、製氷施設、冷蔵庫、漁船修理などを提供する大型漁港の建設が始まった。このため沖合から遠洋の回遊魚、特にカツオやマグロ類の水揚げが増大した。

(14) 政府は動力船や小型動力船を漁業協同組合を通して購入するように指導している。組合員の数が百名に達し、一定額が漁協資金として銀行に預金されると、漁船と魚網が政府から各組合に支給され、組合員は組合から漁船と魚網を低額の融資で受け取る形になる。しかし、申請者が多いことと資金不足のため、実際に供給されるのは現政権支持者や組合幹部の親族などである。そのため、組合に加入せず、魚商から借金をして漁船を購入する人が多い。また、漁協から購入しても維持費や組合へのローンの支払いができず、漁船や漁網を抵当に魚商に借金をする人が多い。

(15) 漁港公社によりスリランカ各地に多目的漁港が建設されている。南岸ではガッラに続き、ミリッサやデウィヌワラに建設され、またタンガッラにも大型の漁港が建設されている。大型漁港の建設は従来沖合に停泊して浜とをオルーで往復しながら水揚げをしていた漁民にとっては、短時間で水揚げと箱詰めができて、迅速に消費地に向けて輸送することが可能になったという点で評価しながら、漁港使用料の徴収、漁民証明書の呈示など面倒なことも増えてきたという。

(16) 魚が水揚げされ、消費者の食卓に上るまで多くの中間商人が介在する。この点については第五節でふれている。

(17) 本来、地引網所有の原理は土地所有の原理と同じであった。祖先が開墾した土地を子孫が共有するのと同様に、祖先が操業を開始した地引網はその複数の子孫が共同で管理する、つまり「網株」をもった。ムラに住む者は等しく地引網の「網株」を所有していた。しかし、一九〇〇年代になり、網の登録制と浜で使用する網の数に制限が加えられるようになると次第に網株の独占が行われるようになった。筆者は地引網所有の独占化について南岸の例を分析していたアレクサンダーの報告 (Alexander 1982) を紹介している (高桑 (史) 一九八四)。スリランカのタミル漁村の地引網漁については田中雅一 (一九九三) の報告がある。

(18) 船を焼かれたり、あるいは出漁中に船ごと乗っ取られた例もある。その場合は水先案内人として必要であるので、数ヵ月後に解放される例が多い。また、船を焼くのは戦乱のためだけではない。大漁を嫉んだ人が船や網に放火する場合もある。

(19) インド軍が平和維持軍として一九八七年に軍事介入をし、一九九〇年に引き揚げた後も、海上での漁業活動は制限され、自由に移動できない状況が続いた。西北岸のカトリックの地引網漁村の調査では、かつては北部や北東部に移動して地引網漁を行っていたが、これができなくなったので、内陸のポロンナルワ県の池近くに移動して淡水魚をとっている。これは紛争になって急に選んだ手段ではなく、以前からここでモンスーン期に淡水魚をとっていたという。漁民は非漁期に複数の選択肢があったが、紛争以降は選択の幅が狭まった。

(20) 二〇〇二年九月に停戦協定が結ばれ、和平交渉が始まった。今後は復興のための政策が必要になってくるであろう。とりわけ内戦が激化する中で難民となった人々の帰還事業が重要課題である。

(21) 十六世紀にポルトガル支配下で多くの海岸部の住民がカトリックに改宗した。全体的にみると漁民はカトリックが多く、カトリックが多く住む西岸から西北岸は港湾設備も充実し、大型漁船も多い。
(22) 家族単位でテッパムや小型モーターボートによる小規模な漁業を行う場合、妻も移動キャンプ地へ同行する。夫が操業中は炊事や洗濯をし、またキャンプにやってくる買い付け商人と交渉する。しかし、地引網漁の場合は募集人がムラをまわって男性たちを集めたり、網所有者の代理人がムラの男性を集め、集団単位で直接漁場へ出かける。一九九三年の西北岸のムラの調査では、五人でチームを組み最初に一人当たり二千ルピー支払われ、月末に千ルピーを受け取ってムラに戻り、再び来月分の契約をするという方法をとっていた。これは戦乱で長期にわたる移動が不可能であるからだという。
(23) プッタラムラグーンの中の小島で一九八四年に実施した聞き書き調査では、島は北東モンスーン期には北岸から、南西モンスーン期には西岸から漁民が移動をしてくる。ヒンドゥー教徒は男性のみだが、カトリック教徒は妻もともに移動してきて、男性が出漁中に家事をしたり、キャンプ地を訪れる魚商と交渉をしていた。また一九九一年に東南岸のキリンダで実施した聞き書き調査では、南西モンスーン期に移動してきた家族の中に西北岸に住むカトリック教徒も多く含まれていた。本来は南西モンスーン期に東北岸に移動するのであるが、北部で戦乱に巻き込まれるのをさけるために、特に一九九〇年代から東南岸に移動する家族が増加した。また教育熱の高まりとともに妻が家庭内にとどまることを好む風潮が高まり、学齢期の子供をもつ家族では妻は移動せず、ムラにとどまるようになってきている。また後述のように若い女性がムラの外へ出て行くことを恥ずかしいと感じる風潮が高まり、年輩の母親が同行する場合も増えている。
(24) 西北岸のカトリック海村では、ある漁民の妻は父、夫、弟（独身）それぞれのモーターボートの水揚げを扱っていた。父の水揚げを扱う理由は母の体が弱いからであるという。彼女には結婚している妹がいるが、妹は自分の夫の水揚げ分をさばくのみである。父や弟が彼女に販売を託すのは妹よりも彼女のほうがビジネスがうまいからである。このように商才に長けた女性は結婚後も実家にとって重要な存在である。

(25) 仏教徒の漁民の間で女性が漁業に係わらない理由はわからない。カトリックと仏教徒の女性観の違いであるとか、そもそもカトリック教徒の多く住む地域の漁民と仏教徒の多く住む地域の漁民とは同じカーストであるとはいえ、民族が異なるなどの説がある。

(26) 近年は村落発展政策のプログラムとして女性の参加を強調するようになっている。カトリック地区では魚加工場などで多くの女性が賃金労働者として雇用されている。仏教徒地区でこのような風景がみられないのは、一つには仏教徒漁民の住む地区では企業的漁業が未発達であるからともいえる。

第三章　ダクヌガマ村タルナウェラ

第一節　概　況

一　ロクウェラ

コロンボから南に向かって鉄道と国道（ガッラパーラ、英語名はゴールロード）がほぼ平行に海岸沿いを走る。南岸の都市ガッラからさらに東に向かうと、南岸のもう一つの都市マータラに到着する。マータラ県の県庁所在地である。ここから東南部のハンバントタ県に向かって海岸沿いに道路が続く。この道（タンガッラロード）をバスで約三十分、マータラから約八キロのところにダクヌガマ村がある。ダクヌガマ村にはロクウェラとタルナウェラという二ヵ所の浜があるが、前者は砂浜海岸、後者は磯浜海岸である。

ダクヌガマ村は、デウィヌワラ（Devinuwara）にあるヴィシュヌ神を祀った本殿（Maha Vishunu Dēvāle）に至る道の要所であったという(1)。ロクウェラの浜近くの岩場に、七世紀にダクヌガマ一帯を支配していた王の宮殿跡と呼ばれる場所がある。近くの断崖の草木の中に寺跡が埋もれているといわれている。しかし以上のような伝承を除くと、ダクヌガマ村に関する歴史的記述や伝承は存在しないし、滞在中にこの地の歴史を語る人にも出会わなかった。

ロクウェラの浜は遠浅の砂浜海岸が発達し、地引網漁が盛んであった。やがてヨーロッパ列強の植民地支配下でダクヌガマ村はモルディヴとの交易基地として重要な役割を果たすようになった。ネゴンボをはじめ西南海岸域からオルー漁民や地引網漁民が漁場を求めて移動・定住し、中にはカトリックを信仰し、植民地勢力と結びついて交易を掌握する家族も現れた。これらヨーロッパ列強と結びついた有力家族は豪華な邸宅に住み、近隣の有力家族同士で内婚を行っていた(2)。このような有力家族が住んだ邸宅とその家族はワラウワ（直訳は邸宅だが、そこに住む人々も含む）と呼ばれ、現在も「ワラウワゲダラ（有力者の屋敷）」と呼ばれる豪邸の跡が村内に数ヵ所残っている。

ワラウワ一族が最盛期を迎えた一八〇〇年代末には他の村人と区別するために、そして高位とされるゴイガマカーストに対抗するため、ワラウワ一族が私有地の一部を寄進し寺を建てた。植民地勢力と結びついた有力カラーワの多くがカトリックであったが、十九世紀末の仏教復興運動の過程で多くの有力者が仏教に再改宗した。ワラウワ一族もその後熱心な仏教徒になった。また一族用の墓地も開いた。一族は現在ではほぼ全員がコロンボに出たり、あるいは独立後に経済基盤を失い没落した。彼らがかつて所有していた土地も様々ないきさつで他人の手にわたっており、寺も墓地も村人に開放されている。ワラウワの遠縁にあたる女性が守っている老朽化した屋敷が一軒だけ残っている。ロクウェラ浜近くに残るこの屋敷は当時の面影を今に残し、栄華をしのぶことができる。かつては屋敷では毎晩のようにヨーロッパ人を招いて茶会を催したという。

一八八六年にロクウェラに魚加工場がつくられ、また一年前の一八八五年にはガッラからマータラまで鉄道が開通し、南岸の各浜からガッラへ大量の加工魚が輸送されるようになった。これは一八八〇年頃に南岸に大規模な地引網が導入され、漁獲量が飛躍的に増大したからである（Alexander 1982 : 95）。鉄道開通前は一部が鮮魚のままで残りは加工魚として近隣の農村に運ばれていた。またロクウェラでは主に大型オルーでカツオ類をとり、そして漁獲の三分の一は特に魚保存用スパイスのゴラカ（*Garcinia cambogia*）を入れてジャーディ（塩蔵魚）に加工されていた（Alexander 1982 : 94）。二十世紀初頭のダクヌガマ村には約二千六百人が住み、五百五十戸の家屋があったという。

加工魚の供給地となったダクヌガマ村にはワラウワだけでなく新興の富裕者層も出現してきた。これまでネゴンボ起源のワラウワが有力者として植民地資本と結びついていたのが、非ワラウワからも有力者が出現し、この有力家族もワラウワに対抗して寺を寄進した（第二部第二章参照）。

二　タルナウェラ

タルナウェラの住民の多くは、ごく一部の家族を除くと、出身や祖先に関して無関心である。

タルナウェラは十九世紀末頃まではジャングルに覆われ、時折ロクウェラの住民が舟でやってきて波静かな小湾内で漁をするくらいで、人家はほとんどなかった。やがて二十世紀に入り、ロクウェラの漁業が発展し、漁業従事者が増えるに従い、浜で地引網漁に従事することができない人や余剰人員がはじき出されるようにタルナウェラにやってきて定住するようになった。タルナウェラに住む家族の中には現在もロクウェラにマハゲダラ（いわゆる本家）があるとする家族や、数世代前にロクウェラ

表1　タルナウェラの年齢別人口構成

年齢＼性別	男	女	合計
71～	13人	5人	18人
61～70歳	14	8	22
51～60歳	22	25	47
41～50歳	38	24	62
31～40歳	44	56	100
21～30歳	71	69	140
11～20歳	115	111	226
0～10歳	108	96	204
合　計	425	394	819

の東に隣接する地引網漁の盛んなムラからやってきた家族もある。しかし、現在では祖先の出身地の家族とは日常的つきあいはほとんどない。また、西南岸や南岸のベールワラやミリッサからも複数の漁民や船大工が移動してきたことが伝承されている。あるワーサガマ（後述するが、苗字・姓の意味）を共有する家族は、五世代ほど前にベールワラからやってきた人がこのムラの女性と結婚して定住したという。ベールワラムッタ（直訳はベールワラのおじいさん）と呼ばれる人や、ベールワラゲダラ（ベールワラの家）とニックネームで呼ばれる家族もある。

タルナウェラには一九二〇～三〇年頃には三十戸近い漁家があったという。しかしこれらの家は浜や浜近くの林の中に点在しており、独立した家族単位の労働に従事していた。魚はロクウェラの仲買人が買い上げていた。現在タルナウェラの西部には十八家族のゴイガマが住んでいる。このゴイガマの十八家族のうち七家族は、一八七〇年代に内陸部の町ハクマナ近くの村落からこの地に水田耕作をしにやってきた人の子孫である。一九六〇年代までは、出身村落の七～八家族と親戚づきあいがあったというが、今はなくなってしまった。残り十一家族は、一九三〇年代にマータラ県内の他の村落から移住した九家族、マータラ市より西のガッラ近くから移住した二家族である。彼らはジャングルを開いてココヤシとジャックフルーツの栽培を始めた。その中でも、ある家族はこのタルナウェラの西部から隣村までの広大な土地を所有する大土地所有者であったという。しかし、独立後政府が彼らの土地を接収して土地のない漁民たちに安く払い下げた。また他のゴイガマの家族も広い農地と土地を所有していたが、少しずつ子供たちに分割され、残りも政府が買い上げて細分化されて払い下げられたり、漁民家族が購入したりした。

一九三〇年代までは幹線道路とタルナウェラとは直接つながっていなかった。近くにはジャッカルが出没し、ヒョウの住処も山中にあったという。今もコティガラ（直訳は虎の岩）と呼ばれる場所がムラの中にある。

タルナウェラは以上のように、主に隣接するロクウェラから人々が移住してきて、そして土地を購入したり政府から安価で提供された土地に家を建てて住み始め、少しずつ人口が増加していった。彼らの一部は、ロクウェラの人の船に雇われていたが、大半がこの浜から大型の帆付きオルーや小型オルーで海に出る生活をしていた。一九五六年に幹線道路からタルナウェラに至る道路が完成したが、それ以前は天秤棒を担いで一人が通れるくらいの踏み分け道しかなく、牛車も通れなかった。また一九八〇年には浜から西に行く道路もできた。

一九四〇年頃から、タルナウェラの浜で漁撈をする漁民相手の小規模な魚商が消長を繰り返し、一九八五年には四人のムダラーリがいた。その後もこの人数には大きな変動がない。彼らの役割は浜に戻ってきた船から魚を集めて種分けをして、仲買人に売ることであり、基本的には集魚人である。彼らはかつて漁民であり、わずかな資金や親族からの援助をもとに事業を開始し、次第にビジネスを拡張してきた。現在の主たる漁法はオルーによる釣り、流し釣り、刺し網を中心とする小規模な沿岸漁撈で、一部は動力船による網漁や延縄漁を行っている。

三　ロクウェラとタルナウェラ

ロクウェラもタルナウェラも行政的には存在しない。ともにダクヌガマ村内の水揚げ場となる浜をさす地名でしかない。水産省ではダクヌガマ村内の二ヵ所の水揚げ場としてこの二ヵ所の浜を把握している(3)。本書の舞台となるタルナウェラは行政単位としての村ではなく、また集落、村落などの語で理解されるものでもない。主に海に生活の糧をもつ人たちにとっての内面的に意識化された共同態であるが、明確な境界はない。タルナウェラという名の浜を利用する人の家族の集まりとするのが妥当である。

人類学は主に社会構造の分析を目的として、村落社会を研究対象にしてきた。そして村落とは一定のまとまりつまり地域的枠組みをもち、同時に精神的・心理的・感情的まとまりのようなものをもつ実体である。しかし、本書で考察しようとするスリランカ海村の場合、その前提を少々問題にしなければならない。

シンハラ語で村落（village）を表すガマはコンテキストにより使われ方が異なる。ガマは行政単位として使用されるが、①住民の認識する村落（= village）つまり自然村に近いムラ、②村落内の各居住区分（＝hamlet）、③祖先から伝えられた耕作地（＝estate）の三つの意味がある。あるガマ（village）はいくつかのガマ（hamlet）で構成され、各々のガマはサブカーストの居住区分でもあり、このサブカーストの成員は水田耕作地であるガマ（estate）に対する権利をもつ。②のガマ（hamlet）は屋敷地（家屋と周囲の野菜・果樹などの栽培地を含む）の集合体であるが、地域によっては②と③の区別のない場合もある（Obeyesekere 1967 : 12–15・Yalman 1971 : 29）。しかし、本書の舞台となる海村ではこのような土地所有を基礎とするガマは存在しない。ロクウェラ、タルナウェラ出身者はスリランカ各地に転出したり移動したりしているが、出身地に言及する際は決してロクウェラあるいはタルナウェラを使用しない。その際はダクヌガマを使用する。スリランカでは頻繁に「出身地はどこですか」と尋ね合うが、出身地の意味で使われる語がガマである。ダクヌガマ村を出た人々にとって出身地はダクヌガマ村であってそれよりも小さな地域的枠組みは存在しない。しかし、ダクヌガマ村内にあっては、いくつかの地域的区分ができあがっている。

すでに述べたように、ダクヌガマ村にはロクウェラとタルナウェラの二ヵ所の浜があり、後者には前者の余剰人口が徐々に移動してきて住み始めたが、利用する浜により二ヵ所の意識上の共属意識としてのガマが形成されてきた。人々はほぼ住居に近いほうの浜を利用しており、それぞれ利用する浜に応じて意識としてのガマが形成されたといえる。実際「タルナウェラの人々」「ロクウェラの人々」という集合表現（人々に相当するカッティヤを使い、「タルナウェラカッティヤ」「ロクウェラカッティヤ」の語が使われる）は住民の話の中に頻繁に登場するが、その境界については無関心である。ダクヌガマ村にある二ヵ所の浜（水揚げ場）のうち、西側のタルナウェラは西に小高い山、東に断崖が控える小さな湾であり、東側のロクウェラは広い湾内に砂浜海岸が広がり、大型漁業集落が発達している。彼らがどちらのガマに属すかは基本的にはどちらの浜を利用するかによる。しかし、タルナウェラの浜には複数の動力船を停泊させることができないため、ロクウェラの浜に停泊させたり、ロクウェラの人の船に乗っていても、意識はタルナウェラに属する人もいる。ロクウェラの浜は船の接岸に適し、植民地時代には交易の基地となり、浜辺には魚加工場も開かれていたが、三十～四十艘ほどの小型オルーを密集させて揚げる程度の小さな砂浜しかないタルナウェラには加工場をつくる場所もない。二ヵ所の浜は断崖となっている岬で分かれており、以前は密林の中を歩いて行き来していたが、現在は樹木がほとんど切り払われ家が建ち並び、踏み分け道もでき、徒歩で約十分の距離になった。

村で漁業以外の職業に就いている人も、ゴイガマカーストや商店主、ムスリムの家族を除くと、親あるいは祖父の代まで漁民であった人が大半である。彼らは海に完全に背を向け、特に女性は決して浜や漁民が多く住む辺りに近寄ることはない(4)。とりわけホワイトカラー層や大商人層は、同じカーストに属することは認識していても漁民たちとは常に一線を画すことに努めるようになり、ダクヌガマ村内に二つの異なるカテゴリーの人々が存在すると意識している。こうしてダクヌガマ村内には漁民対非漁民、タルナウェラ対ロクウェラという対抗意識がみられ、特に後者は地理的には境界のないガマ（ムラ）として認識されている。

広大な砂浜の広がるロクウェラは現在では衰退したが、かつては地引網漁が盛んであった。また広い浜には帆柱つきの大型オルーを多数並べておく場所もある。これら大型オルーに乗船する沖合漁民の多くが実際には船を所有していなかった。一九六〇年代に多数の動力船が供給された際に、地引網の所有者として資本を蓄えた漁民はこの好機に乗り、大規模魚商人に成長し、当時の政権と接触することに成功し、さらに漁業規模を拡大させた。南西モンスーン期の東岸の移動地にも常時漁船を置き、販売網を確立していた。一方、タルナウェラ漁民の多くは沿岸漁民であり、沿岸あるいは小湾内での小規模な漁業に従事してきた。政府が動力船の導入を進めていたときに、以前より沖合漁業に従事していなかったこと、さらに小型オルーを所有している人が比較的多かったことから動力船導入のチャンスを得ることができず、長年ロクウェラの発展を羨望視するのみであった。

ここにおいてロクウェラ住民の優越感は「タルナウェラの人は臆病、のろま、怠け者」という意識になり、タルナウェラ住民は「我々は善人でロクウェラの人は気が荒く、嘘つきで、盗人だ」という対抗意識となり、対ロクウェラ意識はときには暴力沙汰にまで発展するようになった(5)。非漁家にとっては、「タルナウェラ」と「ロクウェラ」は単なる浜の名に過ぎないが、漁家の人々にとって両ガマは日常の行動にも影響を与えている(6)。

行政が後援する形でダクヌガマ村のまとまりと村民の意識向上を目的とした催し物が開催されるが、この主催者が非漁民であったり、資金でバックアップする人たちがときにロクウェラの漁業資本家であるため、タルナウェラ漁民の参加度は低い。

本書では、ダクヌガマ村の中にあって、「我々タルナウェラ人」意識をもつ人々の集合体である実体を研究対象とする。それは、全員漁民家族である。つまり積極的であれ消極的であれ、海に出て生計を立てている人々の集まりである。タルナウウェラ以外のダクヌガマ村の人々も同じカラーワカーストで、しかも父や祖父の代までは漁業を行っていた人が大半であるが、その後様々な経緯で、漁業をやめてほかの職業に就いているため、地理的にはタルナウウェラ浜の近くに住んでいてもタルナウウェラの人ではない。

調査の基礎データは、一九八五年の時点で「我々タルナウウェラ人」と意識している人たち百二十六世帯八百十九人・漁民数百八十六から収集した。この百二十六世帯の設定は、一九七二年にこの地に漁協をつくるにあたり、マータラ県の地区漁業振興センターが各行政村ごとに任命する地元責任者が認知している家族が核となっている(7)。その後、漁協の再編が幾度か行われ、また脱退者や幽霊会員もおり、漁業をやめたりトゥリコーナマレイに移った家族もあり、若干の異同があるものの、大きな変化はない。百二十六世帯はすべて家族員の少なくとも一名が漁業に従事、あるいはかつて従事していた世帯である。ここでいう「かつて従事していた」世帯とは、漁民である夫が死亡した世帯である。さらに漁民数百八十六という数字も世帯員が漁業あるいは関連（魚商など）した業種に従事している家族である。「仕事」の認識が曖昧で、調査者の側からみると明らかに漁民であるものの、職業について質問すると「無職」と答える人もいる。これは、近年の傾向である定期収入のある仕事を職業とみなしたり、本来の望む仕事に就けないために「仕方なく」漁業に従事する行為を仕事とみなさないためである。また漁業に従事していても漁協に加入していない（あるいは脱退や幽霊会員になっている）人もいる。

四　ダクヌガマ村の概要

本書では海村が議論の対象となるので、ダクヌガマ村のロクウェラとタルナウェラについて詳細に述べたが、村の住民は様々な職業に従事している。行政単位としてのダクヌガマ村を概観しておこう。マータラ県は十四の行政区（かつては Assistant Government Agent Division；AGA Division と呼ばれていたが、現在では Divisional Secretariat Division；DS Division と呼ばれる）から成り、内務省から任命された行政官が治めている。各行政区はさらに小区（Grāma Sēvaka Division）に分かれており、各小区ごとに区長（Grāma Sēvaka かつての Village Headman；小区行政の責任者で Grāma Niladāli ともいう）が任命されている。ダクヌガマ村はデウィヌワラ（Devinuwara）に行政区の役所を置く四つの小区（Division）からなる(8)。ダクヌガマ村は人口増と行政上の便宜から幾度か再編成されている。

一九八八年までダクヌガマ村はダクヌガマ東とダクヌガマ西の二つの小区で構成されていた。東西の行政的境界は、ダクヌガマ市場で幹線道路から分岐して海に向かう南北の直線道路であるが、これは住民にとってほとんど意味がない。住民の所属意識は先に述べたように居住地と生業、さらに利用する浜により微妙に異なる。一九八八年にダクヌガマ東、ダクヌガマ中央、ダクヌガマ西の三小区に分けられ、東と西には区長（Grāma Sēvaka）、中央には農業委員（Agriculture Officer）が設置された。

やがて一九八九年にダクヌガマ東、ダクヌガマ中央、ダクヌガマ西、ダクヌガマ南の四小区が置かれ、東と西は区長、中央には農業委員、南には特別行政委員（Special Service Officer）が置かれるようになった。しかし、一年も経たないうちに中央の農業委員は区長に、南の特別行政委員も区長となった(9)。

旧AGAの一九九〇年の人口と世帯数は以下のようになる。

ダクヌガマ西　人口　一二八七人　二七五世帯(10)
ダクヌガマ南　人口　一二八〇人　二七三世帯
ダクヌガマ東　人口　一二二九人　二六二世帯
ダクヌガマ中央　人口　一二九四人　二七六世帯

ダクヌガマ村は一部にムスリムと少数のタミル人家族が居住し(11)、東端と西端にはゴイガマの家族も住むが、住民の大半がカラーワに属す。本書で論じる舞台となるタルナウェラはダクヌガマ西に入り、区長は隣接する行政村に居住する。住宅供給政策の一環として、ダクヌガマの西方の山林に住宅団地がつくられ、「新ダクヌガマ」という地区が生まれたが、一部はダクヌガマ西に組み込まれている。そのため、一九九三年の統計ではダクヌガマ西の世帯数は増加している。一九九三年にダクヌガマ西区で住民調査官が調査を実施した二百九十一世帯のうち、主たる生計維持者の職業は表2のようになる。漁民が三分の一を占めているものの、無職も多いことがわかる。

第二節　タルナウェラの漁業の概況

センサスは毎年刊行されるものでないので、時期的にズレがあるが、一九八一年のセンサスではダクヌガマ村の人口は五千五十七人で、また一九八四年水産省の調べでは漁業人口が二千六百五十一人であり、このことからダクヌガマ村住民のほぼ半数が漁業に従事したり、その家族員ということになる。一九九〇年の報告では、ダクヌガマ村全体で四百九十二の漁家、漁民数六百二十一人、漁業人口二千九百十四人とある。また、この地域の漁業における課題を簡潔に以下の四点にまとめている。第

表2　ダクヌガマ西区の主たる生計維持者の職業（全291世帯中）

職業	世帯数	%
農業	1	0.34
農業手伝い	0	0.00
日雇い	26	8.93
商業	22	7.56
左官、大工	0	0.00
技術者	0	0.00
運転手	9	3.09
教員	1	0.34
弁護士、公証人	0	0.00
医者	0	0.00
保安員	2	0.69
公務員	1	0.34
看護師	0	0.00
漁業	93	31.96
ヤシ殻繊維業	1	0.34
占い師	0	0.00
事務員	3	1.03
公務補助員	0	0.00
年金受給者	9	3.09
病弱者、疾病者	10	3.44
無職	89	30.58
その他	24	8.25
合計	291	100

（出典）Danapala & Deheragoda & Samarasiri 1993

一に漁民家族の借金や負債額の多さで、その理由を漁業の低生産性と仲買人や卸商人の買い上げ価格の低さにあるとする。第二に漁獲量、漁獲高の低さで、その主たる理由を、新技術が活用されず、南西モンスーン期に船が使用できないことにあるとする。第三に非漁期にほかの仕事がないこと、特に北部、東部の戦乱後に移動ができなくなったことをあげている。第四に漁獲物を保存・保管する場所がなく、氷を得ることが困難なことであるとする (Integrated Rural Development Project Office 1990)。ただしこの課題は、ダクヌガマに限ったことではなく、スリランカの水産業が共通にもつ課題である。

筆者の調査によれば、タルナウェラでは一九八五年に動力船、伝統船に関係なく漁船を所有している家族は百二十六世帯中五十世帯であり、その後の調査においてもこの数字にほとんど変化はない。漁業収入を求めるならば、誰かの船の乗組員にならざるを得ない。巻末の表はタルナウェラ百二十六世帯の漁船の有無の変遷を示したものである。一九八五年から十五年の間に世帯主が死亡したり、息子たちが転出した世帯もあり、また息子たちが漁業に従事しているかどうか不明の世帯もある。一九八五年の調査対象世帯を追跡調査した結果である。

浜は岩礁海岸で地引網に適さず、大型船を所有する数家族があるものの、現在まで有力商人層も形成されず、ムラ内に明確な階層差は生じてこなかった。また、南西モンスーン期に荒波をさけて漁撈活動をするようなラグーンや湖沼も近くにないので、この季節には東海岸に移動していた。一九六〇年代以降より、ダクヌガマ村で動力船が使用されているが、タルナウェラでは動力船の数は一九八五年で七隻、所有者七名、一九九一年度で十一隻、所有者八名である。二隻所有する人が三名いる。この三名のうち、実際に本人も乗船するのは一名である。一九九九年には動力船数は十六隻、所有者は十一名と若干増加している。動力船を使用しても、タルナウェラでは沖合に停泊させ、そこから小型船で浜とを何度も往復しながら漁獲の水揚げをしなければならないことと、仲買人が多い浜や港湾設備の整った港に水揚げをしたほうが有利であるため、出漁地と水揚げ地とは変わることが多い。また、動力船を所有しない大多数の漁民も、乗組員に雇われたり、小型漁船で水揚げした魚を高値で買い上げてくれるムダラーリがいる港を求めて各地を移動している。

一九八五年四月一日から三日にかけてタルナウェラの漁民が多数滞在しているヒッカドゥワ町、ベールワラ町の二ヵ所の漁業基地の宿泊先を訪問した。本来この時期は、インターモンスーン期で、地先漁業が可能な時期である。宿泊先、滞在先は浜に建てられた小屋であったり、個人宅であったり、アパートのような部屋であったりする。ヒッカドゥワ町では四ヵ所、二十四名、ベールワラ町で四ヵ所、二十六名の合計五十名のタルナウェラの漁民に会った。宿泊先は各自がそれぞれの個人的コネクションでみつけたり、雇い主の動力船所有者が紹介したりなどしたものである。ほかにもタルナウェラの人がいないか尋ねたが、同じ宿泊先でなければ、たまたま港やマチで会わない限り他人の消息はわからないという。しかし、筆者が知り得た分でも、三〇パーセント弱の人々が二ヵ所の漁業基地に滞在していたことがわかる。

西南海岸に移動した場合は浜に建てられた小屋（ココヤシの葉や茎で建てるので、毎年建て直す）か貸家・貸間に滞在する。この地帯はスリランカの中でも人口密度の高い地域であり、簡易宿泊施設も多い。これらの宿泊施設は純粋に宿泊だけの場合と、漁民たちの水揚げ分を委託販売するムダラーリが宿泊用の部屋を無料で提供している場合とがある。部屋代は宿泊する漁民数で均等割りするが、動力船の乗組員は船所有者が支払うので無料となる。動力船の乗組員となったり、水揚げ後の魚を優先的に渡す約束で用意された貸間に滞在すれば、ほとんどお金がかからない。休漁日に情報交換をして、もっと気前のいいムダラーリとコンタクトをとることもできる。

ムダラーリと漁民との関係（ムダラーリと集魚人のような小規模ムダラーリとの関係も含め）は、漁協や公社以上に生活全般にわたっての保証があるため、ムダラーリがしのぎを削り合っているこの地区はチャンスを摑むのに最適な場である。宿泊施設にはコンロを持ち込んで湯を沸かすことは可能であるが、概ね台所がなく部屋には寝に帰るだけであり、近くの店で食事と出漁中に食べる弁当を調達するか、宿泊所の所有者が調理をして彼らに売る。宿泊代に食費が含まれることもある。

タルナウェラの男性の移動パターンはもともと次のようなものであった。南西モンスーン期の五月～九月頃までは東海岸に移動する。この地は近くに大消費地もなく、この間はもっぱら大量の干魚を製造し、時折訪れる魚商に売るか、モンスーン期が終了して帰宅する際に干魚を携え、魚商に売る。十月～三月頃の北東モンスーン期と、続く四月のインターモンスーン期には母村にいて地先の海で漁をした。ヤルマンは同じマータラ県にあるコーッテゴダ村で一九五五年に七人乗りオルー六十艘が東海岸に移動したと記述している（Yalman 1971 : 272）。しかし、一九七〇年代以降は動力船の増加と各漁業センターが整備されて、天候に左右されずに漁を行う機会が増え、一年の大半を村外で過ごす男性が増えてきた。特に北東モンスーン期に、設備が整い、大消費地を近くに控え、しかも近年の観光開発で増加した外国人観光客用のホテルやレストランが集中しているために魚の買い上げ価格が高い南西岸の各地に滞在する男性が増えてきた。月四回の休漁日（ポーヤの日）にバスで帰宅する人もいるが、ほとんどは陸で情報交換に費やす。全土で祭りが集中する四・五・六月の約三ヵ月間を家で過ごし、再び、東海岸の移動地での生活を始める。しかし西南岸の近代的設備の整っている漁港ではこの時期も出漁が可能なため、この地に出かける者もいる。

こうして男性の多くがほとんど不在であることや、漁撈は女性が係わるものではないという観念から、女性は自分の夫や男性親族の居場所をあまり知らない。男性はあるとき幾ばくかの現金とお土産をもって帰宅し（現金をもたずに帰る者も多いが）、しばらく家に滞在し、またどこかに出発する。妻は夫がどこへ行ったかを知らず、またあまり関心を示さない。彼らは漁民としての労働のみならず、チャンスがあれば様々な部門に進出をしようと試みる。このとき有効に作用するのが広範囲に張りめぐらされている姻戚関係のネットワークである。また、経済的社会的上昇をはかる糸口として、数人の漁民と提携して、水揚げされた漁獲をその地の魚商人や仲買人に渡すための下請け仕事を始める人もいる。この集魚人（fish assembler）という仕事は、船の所有者だけでなく、魚商との交渉術がうまいと自他ともに認める人や多数の仲買人や魚商と接触できる人、あるいは漁業が嫌いな人、何かビジネスをやってみたいと望んでいる人などが始めている。兄弟の一人がムダラーリ（集魚人）になることも多いので、結果的には漁民の数に比べてムダラーリ特に集魚人の数が多く、ムダラーリは漁民を抱え込もうとして競争を繰り広げ、その中で運よく経済的上昇を果たした者や、再び漁民に「転落」した者、大商人の傘下に組み込まれた者や、魚のみを扱う段階から徐々にビジネスの拡大に成功した者など、様々な水産関係者と商人・企業家たちが西南岸〜南岸でしのぎを削り合っている。

以下の三例は動力船を所有しないタルナウェラ男性の一年の漁撈活動の簡潔な記録である。

①世帯番号［19］（一九三二年生まれ）は隣村出身の妻との間に一男四女をもうけ、現在長女と二女は他村に婚出し、長男、マータラの商店に勤める三女、学生の四女の三人が同居している。長男は漁業を嫌い、様々な臨時雇いの仕事をしている。［19］はトゥリコーナマレイでの操業を重視しているが、タルナウェラにいるときは小型オルーで沿岸の魚をとっている。トゥリコーナマレイには十六歳のとき初めて行って以来、四十年近く毎年出かけている。最初は父の弟と一緒に行き、このオジが亡くなるまでの六年間オルーでの操業を教わった。

一九八五年には五月二十五日〜八月八日までトゥリコーナマレイに滞在した。中心街から離れたタミル漁民の多いムラの浜に小屋を建てて滞在していた。彼を入れて三人で滞在し、オルーの乗船もこの三人である。この小屋はともに行く仲間と建てたので滞在費はいらない。北東モンスーン期間にほとんどが風波で壊れてしまうので、毎年新しいのを建てるか、運がよければ前年度のを修理して使用する。食事は近くの食堂でとったり、弁当をつくってもらったりして、一日三十ルピーほどかかる。この浜に彼は帆柱つき大型オルーを常時置いてある。彼はこの三年間はガッラに住むAと一緒にトゥリコーナマレイに行く。Aは彼が十五年前にトゥリコーナマレイで出会って以来の親友である。もう一人の仲間のB（タルナウェラの人）も五年間同行していたが、戦乱の激化を恐れて行くことを中止したので本年は別の仲間を誘った。トゥリコーナマレイでは延縄（long line）でトーラ（サワラの種類）などの高級魚をとり、買い上げ価格が一キロあたり四十～五十五ルピーになった。帆付き大型オルーでは沖合四十～五十マイルまで出かけ、戦乱がなければ、海岸線に沿ってジャフナ市方面まで北上ができる。

［19］はそろそろ移動時期が近づいたと思うと、ガッラに住むAに手紙を書く。手紙を受け取ったAはタルナウェラにやってきて、二人で話し合って出かける時期を決める。

トゥリコーナマレイでは父方のマッシナ（交叉イトコのカテゴリーの人、後述）に当たるムダラーリに魚を買い上げてもらう。このムダラーリは父がタルナウェラの隣村出身で本人は母の実家があるタルナウェラで生まれた。

②世帯番号［100］（一九五九年生まれ）はマータラ市内から婚入してきた妻と小さな娘二人との四人家族である。マータラ市出身の父も漁船を所有していない。彼の弟はトゥリコーナマレイに移住している。子供時代は父とともに地引網漁の手伝いをしていた。地引網の漁場は東岸にあるムッライティウ（Mullaitive）、コキライ（Kokilai）、ナーヤラ（Nayara）でこの地で親の代から地引網漁を行っていたロクウェラ出身のC（後に国会議員になった有力者）が所有する網で雇われていた。十八歳になると

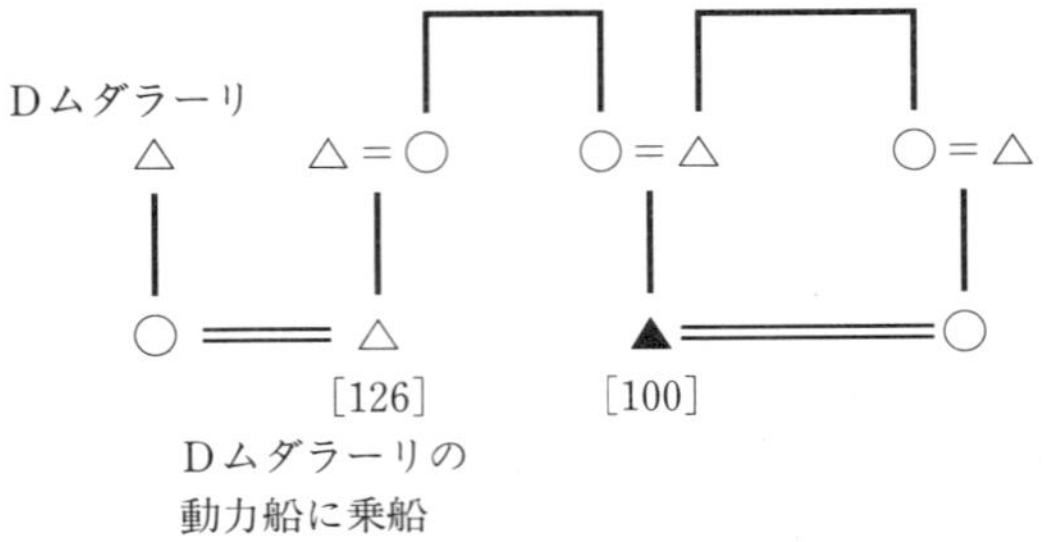

図１　［100］の事例

親族関係図においては、○は女性、△は男性。△＝○は結婚関係。┌┐（○△）は兄弟姉妹関係をそれぞれ示す。たとえば、△＝○（△○）は夫婦と男女一人ずつの子供がいることを表す。以下の図も同様である。

Cが所有する動力船で海に出るようになった。早くて二月、普通は三月～八月頃までは東海岸各地に出かける。網元のCは多数の漁船を所有し、東北岸各地に停泊させていた。

一九八〇年代になるとロクウェラのDムダラーリとコンタクトをもつようになり、その関係で二、三月～八月まではカルムネー（Karumunai）に滞在することが増えてきた。一緒に乗船するメンバーとして、Dムダラーリの娘の夫で［100］の母の姉の息子である［126］が必ず乗船している。残りの二人は、変動があるがロクウェラよりさらに東の村出身者や出身地不明のタミル人も乗船することがある。この二人はDムダラーリの家に下宿している。Dムダラーリは動力船十隻、FRPオルー二隻、一部FRP加工オルー二隻を所有している。東海岸に移動しない北東モンスーン期には地先の海で誰かのオルーで操業するか、西南岸のどこかに出かけるか、気分次第である。

③世帯番号［123］（一九四九年生まれ）はロクウェラ出身

の妻との間に三人の子供がいる。主にロクウェラの人の動力船に乗る。仲間はほぼ同じ年齢で、ロクウェラに住んでいる者が大半である。一九八五年現在、一緒に乗船する仲間の一人はロクウェラより東のムラに住んでいる。だいたい、昼食後一寝入りして三時頃になるとロクウェラの仲間の一人の家に集まり、そこでおしゃべりをしながら、その日に乗る船を決め、いったん家に戻り、子供の世話をしながら夕食後九時頃に寝て、翌朝四時か五時に起きてロクウェラの浜に行き、船に乗る。操業先や水揚げ先はこのロクウェラの仲間が決めたり、船の所有者が決めたりする。現在乗っている船はガッラに水揚げすることが多いので、最近はガッラに長く滞在する。所有者はここでカトリック教徒のムダラーリとコンタクトをもっている。漁民は取引先の相手の宗教に無頓着である。ガッラでは朝食を店で食べ、四人で七十ルピーかかる。昼食と夕食は船内で食べる。一食につき九ルピーの弁当をつくってもらうが、これは各自が支払う。ある年彼らはガッラでなくベールワラに一ヵ月間いたが、一ヵ月で二千ルピーの収入があり、ムラに帰る際には、お土産にお菓子ももらった。ベールワラ滞在費が八百ルピーだったので、差し引き千二百ルピーを一ヵ月に稼いだことになる。

第三節　タルナウェラの家族と親族

一　シンハラ社会の家族・親族

シンハラ社会は非単系社会ではあるが、土地や家屋と苗字の継承という点では父系原理を内在させており、父系性に傾斜した双系（cognatic）社会とされる（Murdock 1960）。人類学的研究は土地所有や農業を中心とする生産活動と親族組織との関係が論じられてきたため、北部の水田稲作農村を舞台に展開されたリーチのプルエリヤ（Pul Eliya）村の民族誌（Leach 1961）をはじめ、多くの民族誌は内陸部の農村を舞台に描かれている。それは、十六世紀からヨーロッパ勢力の影響を受けてきた海岸部とは異なり、伝統的土地所有制度が近年まで維持されてきたという仮定が前提となっているからである。

またシンハラ社会を「ドラヴィダ型親族名称体系」（Stirrat 1977など）をもつ社会と規定し、農地管理における連続性と協調性が要求される農村において、親族名称体系と個々人の行動や集団形成との関連性も議論されている。婚姻の際の持参財の研究や配偶者選択の研究も注目され、交叉イトコ婚を優先させる南インドとの比較研究も行われている。この親族名称体系をもつ社会では、個人をとりまく同世代の人が結婚できない兄弟姉妹（sibling）のカテゴリーか、結婚可能あるいは結婚が望ましいカテゴリーかのいずれかに類別される。つまり、個人からみて親族はすべて血族カテゴリーの人か姻族カテゴリーの人かのいずれかに類別できる。表現を変えれば、個人と同世代の親族はすべてが平行イトコか交叉イトコに類別でき、平行イトコは兄弟姉妹と同カテゴリーの親族であるため、結婚が不可能であり、交叉イトコ（男交叉イトコはマッシナ、女交叉イトコはナーナ）は配偶者となるのが望ましいと考えられる。また個人の上位世代の親族は、親のカテゴリーか義父母（-in-law 関係）のカテゴリー、つまり配偶者の親のカテゴリーかのどちらかに類別される。

単系出自集団を形成しない高地シンハラ農村社会の構造原理を考察する手続きとして、社会内部に構成されているいくつかの社会集団の比較検討が試みられている(12)。特にゲダラ、ワーサガマ、パウラは社会を構成する主要単位として重要であるが、その意味と範囲には地域的相違がみられる。ゲダラとワーサガマはほぼ同じ意味で使われる場合と、前者が世帯あるいは家屋とその周囲の土地を含み、後者が父系的に継承される名（苗字）を示す場合がある。また、高地の農村ではいくつかの世帯が集合してコンパウンドグループが形成され、このグループが重要な社会単位として機能することもある（Leach 1960, 1961・Robinson 1968）(13)。パウラも妻を示す場合、サブカーストと同種の内婚集団を表す場合などが報告されている。

世帯や家族の連合体である何らかの集団が土地に係わる生産活動や相続・継承の場面に意味をもつのと異なり、小規模な漁撈活動が主要な生産活動となる社会の考察には、従来の農村社会で論じられてきたものとは別の枠組みが設定されねばならない。また親族名称体系においてもスティラットは西岸のカトリック漁村の例から実質的な婚姻優先の意味をもつカテゴリーが存在しないことを明らかにしている。つまり何らかのモラルとして存在しても、生産行動や集団形成には意味をもたない。その機能の相違をスティラットは世代を越えて継承される土地がないこと、協同が要求されないこと、大漁・不漁が個々の家族の領域に関することであり、農村のように豊作・不作が村落全体に係わるものでないことなどをあげて説明している。しかし、この社会が土地所有を基礎に成立する社会に移行したならば、親族名称体系のもつ意味が重要なものになってくるであろうと推察し、その根拠としてこ

アワサマッシナとアワサナーナ

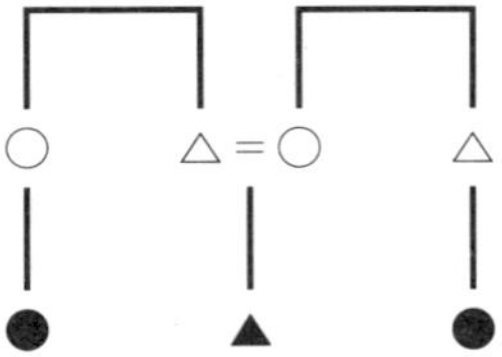

アワサマッシナとアワサナーナの関係は1世代上位者が明らかに兄弟姉妹の関係であることが判明している場合。
●からみて▲はアワサマッシナ
▲からみて●はアワサナーナ

マッシナとナーナ

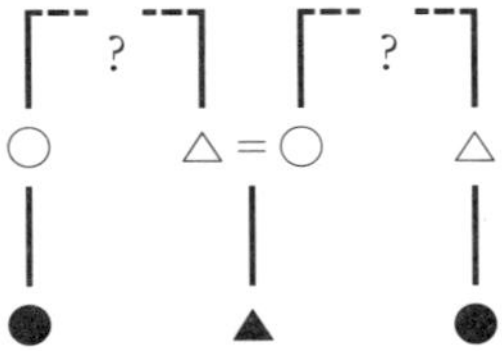

1世代上位者がお互いをどのように呼んでいたかで判断される。この場合は、第2交叉イトコの場合や、兄弟姉妹の配偶者など系譜が判明している場合もあるが、多くは詳細な系譜関係には注意がはらわれない。

兄弟姉妹

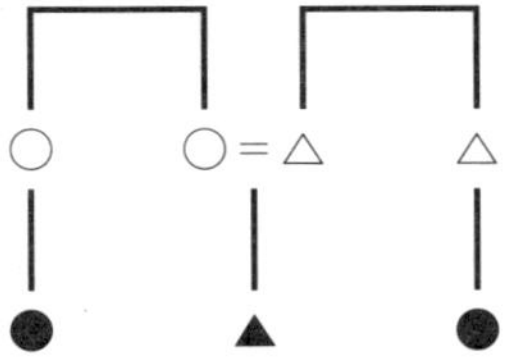

マッシナとナーナと同様、1世代上位者がお互いをどのように呼んでいたかで判断される。
●からみて▲は兄弟
▲からみて●は姉妹

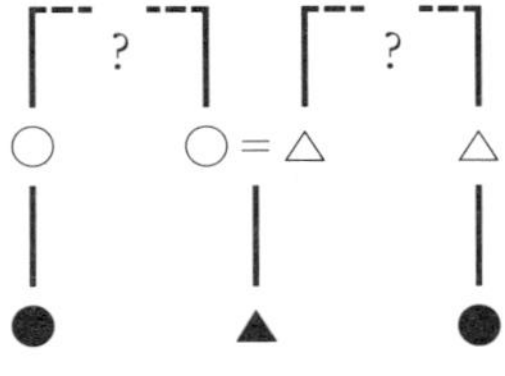

上位世代の詳細な系譜関係は不明であるが、●と▲は兄弟姉妹の関係になるため結婚できない。

図2　ドラヴィダ型親族名称における交叉イトコ（マッシナとナーナ）と平行イトコ（兄弟姉妹）

の地の漁民が内陸に移住してココヤシ農園を開発した後に親族名称体系が具体的に意味をもつようになってきたことを指摘している（Stirrat 1977 : 290）。

二　家族と婚姻

タルナウェラでパウラと呼ばれる社会単位は一つの家屋内に居住し、一ヵ所の調理場で調理された食事をとる共食単位であるが、世帯と家族双方の意味をもつ。またパウラは妻の意味もある。男性は「私のパウラ」ということばをよく使う。「私たちのパウラ」といういい方もあり、パウラは男性の妻をさし、同時に一家の主婦をさす。またゲダラは本来は家屋を意味するが、ゲダラにパウラが住むので同じニュアンスで使われる。家族員と世帯構成員を示すことばはゲダラミニッスー（家の人々の意味）である。一ゲダラに一パウラが望ましい。パウラとは、つまり「我々の家に住む人々」と当事者がみなし、同じ調理場でつくられた食事をとるのが当然であるとされる人々のカテゴリーであると同時に家事に責任をもつ妻を中心にまとまる血族の集まりである。パウラの構成をみると核家族が多い（表4）。近親であっても親子関係で結ばれない家族は別々に調理場をもち、一ゲダラ内に二つのパウラという例も二例ある。また、過渡的なものとして一ゲダラに兄弟の複数のパウラが居住している合同家族に類似したものもある(14)。これは後に述べるタルナウェラの居住環境とも関係している。世帯規模は表3のように二世代同居が多い。

タルナウェラ住民は全員個人名に加えて複数の単語からなる名前のセットであるワーサガマをもっ

ているが、これは土地（耕地や居住地）と結びついた、あるいはステイタスを示すものではない。ワーサガマの本来の意味は個人が住んでいる土地を表す語であるが、同時にカースト名も表し、またゲーナマ（文字どおりの意味は家の名前）は、個人の住んでいる家の名であるが、同時にその家の代々の職業や過去に獲得した地位を表す（Disanayaka 1998 : 25-32）。タルナウェラではワーサガマとゲーナマの区別はない。名前（個人名）の前にある複数の名のセットをまとめてワーサガマと表現する。ワーサガ

表 3　世帯規模

家族員数＼世代	I	II	III	IV	合計
1					0
2	3	1			4
3		7	1		8
4		9			9
5		19	2		21
6		19	4		23
7		24	2	1	27
8		9	5		14
9		7	3		10
10		1	1		2
11			3		3
12					0
13			1		1
14			2		2
15					0
16			1		1
17					0
18			1		1
合　計	3	96	26	1	126

I ～IVはそれぞれ同居する世代数を表す。
I とは一世代、IIは二世代が同居しているという意味である。

表 4　居住形態別家族の構成

表 4－1　居住家屋の種類

1　新居購入もしくは新築	97 (78.86 %)
2　夫が親から引き継いで居住	18 (14.63 %)
3　妻が親から引き継いで居住	8 (6.50 %)
合　　計	123 (99.99 %)

1 のうち（不明の 9 軒を除く）

A　政府から支給された住宅	10 (11.36 %)
B　友人知人もしくは「遠縁」から購入	41 (46.59 %)
C　夫の父方親族から購入	8 (9.09 %)
D　妻の親族から購入	5 (5.68 %)
E　夫の姉妹の婚家先から購入	1 (1.13 %)
F　夫の母方親族から購入	6 (6.82 %)
G　夫の親、夫の兄弟姉妹などの援助によるもの	6 (6.82 %)
H　妻の親、妻の兄弟姉妹などの援助によるもの	9 (10.23 %)
I　夫の母方親族からの援助によるもの	1 (1.13 %)
J　共同で購入	1 (1.13 %)
合　　計	88 (99.98 %)

マの由来に関して一部の住民の間に伝わる伝承では、家族の出身地をさしているという。また同じワーサガマを共有する家族は父系血縁関係にあると認識されているものの、系譜関係は、二〜三世代前になると不明瞭なものになる。ワーサガマは父系的に継承され、女性は結婚後も父方のワーサガマを名乗り、子供は父のワーサガマを継承するので、この点では父系原理の存在がみられる。ワーサガマは日常的には使われず、頭文字のみが使用されるが、他人のワーサガマを知らない人も多く、あまり関心が払われることもない。たとえば、タルナウェラに多いホンダ・アーラッチ・パタバンディゲー（Honda Āracchi Patabandigē）という三

表4-2　世帯類型

核家族	86
核家族＋養子	4
2つの核家族が同居	1
寡婦と子供たち	3
小　計	94（74.6％）
核家族＋2人の息子の家族	2
＋息子の家族	1
＋娘の家族	12
夫あるいは妻＋子供たち＋娘の家族	3
＋息子の家族	2
＋娘の家族	3
＋2人の息子の家族＋娘の家族	1
小　計	24（19.0％）
核家族＋WFZS	1
＋WZ	1
＋HZSの核家族	1
＋WZS	1
＋WM＋WZ＋WBD	1
＋HMZDD＋HMZDDD	1
＋WZの子供たち	1
父＋息子の核家族＋息子のWZ	1
小　計	8（6.3％）
合　計	126

文字からなるワーサガマの場合、H・A・Pというように使用する。ワーサガマのみならず個人名(personal name)も同名の者が多く、日常的に人や家族を特定するのに使用するのは本人や家族のニックネームである。スティラットの報告している北西岸のカトリック海村と同様、タルナウェラでも親族名称よりも名前やニックネームを頻繁に使い個人を特定する(Stirrat 1977 : 274)。

婚姻等により他地区から来た人は出身地の名をつけて特定する。たとえばデウンドラ出身女性にはデウンドラアッカ、男性にはデウンドラアイヤ(アッカは姉さん、アイヤは兄さんの意味で、それぞれ親しみを表す呼び方である)などのニックネームがつけられる。ニックネームについては第二部第一章で検討する。

ワーサガマの共有は両家族が父系血縁関係にあるとしながらも、同じワーサガマ同士が結婚することもある。系譜関係が明らかに平行イトコのカテゴリーの人つまり〈兄弟姉妹(siblings)〉のカテゴリーの人であれば結婚できないが、同じワーサガマであっても、両家の間にそれを系譜的に明らかにすることができなければ結婚してもかまわない。個人と個人の関係が交叉イトコか平行イトコか、あるいは血族カテゴリーか姻族カテゴリーかは当事者の親同士がお互いをどのように呼んでいたかで決定されるので、同じワーサガマの人同士が平行イトコ(つまり〈兄弟姉妹〉カテゴリーの関係)でなければ結婚することは可能である。村外婚は、同じワーサガマでも、当事者間が父系血縁関係にないことが明らかであれば〈兄弟姉妹〉カテゴリーにならないので結婚の可否に注意は払われない。

パウラ内の男性成員をみると、特に未婚男性は周年ムラ外に滞在している。近年は教育の普及で多様な職業選択の道が開けているが、かつて男性の大半は一定年齢に達すると漁撈活動に従事した。このことをタルナウェラの人々はそれ以外に収入の道がなかったからであると説明する。少年時代は父や親族の仕事を手伝いながら漁撈技術を学び（最初の手伝いは浜にオルーを揚げたり、漁具を家に運ぶ手伝いをすることである）魚の売値の交渉などにも慣れていく。また季節による移動にも同行し、母村以外の土地での人間関係をつくりあげ、ネットワーク拡大の基礎を確立する。移動先や親戚のいる土地で様々な商いの手伝いをしたりしながら、漁撈以外の道を模索する若者もいる。小型オルーは大人二人まで乗船でき、最初は父や年上親族のオルーに乗船していた若者は徐々に単独行動をとる。もっと漁の上手な人のオルーに乗ったり、動力船の乗組員になったり、他村に条件のいい場所をみつける。父子が同乗する期間は短く、同居していても別々の行動をとることも多い。家族の男性成員が長期間不在であっても、未婚であれば同じパウラの一員とされる。男性成員は長期間家を留守にし、得た賃金を自分自身のためのみに消費する生活が主であっても、時折、幾ばくかの現金とお土産を携えて自分のパウラに帰ってくる。

三　配偶者選択と通婚圏

婚姻の開始は男女の同居である。かつてヤルマンが内陸部農村で論じたような、家族が共食単位であり、女性が男性のために調理をし、女性の調理したものを男性が食べることが結婚生活の開始を意味する（Yalman 1971 : 108）という観念は存在するが、実際はそれとは異なる。男性は家を離れている期間が長いため、女性は実家にとどまり、男性は妻の実家で食事をとることがある。つまり妻と妻の女性親族（主に妻の母）が調理した食事をとることになる。これが結婚生活のスタートである。夫方居住である場合、夫は（妻が手伝い）母が調理した食事をとる。婚姻と同時に夫婦が新しく世帯をもつ例が少ないためこのような状況がみられるが、本来は女性が夫と子供のためのみに食を調理するのが望ましいとされている。アレンジされた結婚とりわけ魚商のように娘や息子の結婚を契機にビジネスのネットワークを広げたい人にとっては高価で入念な婚姻儀礼が行われ、夫方居住や新居居住が多い。タルナウェラや周辺の海村で行われた婚姻儀礼は予算や家族の事情などによって違う。特に村外婚と村内婚は異なり、村内婚では婚姻登録だけをすませることが多い。村外婚における婚姻儀礼は象徴的に女性を生家から夫の家に招くものである（Leach 1982：193-203）。その進行の概略を示す(15)。

タルナウェラの村外婚における婚姻儀礼の例

①花婿の家に花婿の親族たちが集合して花嫁の家に向かう。

②花嫁の家の入り口で花嫁の親族に迎えられる。花嫁の両親は室内にいる。このときまでに花嫁は奥の部屋で白の花嫁衣装の着つけが終了しており、花嫁の姉妹やオバなどの近親者に囲まれて座っている。すでに花嫁は悲しみの表情である。最後に母親が白いヴェールをかけると激しく泣く。

③花婿は花嫁の潜在的夫である第一交叉イトコに花嫁を連れていく許可をもらい、玄関から室内に入る。花婿一行は茶や菓子などを振る舞われて花嫁の登場を待つ。このときに婚姻登録官も同席して

結婚式の食の交換

いる。

④花嫁と花婿は婚姻登録の書類に記入しサインをする。

⑤花婿が花嫁のヴェールをあげ、金のネックレスを彼女の首にかけ、白布を彼女の腰に巻きつける。この白布が結婚の夜に使用され、女性が未婚でなくなることを意味する重要な役割を果たす(Gombrich & Obeyesekere 1988 : 261)。これらの象徴的行為は特別にこしらえた台の上で行われる。台はもともとは特別につられた囲いで、白布で覆われ、この中に新郎新婦が入って儀礼が行われた。タルナウェラではこの台を五穀で被うことが好まれるが、これは豊饒と多産を意味する。この囲いの中の台がポールワで、ここで行われる一連の儀礼はポールワ儀礼と呼ばれ、現在では結婚式に欠かせないものになっている(16)。

⑥饗宴場に向かう。まず、新郎新婦はそれぞれ相手に最初の一口を食べさせる。これで婚姻が成立したことになり、一同がはやし立てる。この最初の食の交換は饗宴

場へ向かう前に、ポールワ儀礼終了後にポールワから降りてすぐに行うこともある。饗宴場のテーブルには客全員が座りきれないので、何回かに分けて食事が振る舞われる。新郎新婦はこの間座ったままで花嫁側の親族が客をもてなす。多数の客を招待するので、室内でなく屋外にテントを張りそこで饗応する。女性は前日から台所で食事の支度をするが、客を実際にもてなす、つまり料理や飲み物の給仕はすべて男性が行う。

⑦いよいよ花嫁が生家を離れる時間になる。庭で花嫁は実家の親族と別れのことばを交わす。最後に両親の足下に新郎新婦がひれ伏し、別れの挨拶をする。すでにこの時点で感極まった花嫁は感涙にむせび、両親に抱きついたまま泣き、周囲の者ももらい泣きをする。

⑧花嫁の両親を除く親族が花婿側とともに花婿の家に向かう。近年は余裕のある家族は途中でホテルやゲストハウスなどの宿泊施設に向かい、そこで一泊するが、もともとは花婿の家に到着する前に、花婿宅の近くの家に立ち寄り、そこでいったん茶菓子でもてなされる。直接花婿の家に向かわない(17)。

⑨花婿の家に到着する頃には夕方になっており、入り口に特別にパッティニ女神の寄り代がつくられた新婚夫婦用の部屋におちつく。

⑩新郎側から茶菓子のもてなしを受けた花嫁側の親族は全員が帰路に就く。

⑪翌朝は花婿側が花嫁側の親族を迎える準備が始まる。花嫁の両親は来ない。この日は花嫁は純白の白無垢の衣装ではなく、真紅のサリーに身を包み生家の親族を迎える。前日同様に今度は花婿側が

花嫁の親族をもてなす。花嫁、花婿はともに、テーブルに座り続け、何回も客を入れ替えて饗宴を行う。

⑫一週間後、新婚夫婦はそろって妻の生家に挨拶に行く。

タルナウェラだけでなく、シンハラ人の間には兄弟の一人が生家に残り、年老いた両親や未婚の姉妹の世話をするのが望ましいという考えがある。男性が家族に責任をもつが、その家族とは親子関係に基づく家族（family of orientation）と夫婦関係に基づく家族（family of procreation）の二つである。しかし、タルナウェラでは兄弟の中の年長者が結婚して所帯をもっても夫婦は早期に独立して新世帯を構えることを望む。その理由を未婚の弟妹でひしめく家では夫婦のプライバシーが守れないためと説明する。また夫が年中家を留守にしているので妻は婚姻後の最初の実家訪問後に実家に滞在することが多くなる。これも夫婦それぞれの家の事情によって違うが、ムラの人はこのように結婚後妻が実家に行ったままであることを特に不思議がることもなく、夫の家に夫の姉妹がいるので当然というように考えている。やがて夫も妻の実家で暮らす期間が長くなる。

婚姻後の居住は夫方居住が理想で、村内婚、村外婚を問わず、妻は婚姻により生家を出て夫の家に入るとされ、婚姻儀礼にもこのイデオロギーが反映されている。しかしながら、実際はタテマエから逸脱し妻の実家が所有する土地に家を建てて居住する男性は多い。婚姻当初は概ね夫の家に住む。やがて夫が漁で家を空けることが多いということで妻は「寂しさ」と「安全性」から実家で生活をするようになる。当初は夫方居住であっても、このような理由で妻は実家にいる時間が徐々に長くなる。寂しさや安全性だけならば妻は実家でなくても婚家に住めるはずであるが、実家に戻っている妻は必ずといっていいほど、このことを理由にあげ、さらに婚家には夫の姉妹が戻っているからとも付け加えられる。また、タルナウェラでは夫婦は頻繁に村内で引っ越しをするし、夫婦のプライバシーを守るためという理由で新居居住を望むカップルも多い。婚姻後の居住で議論されてきたディーガ婚（夫方居住）とビンナ婚（妻方居住）の相違も住民には意識されていない。妻方居住を実施している家族の場合、妻の家あるいは妻の土地に住むことは次節で述べるダウリーの一種として考えられているのである。男性の誇りを失うとされる「ビンナワテナワ（ビンナに落ちるの意味）」（Yalman 1971：124）ではない(18)。

最近では村内婚はあまり好まれなくなっている。その理由は次の四点に要約できる。第一に村内では親族・姻族関係の連鎖が錯綜しており、相手が「正しい」縁組つまり縁組可能な関係にある家族かどうかが曖昧になっているからである。つまり、当事者の親あるいはその上の代ならば記憶が鮮明であるものの、さらに上位世代になると交叉イトコのカテゴリーであるのかそうでないかが不確かである。個人の親族関係名称は基本的に上位世代の者がお互いにどのように呼び合っていたかで決定され、多くはカテゴリーとしての親族関係を認識しているだけで、正確な関係はよくわからない。村外婚であれば、たとえワーサガマが同じでも父系血縁であるという証拠がない限りは無難な縁組となる。第二に家族の独立性の高いタルナウェラでは他の家族は大なり小なりライバルであり、他の家族を出し

表5　タルナウェラ153組の夫婦の通婚圏

妻の出身地＼夫の出身地	タルナウェラ	他のダクヌガマ	西隣の村	東隣の村	他	計
タルナウェラ	63	3	5	4	9	84
他のダクヌガマ	17	1	0	0	0	18
西隣の村	16	0	0	0	0	16
東隣の村	13	0	0	0	0	13
他	19	1	0	0	2	22
計	128	5	5	4	11	153

(注) 出身地が出生地、あるいは両親の住む家がある地とは限らない。母方で生まれ、成長するまで母方の家に居住する場合や、居住地を移りかわる場合が多く、ここでいう出身地とは、父方、母方を問わず、最も強い所属意識、帰属意識をもつガマといえる。

抜くことを目的として、家族間に姻戚関係を結ぶことで協調関係を樹立する可能性があるが、むしろ娘が嫁ぐことで、家族内の調和が乱れることを危惧する。第三に他村に姻族を確保することで村外への人脈がつくられ、経済的社会的上昇の可能性が高まるからである。第四は近年になって強調されるようになったイデオロギーである女性のセクシュアリティに関するもので、村内婚は概ね恋愛婚であるため、親の管理が行き届かない「はしたない」行為、つまり家族員に恥（ラッジャ）がもたらされるという危惧の念である。この点に関しては別に章を改めて検討する。

村内婚よりお見合いによる村外婚が好まれる傾向があるとはいえ、タルナウェラでは恋愛結婚も相変わらず多く、また親の支持のない「駆け落ち」もある。駆け落ち婚の場合ほとんどダウリーは支払われないが、むしろダウリーの不要な婚姻ということで親が歓迎することもある。駆け落ち婚のカップルは自分たちの新居に住む場合もあるが、妻方の土地に家を建てて住むこともある。

恋愛婚の中にはもともと親族の反対にあったために駆け落ちをしたが、やがて認められて両家に協力関係が生じたり、親の代は反対しても当事者の兄弟たちが協力関係になっている場合もあり、一概に「恋愛」「駆け落ち」「見合い（arranged marriage）」というようなカテゴリー分けはできない。

婚姻がアレンジされたものであったことを示すために入念な婚姻儀礼をしたカップルの場合、花嫁の純潔性を象徴的に示す行為が重視される。結婚式の翌朝に新婚夫婦のベッド（ポールワ儀礼で花婿が花嫁の腰に巻きつけた白布が敷かれている）を夫の母がチェックにやってきて、花嫁の純潔性と豊饒を祝すためのラバン（大きなドラム）を親族の女性たちがムラ中に響きわたるように打ち鳴らす(19)。

タルナウェラ百五十三組の夫婦の出身地をみると表5のように、約半数の六十三組が夫婦ともタルナウェラ出身である。また、タルナウェラ以外といってもその大部分がダクヌガマ村内か両隣の村であり、夫がタルナウェラ以外の出身という例も多い。ただし、夫婦それぞれの出身地といっても、両親とともに各地を移動していたり、長期間母の実家にいた人も多く、出身地とは最も強い帰属意識をもつ土地である。

第四節　女性の持参財・ダーワッダ（ダウリー）

一　ダウリーについて

南アジア社会を特徴づけるものの一つとして、婚姻時に娘が実家から生前財産贈与の形で受け取るダウリーの存在が指摘されている。ダウリーは女性の財であり、婚姻後も彼女に帰属するものである。ただし、夫は妻のダウリーを管理する権利を有する（Tambiah 1973 : 62）。一般に北インドにおけるダウリーの場合、女性の財は動産に限られるが、スリランカでは土地などの不動産も財に含まれる（Tambiah 1973 : 68）。

スリランカの婚姻に関しては、一方の極に入念な婚姻儀礼とダウリー、もう一方の極には「女性が特定の男性のために調理をすること」（Yalman 1971 : 108）が婚姻生活の始まりとする二つの慣行が存在する。また内陸部農村では一妻多夫婚の事例も報告されている（Tambiah 1966・Yalman 1971）。アレクサンダーが調査した南岸の一海村では独立前まで村落内婚できわめて少額のダウリーが一般的であったものの、二十世紀初頭にはごく少数のエリート層では大規模なダウリーと村落外婚があった（Alexander 1982 : 28）。

タルナウェラで結婚時のダウリーについて質問すると、一般のシンハラ人の結婚におけるダウリーと同様のものが贈られたという答えが返ってくる。アレンジされた結婚では通常はダウリーが支払われるので、結婚に際してダウリーが支払われたということは、その結婚が見合い婚つまりアレンジされた結婚であったことになる。ダウリーの内容は現金と貴金属に加えて、アルマーリヤ（食器棚。貴重品なども入れておく）、ピッタラバドゥ（真鍮製の儀礼道具）も必ず贈られる。これらがセットになったものがダウリーである。余裕があればミシンも加えられる。しかし、北インドで報告されるような衣服や食料、あるいは夫の親族用への贈り物などのような品々はない（八木 一九九九：四七）。このようないわばオーソドックスな財と物の移動という典型的なダウリーに対して、「恋愛婚だったのでダウリーはなかった」「恋愛婚だがわずかなダウリーが支払われた」というような回答も多い。このような回答者とさらに会話を続けると、上記の典型的なダウリーがなくても、結婚後に妻方から様々な援助があり、語り手によってはそれを「ダウリーのようなもの」「ダウリーに代わるもの」、あるいは単に妻方からの贈り物（ギフトという英語を使用）としている。恋愛結婚だったが、ダウリーが贈られたとする例もあり、逆にアレンジされた結婚（見合い婚）だったにもかかわらず、仲人に現金を払った以外はダウリーの支払いはなかったとする夫婦もある。典型的なダウリーつまり現金、貴金属等のアクセサリー類、アルマーリヤ、ピッタラバドゥがセットになったものは百五十三組中およそ四十組前後である（表6）。

貴金属と現金の額には違いがあるが、一九八〇～九〇年代当時、アルマーリヤはだいたい二千ルピーから三千ルピーで、ピッタラバドゥは五百ルピーで一セットになっている。ちなみに、都市の中産階級では現金や貴金属が数万～数十万ルピー、さらに土地や家屋も含まれるダウリーが一般的である。もちろん、このような慣習を無視するカップルも多い。

表6　ダウリー一覧表

世帯番号	世帯主の年齢	ダウリーの有無と内容
1	45	無
2	29	無
3	43	貴金属
4	75	1000Rs 現金
5	31	10000Rs 現金と5000Rs 相当貴金属
6	75	100Rs を仲人に払ったのみで無し
7*	31	無　夫（魚商）は1983年に35歳で死亡
8	35	無
9	24	無
10	39	貴金属少々
11	25	未婚
12	30	900Rs 現金と貴金属
13	32	貴金属、アルマーリヤ、腕時計
14	41	無
15	27	無
16	31	無（妻は FZD）
17	65	100Rs 相当貴金属、500Rs 現金
18*	65	無　夫は1984年に65歳で死亡
19	63	2000Rs 現金、アルマーリヤ、貴金属
20	70	10000Rs 相当貴金属、アルマーリヤ、ミシン
21	32	無
22	39	40000Rs 相当貴金属、ミシン、7000Rs 現金、アルマーリヤ、ピッタラバドゥ
23	33	無
24	65	無
25*	70	合計500Rs 相当貴金属とアルマーリヤ　夫は数年前に65歳で死亡
26	45	貴金属少々とピアス
27	58	アルマーリヤのみ
28	37	2000Rs 相当貴金属、アルマーリヤ

29	29	1150Rs 相当貴金属
30	62	アルマーリヤ、ピッタラバドゥ、貴金属
31	30	ミシン、3000Rs 相当貴金属、ピッタラバドゥ、アルマーリヤ
32＊	55	見合い婚、詳細は不明、夫は1966年に42歳で死亡
33	32	無
34	50	1000Rs 相当現金、アルマーリヤ、ピッタラバドゥ、貴金属
35	51	アルマーリヤ、65Rs 相当貴金属、500Rs 現金、ピッタラバドゥ
36	52	3000Rs 相当貴金属、2000Rs 現金、ミシン、アルマーリヤ、500Rs 相当ピッタラバドゥ
36-1	34	無
37	54	6000Rs 相当貴金属、1000Rs 現金、アルマーリヤ
38	35	駆け落ち婚だが若干の貴金属
39	55	無
40	44	無
41	40	無回答
42＊	40	アルマーリヤ、現金（少額）、500Rs 相当貴金属、布、ピッタラバドゥ 夫は1983年に43歳で死亡
43	34	5000Rs 現金、6000Rs 相当貴金属、ピッタラバドゥ、アルマーリヤ
44	45	無
45	80	2000Rs 相当貴金属、1000Rs 現金、家具、ティーポット、アルマーリヤ、ソファー、グラス、ティーカップ、布
46	42	6000Rs 相当貴金属、500Rs 相当ピッタラバドゥ、アルマーリヤ
47	50	5000Rs 現金、貴金属、80パーチのココヤシ畑、アルマーリヤ
48	57	1000Rs 現金、アルマーリヤ、ピッタラバドゥ、貴金属
49	80	無回答
50	42	無
51	24	無
52	60	無回答
53	54	2000Rs 相当貴金属、アルマーリヤ、150Rs 相当ピッタラバドゥ、実家に半エーカーの土地
54	50	無
55	38	550Rs 相当アルマーリヤ、2000Rs 相当貴金属、1000Rs 現金、500Rs 相当ピッタラバドゥ

56	45	恋愛婚、アルマーリヤ、布、貴金属少々
57	63	アルマーリヤ、貴金属、ピッタラバドゥ、1000Rs 現金
58	45	無
59	60	3000Rs 相当貴金属、200Rs ピッタラバドゥ、500Rs アルマーリヤ
60＊	42	無　夫は数年前に53歳で死亡
61	39	見合い婚だが現金無、若干の貴金属
62	45	5000Rs 相当貴金属、アルマーリヤ、500Rs ピッタラバドゥ、1000Rs 現金
63	45	2000Rs 現金、2000Rs 相当大型アルマーリヤ、500Rs ピッタラバドゥ、3000Rs 相当貴金属、ミシン
64	25	恋愛婚、無
65	47	5000Rs 現金、40000Rs 相当貴金属、アルマーリヤ、ミシン、ピッタラバドゥ
66	48	750Rs 相当貴金属、500Rs ピッタラバドゥ、900Rs アルマーリヤ、5000Rs 現金、宅地
67	41	500Rs アルマーリヤ、1500Rs ミシン、1000Rs 相当貴金属、1000Rs 現金、500Rs ピッタラバドゥ
68	35	無
69	38	無
70	60	無　宅地と家は WF のもの
71	50	2000Rs 現金、2000Rs 相当貴金属、500Rs ピッタラバドゥ
72	35	8000Rs 現金、25000Rs 相当貴金属、アルマーリヤ、ピッタラバドゥ、ミシン
73	70	恋愛婚、100Rs 現金、アルマーリヤ、ピッタラバドゥ、土地11パーチ
74	58	2000Rs 現金、5000Rs 相当貴金属、500Rs ピッタラバドゥ、アルマーリヤ
75	60	不明
76	38	500Rs 現金、ピッタラバドゥ、アルマーリヤ、ミシン、貴金属
77	29	見合い婚、貴金属、アルマーリヤ、ミシン、ピッタラバドゥ（すべて少額）
78	45	2000Rs 相当貴金属、300Rs ピッタラバドゥ、この家と土地
79	45	無
80	42	無

81	42	無
82	45	見合い婚、7000Rs 相当貴金属、200Rs ピッタラバドゥ、アルマーリヤ
83	41	2010Rs 現金、アルマーリヤ、ミシン、1000Rs 相当貴金属、500Rs ピッタラバドゥ
84	79	見合い婚、200Rs 現金、ピッタラバドゥ、貴金属
85	45	見合い婚、アルマーリヤ、貴金属、ピッタラバドゥ、1500Rs 現金
86	47	見合い婚、15000Rs 相当貴金属（腕時計１、指輪１、腕輪２、ペンダント付きネックレス１、ピアス２）、300Rs 相当アルマーリヤ、150Rs 相当ピッタラバドゥ
87	59	1000Rs アルマーリヤ、5000Rs 現金、500Rs ピッタラバドゥ、3000Rs 貴金属、500Rs ミシン
88	36	無
89	53	無
90	34	10000Rs 現金、アルマーリヤ、ミシン、貴金属、ピッタラバドゥ、家
91	85	恋愛婚、無
92	40	恋愛婚、無
93	60	3000Rs 相当貴金属、600Rs アルマーリヤ、1000Rs 現金、1000Rs ピッタラバドゥ
94	33	恋愛婚、無
95	50	恋愛婚、無
96	42	無
97＊	60	5000Rs 相当貴金属、ピッタラバドゥ、アルマーリヤ、ミシン、夫は1982年64歳で死亡
98	38	恋愛婚、無
99	28	見合い婚、ダウリーについては不明
100	26	恋愛婚、無
101	52	見合い婚、2000Rs 現金、貴金属、アルマーリヤ、ピッタラバドゥ
102	50	見合い婚だが無
103	62	恋愛婚、無
104	60	無
105	65	本人　200Rs 現金、3000Rs 貴金属、800Rs ピッタラバドゥ、400Rs アルマーリヤ 息子　1000Rs 現金、6000Rs 貴金属、3000Rs アルマーリヤ、50Rs ピッタラバドゥ、25Rs 儀礼用具

106	40	見合い婚、アルマーリヤ、２輪腕輪、ピッタラバドゥ、500Rs 現金
107	42	見合い婚だが無
108	55	恋愛婚、無
109	42	2000Rs アルマーリヤ、10000Rs 貴金属、300Rs ミシン、1000Rs 現金、500Rs ピッタラバドゥ
110	70	1500Rs 現金、400Rs アルマーリヤ、200Rs ピッタラバドゥ、600Rs 相当貴金属
111	57	見合い婚、アルマーリヤ、ピッタラバドゥ、1010Rs 現金
112	80	不明
113	75	恋愛婚、無
114	62	恋愛婚、無
115	60	見合い婚、250Rs 現金、2000Rs 貴金属、250Rs ピッタラバドゥ
116	80	無
117	45	無
118	65	恋愛婚、無
119	36	土地と家、1000Rs 現金、貴金属、アルマーリヤ、ミシン
120	75	無
121	37	無（異カースト婚）
122	55	見合い婚、首飾り、ピアス、腕輪、合計2000Rs
123	36	無
124	37	恋愛婚、無
125	72	500Rs 貴金属、200Rs 現金、アルマーリヤ
126	35	恋愛婚、25000Rs 貴金属、アルマーリヤ、ピッタラバドゥ、10000Rs 現金

(注)・年齢はすべて1985年当時
・＊印は女性が世帯主の家庭
・恋愛婚／見合い婚等の表記は特に話者が答えたもので、表記がないものは話者自身が無回答のもの。（筆者が特に尋ねなかったものもあると同時に、話者自身が恋愛・見合いの区別をしないこともある）

女性が男性の成功に意味をもつのは、彼女を通しての、利用可能で有利な姻戚関係の存在だけではない。妻の実家は様々な場面において物質的援助を行う。住む家がない夫婦は妻方が家を提供したり、妻の実家に同居することもある。これらの行為は妻方のダウリーとして考えられている。ここではダウリーは、日本語で訳される持参金、持参財というものよりも、より広い意味をもつ有形無形の、妻の両親や兄弟が死亡するまで続けられる半無償「援助」・「サポート」である。妻の実家に居住していることは、夫からみて妻の側からダウリーとして家が与えられていることであり、妻の実家の船に乗っていることは、自分と船主（妻の父など）との利害関係が一致したからであると同時にダウリーのようなものでもある。妻の親にとっては、娘夫婦への住宅提供は、結婚時に不十分な額であったダウリーを補う行為であり、有能で信頼できる人物として協力してくれている男性が娘の夫であるということになる。父や兄たちは娘や妹の結婚に際し、相手にダウリーを払う価値があるか否かをみきわめ、節約と投資を巧妙に使い分ける。これは西北岸のカトリック漁村でもみられ、これをスティラットは「花婿代償」に似ていると指摘している（Stirrat 1977 : 55）。

女性は、子供が小さい間は、育児に追われ、夫の収入の不定期性を、実家の母からの金銭的援助に頼る。これも、いわゆる援助でなく、ダウリーであると考える。やがて成長した娘が幼い弟妹の面倒をみてくれる頃になると、実家の両親も高齢になり、死亡してしまい、今度は自分で定収入を得るようになる。

二　姻族の援助とダウリー

女性が果たすもう一つの大きな役割は、男性の漁民としての成功の鍵を握る姻戚関係の存在である。女性は娘として実家と結びつき、妻として婚家と結びつく。女性を媒介とする家族間の連帯が、海村という常に外に向いている社会では重要な意味をもっている。魚の販売ルートの拡充の機会を与えたり、船の乗組員としての雇用機会を与えてくれる妻の実家のメンバー、母の実家のメンバー、姉妹の嫁ぎ先のメンバー、姉妹の嫁ぎ先のメンバーは男性にとって新たなるビジネスチャンスの可能性をもつ。妻の実家のメンバーや所有者にとっては、自分の漁船の乗組員として働いてくれるかもしれない人である。妻方からの援助や様々な便宜、働く場所の提供はダウリーの一種として考えられている。

村落内婚、近隣間の婚姻や交叉イトコ婚が多いことはすでに述べたが、男性のビジネスチャンスを拡大するためのアレンジされた婚姻つまり見合い婚が評価される一方で、恋愛婚も好まれる。恋愛婚ではほとんどの場合持参財はないか、あるいは両家で話し合われない。カップルは双方の親の支持を得ないこともあるが、ときには妻の親の支持を得ることもあり、またこの婚姻は妻方居住が多い。娘の親にとっては娘の婚姻に際して持参財を用意する必要がなく好都合でもある。しかも娘婿が同居することは、自分の船の乗組員としての働き手を得たことになり、あるいは自分が販売する魚を供給してくれる漁民を得たことになる。母にとって娘との同居は娘が家事のサポートをしてくれるので便利でもある。

これらのことから、女性が夫と実家とを結びつける役割をし、結果的に女性の婚姻が男性の漁撈活動の成功に大いに係わっていることが明らかである。女性は妻として、自分の婚姻家族（family of procreation）に責任があるが、また実家と婚家との仲介者でもあり、親が老いてくると、老いた親に代わって実家の事柄にも責任をもつ。すでに述べたように、シンハラ人の考え方としての基本に、夫方居住婚が理想とされ、妻方居住は男性にとって恥ずかしいものであるという観念があるが、海村におけるこの居住方式や妻方からの支援は、妻方からの援助つまりダウリーの一種として考えられ、若い夫婦への妻の母からの経済的援助もダウリーとして認識されている。

以下でダウリーの具体例をみてみよう。これは聞き書きでダウリーとして語られたものばかりでなく、筆者が「それはダウリーのようなものか？」とやや誘導尋問のような質問をしたものもある。また、話者もビンナ婚ではないことを強調して、妻方からのギフトとしたり、安く購入したと説明することも多い。インタビューは夫婦そろって実施した場合と、別々に実施した場合があり、ときには妻側と夫側と言い分が異なることもあり、その場合は筆者の推測が加えられている。

（一）富裕な漁民の例

①［43］（一九五一年生まれ）は動力船を二隻所有し、魚商である兄が、水揚げした魚をコロンボへ輸送していた。タルナウェラでは裕福な漁民である。彼は隣村の女性と見合い婚をした。妻の実家から支払われたダウリーは現金五千ルピー、貴金属六千ルピー、アルマーリヤとピッタラバドゥである。

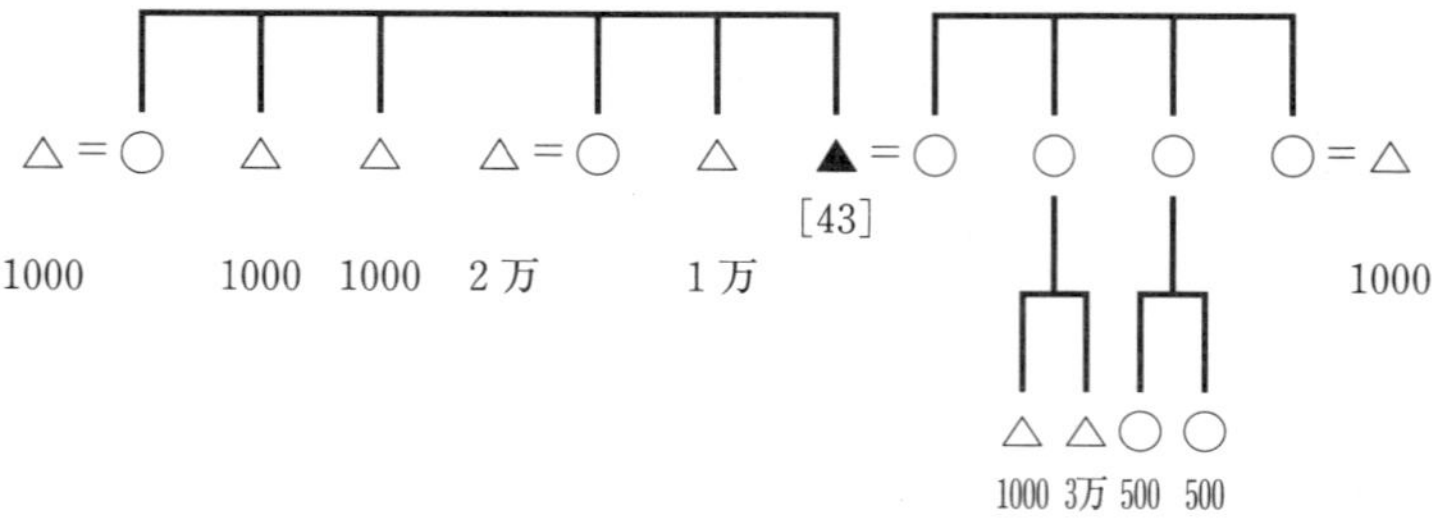

図 3　[43] の長女の結婚のダウリー

(注) 数字は支払われたダウリーの額 (単位ルピー)

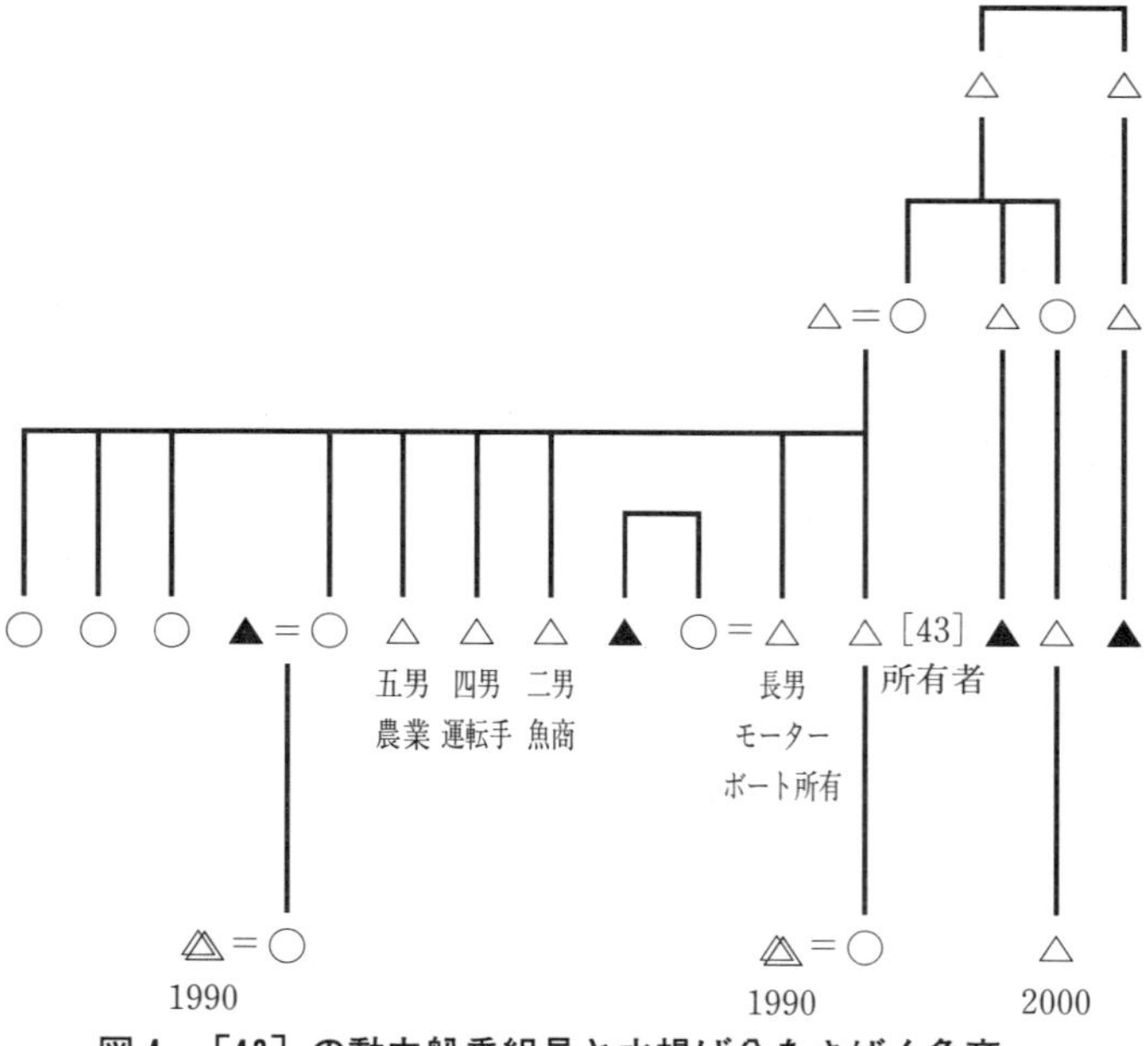

図 4　[43] の動力船乗組員と水揚げ分をさばく魚商

(注) ▲：1985 年頃の乗組員 (残り 3 名は友人あるいは親族関係不明)

△ 1990：1990 年頃の乗組員 (残りは動力船を停泊させている隣村の住民)

△ 2000：2000 年頃の乗組員 (同上)

長女（一九七六年生まれ）は一九九一年に近隣村の男性と結婚した。長女の夫は漁民で、夫の父はタンクボートを所有し、その船でとれた魚をコロンボの卸商に卸している。結婚にあたり支払われたダウリーは図3のようになる。長女の結婚式はマータラのホテルで盛大に執り行われ、特に多額のダウリー援助者は［43］の妻方と彼の兄弟とで占められている。［43］の説明によれば、このうち、妻の姉の息子からの三万ルピーと彼の兄弟、彼の姉妹の夫からの一万ルピー、二万ルピーはダウリーの形をとった無期限の借金であるという。これは［43］に金銭的余裕のあるときに返していけばいいものだという。このことはつまり、彼らの家族の祝い事には多額の贈り物をする義務が生じたことになる。

長女の夫は結婚後［43］の動力船の乗組員となった。彼は父が所有するタンクボートには乗らず、妻の父の船に乗っているのである。またこの船で水揚げした魚をコロンボの魚卸商に輸送する。［43］は娘の結婚後、一隻の動力船でとれた魚は従来どおり兄に販売を委託するが、もう一隻は娘の夫に販売を委託する。つまり娘の夫が船員であると同時に販売も引き受けていることになる。

彼の動力船の乗組員はよく変わるが、その際メンバーには姻戚関係者が含まれている。図4のように、一九八五年、一九九〇年、二〇〇〇年の時点での乗組員について聞いたが、母方、姉の夫、兄の妻の兄などが含まれている。

（二）家族の発展サイクルとダウリー

結婚したカップルは頻繁に住居を変える。これは第三節で述べたように、婚姻生活の開始時期が不明瞭であることや漁撈による夫の不在と、住宅不足、住宅建設の資金不足などが主たる要因である。夫婦に子供が生まれ成長して、独立し、結婚していく過程で姻戚関係者と新たな関係が生じ、このことが家族内に亀裂を生む。ダウリーは複数の家族の新たな関係の締結であるとともに、家族内に新たな確執を生み出す要因となる。

②［78］と［79］は一軒の古い住宅の内部を仕切って兄と妹の二家族で住んでいる。二家族は仲が悪く、現在もまったく口をきかない状態である。一九五〇年生まれの［78］は五女として、一九四〇年生まれの［79］は四男として、ともにこの家で生まれた。［78］は末娘、［79］は末息子である。彼らの兄弟姉妹のうち、長女、二女、三女はそれぞれ結婚後夫の住むムラに移動した。長男は結婚後約一ヵ月は東南岸のムラの妻宅に通っていたが、やがて妻の実家に住むようになり、続いて妻の実家近くに政府から土地を支給された。そのムラで自転車で魚を売り歩く生活をしている。兄弟姉妹の父が一九五〇年代半ばに死亡後、土地と宅地を二等分して、二分の一は母の分、残り二分の一は兄弟姉妹全員の共有とした。長女、二女、三女と長男は転出していたので、二男、三男、四男、四女、五女が母とこの家で同居した。また、この頃母は自分のダウリーとしてもっていた財産（貴金属、陶食器、衣類、ベッド）を売り、すべて現金に換えて九名の子供すべてに平等に分割して与え

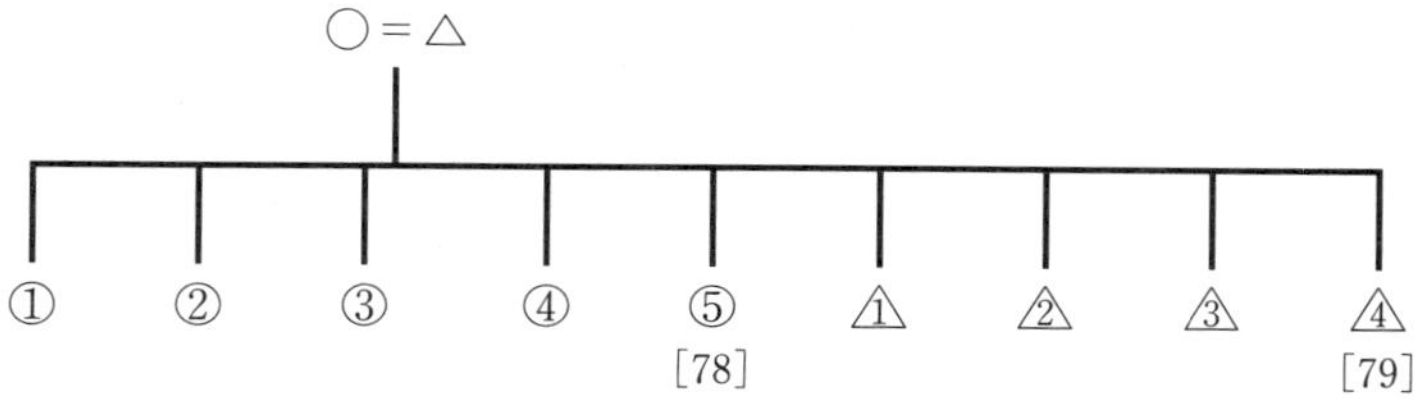

1．①結婚後夫方へ。
2．②同上。
3．③同上。
4．△1結婚後1ヵ月間は妻宅に通う→妻の実家に→妻の実家近くに政府の土地を供給される。
5．父死亡→2分の1を母が相続、2分の1を9名の兄弟姉妹が相続。長女、二女、三女、長男は転出していたため、△2△3△4④⑤が母と同居。
6．④結婚して転出。
7．△3結婚後敷地内に小屋を建てて2年間居住→嵐で破損したため妻の実家の敷地内に新居を建てて転出（妻方からのダウリー）。
8．△2結婚して妻とともに6年間居住→妻の実家のムラに妻の相続分の土地があるので転居（妻方からのダウリー）。
9．未婚の△4⑤が母と同居。
10．母死亡。
11．⑤の家族と△4の家族が家の内部を区切って居住。

（屋敷の内部）

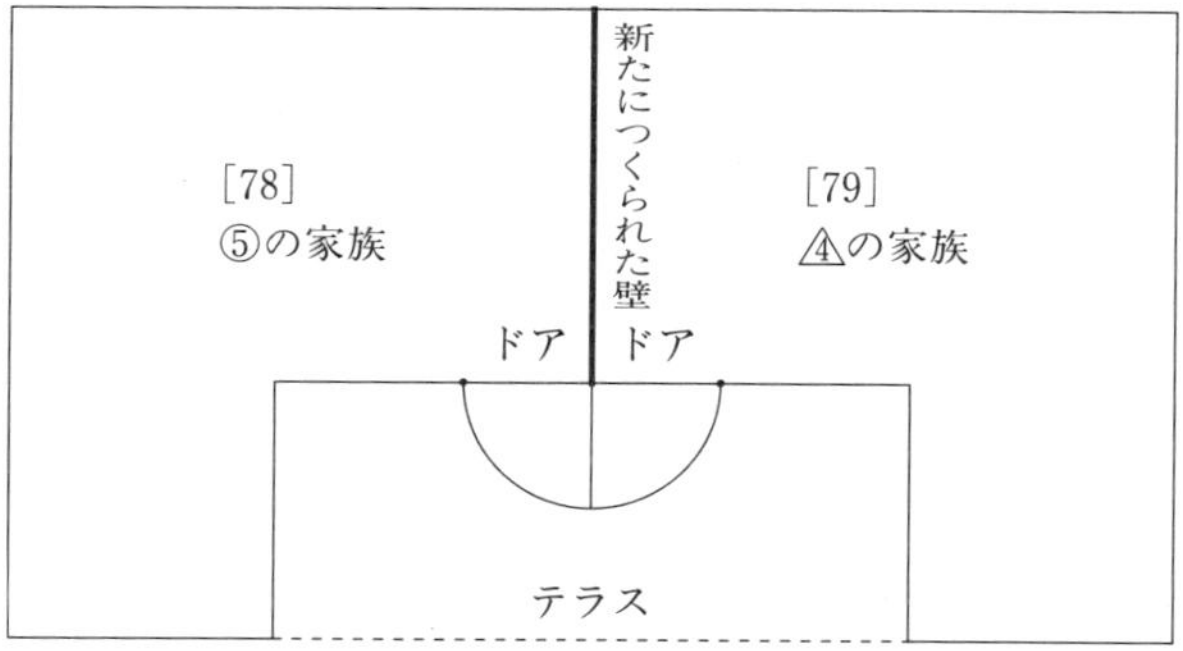

図5　［78］と「79］の例

た。

やがて四女が結婚して、夫とともにトゥリコーナマレイに転出した。続いて三男が結婚して、敷地内に小屋を建てて住んでいたが、二年後に嵐のときに小屋が倒壊したので、妻の実家の敷地内に新居を建てて移っていった。これは妻方からのダウリーである。

次に二男が東南岸のムラ出身の女性と結婚してこの家に六年間住んだ。やがて妻の実家の土地の一部が妻の取り分として相続が決まり、これをダウリーとして受け取り、二男夫妻は妻の実家に転出した。未婚だったのは四男と五女の二人であったが、母は末子の五女を可愛がり、父の死の四年後に母の取り分を五女に与えた。また、残りの兄弟姉妹で共有していた部分は、四男を除いて全員結婚して家を離れていたので、四男がこの部分の管理をすることになった。家を出た他の兄弟姉妹も潜在的に所有権は残している。

やがて母が死亡し、五女が見合いで結婚した。夫は十歳年上でロクウェラ生まれである。このとき支払われたダウリーは現金ではなく、二千ルピー相当の貴金属、三百ルピー相当のピッタラバドゥであった（このダウリーは五女が母から受けとった財の一部をあてたものである）。五女は二ヵ月間夫の実家に住んでいたが、そこには夫の母や未婚の姉妹が多数いたので、夫とともに、この家に戻ってきた。この頃から五女と四男の仲は徐々に険悪になっていた。五女が母に特に好かれたことや、母が五女にのみ母の取り分を譲ったことなどが要因である。残りの兄弟姉妹も五女夫妻に腹を立てている。

次に四男が西隣村の女性と結婚し、この家に住むようになった。結局、このようにして一軒の住宅を二家族が分けて住むようになったので、内部の半分を壁で仕切り、五女と四男がそれぞれの家族とともに居住している。［78］の住宅部分は五女が正式に母から譲られたものであるが、残り半分の［79］が居住する部分は［79］が居住しているといっても、五女を除く全兄弟姉妹に潜在的所有権があるので将来が不安である。屋敷は半分に仕切ったが、庭には数本のバナナの木があり、両家で分けている（図5）。

③［89］は一九三二年にタルナウェラで生まれた。ロクウェラ出身の妻と結婚したとき、家の中には兄弟姉妹がいたため、夫婦だけの独立した家をもちたかった。ちょうど所有者がトゥリコーナマレイに移住を決めたため、空き家になる家があり、そこに安い家賃で住むことになった。やがて一九五六年に政府から支給される住宅の入居資格を得た。当時は毎年十ルピーずつ二十二年間払うと自分の家になることが決まっており、一九七八年には自分の家になった。長女（一九五四年生まれ）がタルナウェラの男性［88］（一九四九年生まれ）と結婚したとき、男性の両親は結婚に反対した。［89］は長女夫妻の同居を許可した。政府支給の土地と家が［89］所有になったため、彼はこの土地を半分に分け、長女夫妻に譲渡し、そこに長女夫妻が家を建てた。残りの子供たち九名のうち、二女夫婦は貸家を借り、三女夫婦は夫の両親と暮らし、長男夫婦は一九八四年に結婚後［89］の生家に住むことになった。そこには、［89］の姉の娘夫婦、夫婦の子供六人が同居している。四女は一九七八年に結婚した。夫はロクウェラの浜から動力船に雇われて漁に出ている。この夫婦は結婚後二ヵ月ほ

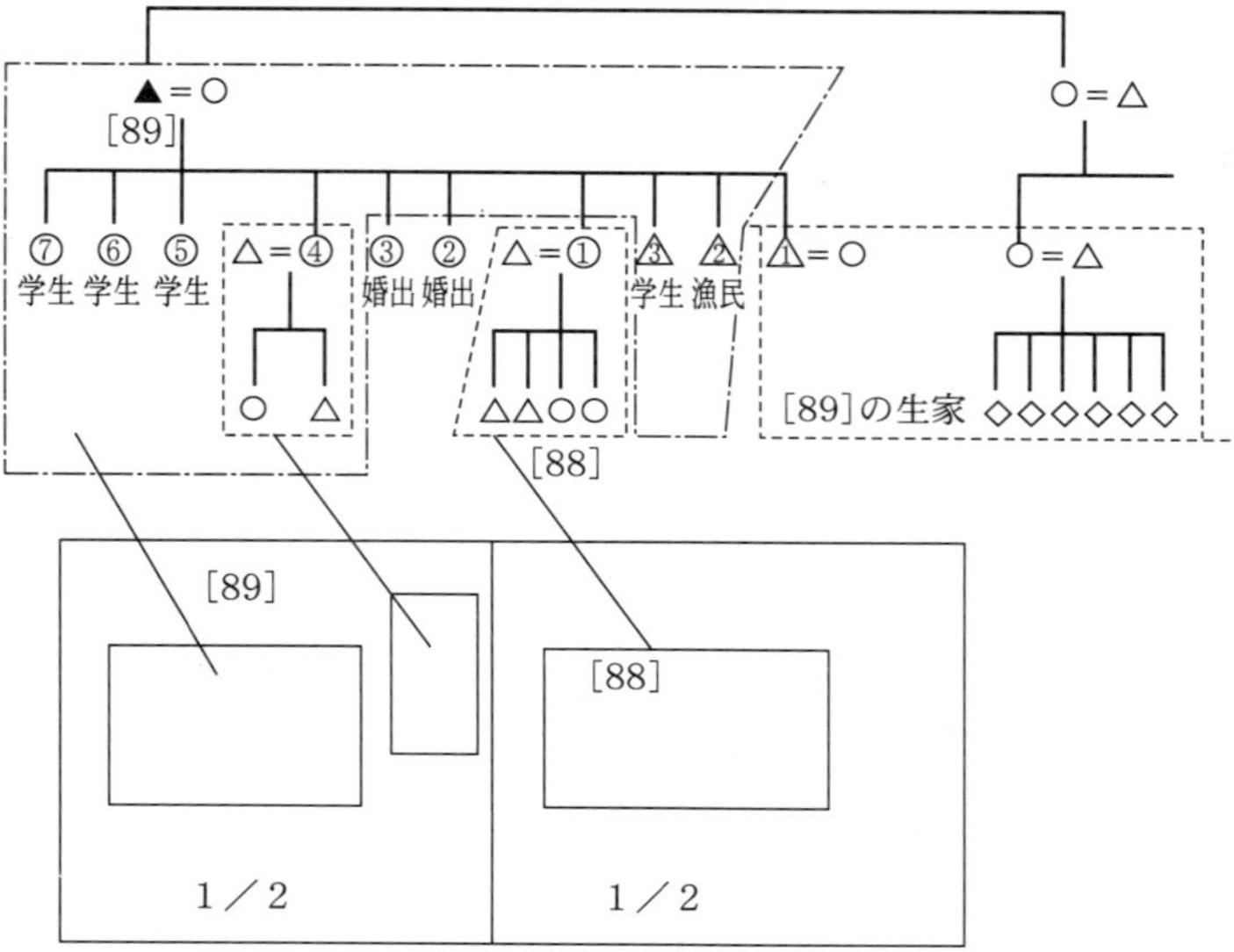

図６　［89］の例

ど夫の実家に住んだ。そこには夫の兄弟姉妹が四人いたが、二ヵ月後に夫の弟が結婚して家を出た。やがて夫婦は夫の実家には人が多いので、家を出て一年間貸家に住んでいた。その貸家はヤシの葉でつくられているが、一年間の部屋代が合計二千ルピーになり、屋根の修理も自分でやらねばならず、それが年五百ルピーもかかる。出費がかさむので、この夫婦も結局［89］の家に頼ってきた。彼は［89］の家の敷地の空いた部分に小さな台所用の小屋を四女の家族が使用するために建てた（図6）。この台所で四女は自分の家族の食事をつくり、生活は［89］内で送る。夫はほとんど不在である。

④タルナウェラ生まれの［９０］（一九五一年生まれ）と同じくタルナウェラ生まれの妻（一九四七年生まれ）が住む家は妻の所有である。四十パーチ（一パーチは二十五・二平方メートル）の土地を妻の兄弟が買い、十パーチを妻の母のものとし、残り三十パーチのうち半分の十五パーチ分に家を建て、一九八〇年にダウリーとして贈り、残り十五パーチを兄弟のものとした。妻には兄弟が二人と未婚の姉がいる。妻の二人の兄弟はハラーワタで魚の商売をしている。二人の結婚はアレンジされた結婚（見合い）で、結婚時にはアルマーリヤ、ミシン、貴金属、ピッタラバドゥと、現金一万ルピーが贈られている。家には十二歳になる娘、八十五歳になる妻の母、妻の姉、妻のハラーワタで働く兄の九歳になる子供が同居しており、［９０］は妻の親族に囲まれる生活を送ることになり、また船ももたずジャヤシンニョムダラーリ（第四章第四節参照）のオルーを借りて漁に出る。彼は妻の親族に囲まれる生活が面倒だということで、近くの姉の嫁ぎ先（ジャヤシンニョの弟の家）でいつも昼食をとっている。

⑤［９１］は一九〇〇年生まれで、母の兄の娘（第一交叉イトコであるアワサナーナ）と結婚した。恋愛婚でダウリーはなかった。彼は若い頃十四艘のオルーを所有し、一九五〇年頃に土地を購入して家を建てた。

彼の妻は一九八三年に八十歳で死亡した。彼は三十二パーチの土地を四つに分けた。現在彼の家には長男とその家族、二男とその家族、二女とその家族が同居している。二男の妻が子供が小さいときに死亡したため、二男は［９１］の家に子供たちと住み、五人の子供たちのうち末の二人がトゥリコーナマレイで学校に行き、三女が家にいる。長女と二女はともに結婚して別世帯をかまえている。二男の二女は一九七七年にタルナウェラの男性と結婚したが、二人の婚姻登録はトゥリコーナマレイで行った。夫がトゥリコーナマレイの動力船に乗っているからである。結婚当初は［91］に住んでいたが、一九八四年に四つに分けた土地の一区画に家を建てた。魚商をしている一九二八年生まれの長男、漁民をしている二男、かつて店をやっていた二女の夫はそれぞれ誰かの船に乗る生活をしているが、父から分割された土地に新しく家を建てるお金は貯まらない。

⑥［93］は一九二五年にマータラ市で生まれた。一九五五年にタルナウェラ生まれの妻（一九三〇年生まれ）と結婚した。ダウリーとして三千ルピー相当の貴金属、現金千ルピー、六百ルピー相当のアルマーリヤ、千ルピー相当のピッタラバドゥが贈られた。結婚後はマータラの生家で生活をしていた。一九五九年に長男が生まれた。父は七艘のオルーを所有していたが、借金の形などにとられ、結局全部売却された。やがて妻の父が、タルナウェラの土地十四パーチを夫妻に譲ることになり、一九六一年にタルナウェラに転入してきた。タルナウェラに転入後は男子ばかり五人が生まれた。［93］はタルナウェラでいろいろな人の船に乗ったり、マータラをはじめ各地で地引網漁の手伝いや船に乗る生活を続けた。やがて、長男［100］が二十一歳で、［93］の姉の娘（つまりアワサナーナ）と結婚した。彼らの結婚は恋愛婚なので、ダウリーはなかった。結婚後も彼らは両親宅に住んでいた

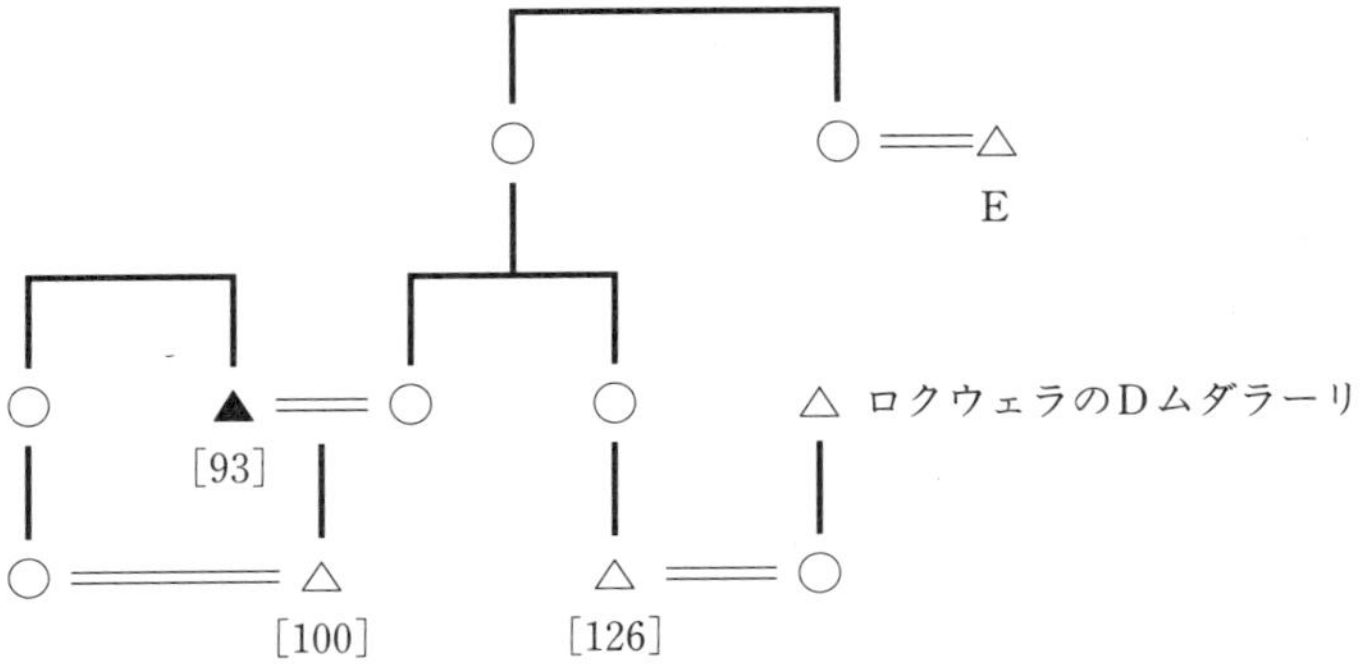

図７　［93］の例

が、近くのEの土地を無料で譲り受け、一九八三年に家を建てた。Eは［１００］からみて、ＭＭｙＺＨ（祖父のカテゴリー）に当たる。彼も船をもたないので、ロクウェラのＤムダラーリの動力船に乗っている。このムダラーリの娘の夫になった［１２６］が［１００］の〈兄弟（ＭｅＺＳ）〉に当たり、この人の関係で動力船の乗組員となった（図１［１００］の事例参照）（図７）。

⑦［９４］は一九五二年にハラーワタで生まれた。若い頃からベリアッタやマータラで野菜商をしていた。妻はマータラに買い物に来て彼と知り合い、結婚した。恋愛婚なのでダウリーはなかった。結婚後一年間はハラーワタの両親宅にいた。しかし、その後は妻の両親の家に移った。五年後の一九七九年頃、今の家に移った。この家と土地は妻の母の所有の一部であった。母は四人の子供たち全員に土地を四等分して分け、家の所有権は末子である妻に譲渡された。やがて一九八四年に一万七千ルピーでＦＲＰ船外機付きモーターボートを購入した。これまでの野菜商で得た収入で購入したものである。このモーターボートでは、妻のマッシ

ナ（妻のＢＷＢ）と海に出ている。

⑧［１０２］は一九三〇年に生まれた。彼が住んでいる家と土地は母の所有である。母の父が、母や母の兄弟にまとめて贈与したものの、まだ分割されておらず、とりあえず四男である［１０２］が居住している。彼の長兄は結婚後母の土地の敷地に仮住まいをしていたが、一九六二年に政府の公営住宅居住の資格を得た。毎年十ルピー払い続けると本人の所有になる。次兄は宝石のビジネスで外国に住んでいる。三兄と弟は若くして死亡した。もう一人の弟はガッラの薬屋で働いており、母はその家に住んでいる。四男の［１０２］が母の土地に住んでいるのである。妹が一人いるが、ガッラに嫁いでいる。母の兄弟の子供たちが相続権を主張してきたら話し合いをするつもりである。

⑨［１０５］と［１０６］は大きな古い家に三家族で住んでいる。

［１０５］（一九二〇年生まれ）と西隣村出身の妻（一九二五年生まれ）には五男五女が生まれた。一九六五年に長女が東隣村出身の男性と結婚した。結婚の際のダウリーは現金五百ルピー、わずかの貴金属、ピッタラバドゥ、アルマーリヤであった。しかし、長女夫妻はこの家の一部屋に住み、一男四女が生まれた。やがて、長女の夫はこの部屋を［１０５］から一九八〇年に五千ルピーで購入し、新たに壁をつくり、出入り口も別につけて独立させた（世帯番号［１０６］）。

一九六八年に二女が結婚し、夫が仕事をしているアヌラーダプラに転出した。このとき、ダウリー

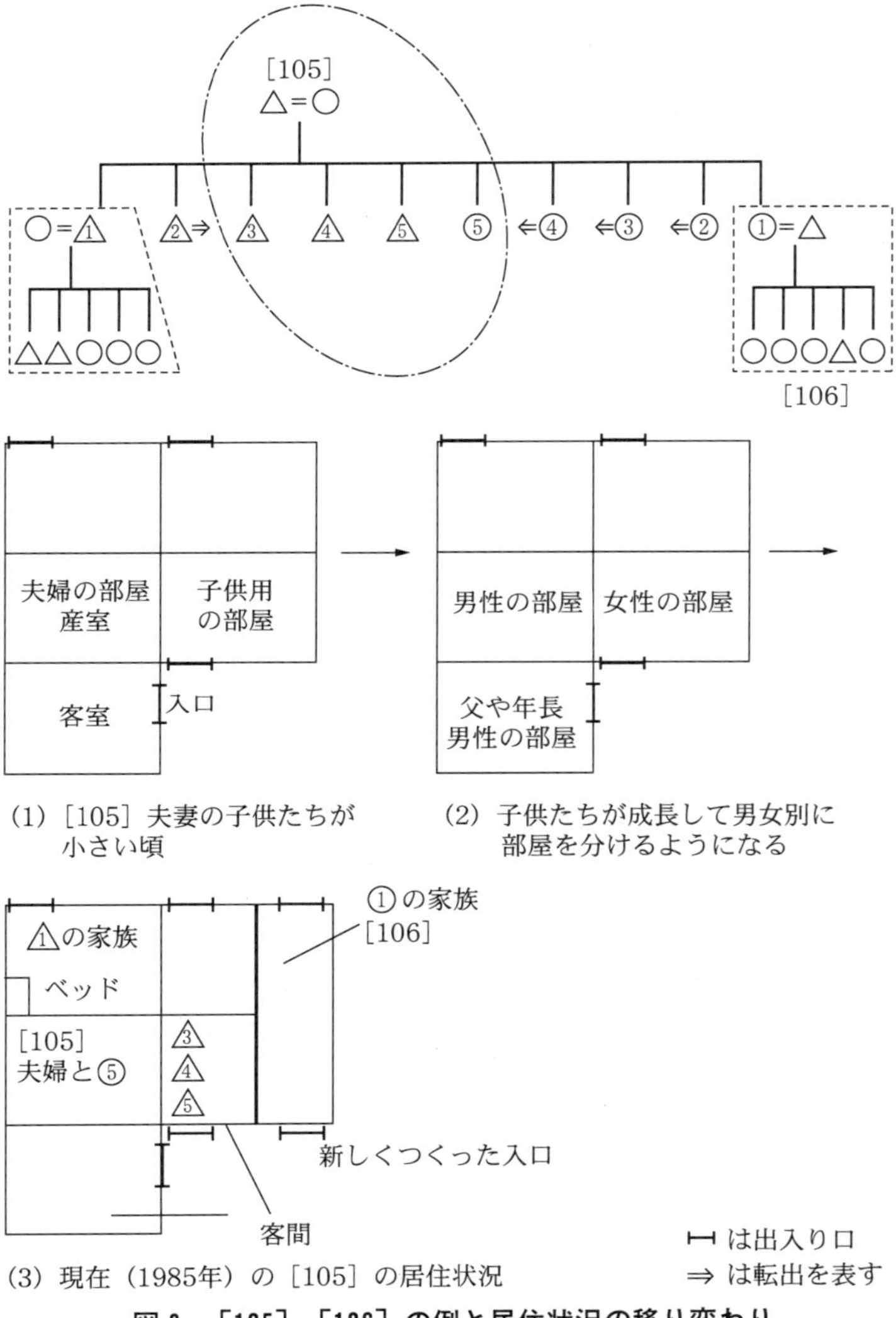

(1)［105］夫妻の子供たちが小さい頃
(2) 子供たちが成長して男女別に部屋を分けるようになる

(3) 現在（1985年）の［105］の居住状況

図 8　［105］［106］の例と居住状況の移り変わり

として五千ルピー相当の貴金属、ピッタラバドゥ、アルマーリヤが贈られた。次に一九七〇年に三女が結婚した。ダウリーとして現金千ルピー、五千ルピー相当の貴金属、アルマーリヤが贈られた。三女夫妻はロクウェラ近くの政府の住宅地を支給された。四女はハンバントタ県のムラの男性と恋愛結婚をしたのでダウリーは贈られなかった。しかし他の兄弟姉妹の説明では、両親にねだって金目のものを「盗んでいった」。現在は夫のムラで政府から土地を支給されて住んでいる。

長男（一九四八年生まれ）は一九七四年に結婚した。妻はロクウェラの人である。長男の妻は結婚後も実家に住み、長男は漁業のために不在であることが多く、ムラに帰ると妻の実家に泊まった。やがて妻は実家で生まれた子供とともに移ってきた。現在は［105］の家の一部屋に長男の家族が住んでいる。長男は妻との新居を獲得しようとしたが、手頃な土地がみつからない。しかし、やがて独立するつもりである。妻には実家からダウリーとして現金千ルピー、六千ルピー相当の貴金属、三千ルピー相当のアルマーリヤ、五十ルピーのピッタラバドゥ、二十五ルピーの儀礼用具（僧侶への布施用の食器）が贈られている。長男は、妻の兄弟は野菜商や勤め人が多く、ダウリーの額の多さからみて富裕な家族であるから、今後は援助してくれるかもしれないと期待している（その後長男の家族は新ダクヌガマに政府から住宅を支給されて一九九〇年代に転出した）。二男は十代半ばで魚商の道を歩み始めた。ハンバントタ県のムラを拠点に商売をしており、やがてそこで政府から土地を支給され、実家の援助をまったく受けずに結婚をして生活をしている。

一九八五年現在、［105］夫妻、長男の家族、三男四男（双子）、五男、五女の十三名が同居している。三男は漁民、四男は魚商、五男はハンバントタ県の漁協事務所で事務をしている。［１０５］と［１０６］の居住状況は図８のとおりである。

⑩［１０９］は一九四三年に生まれた。彼の父が隣村を基地に漁をしていたので、そこで妻と知り合い、結婚した。妻方からはかなりの額のダウリーが贈られた。夫婦は結婚後約二年間は隣村の妻の家に住んでいた。やがて［１０９］のマッシナ（eZH）から現在の宅地を五千二百ルピーで買った。この土地はかつて彼が子供時代に家族で住んでいた場所であった（母の土地であった）が、母がマッシナに売却し、彼が再び買い戻した。現在この土地に家を新築中である。両親もしばらくこの家に住んでいたが、二人の息子と二人の娘が住むトゥリコーナマレイに転出した。

⑪政府から支給された土地に住む［１２３］は一九四九年にタルナウェラの母の実家（世帯番号［５６］）で長男として生まれた。この家には母の兄弟も住んでいた。現在、母の実家には母の兄弟の一人が住んでいる。この人が実家に住む権利を得たのは、母を含む姉妹たちの婚姻に際し、一番多くのダウリーを現金で出したからである。当時はこの人が母の兄弟の中で一番金持ちだった。［１２３］の父は隣村生まれで結婚後一九七五年まで［５６］に住んで魚商の下で荷物の積み下ろしやトラックの掃除などをしながら働き、貯まったお金で一九七〇年頃に浜に茶店を出し、一九八〇年まで経営していた。店のあった土地は国の所有地で土地代はいらなかった。一九八〇年に高波が押し寄せて店が

流されたため閉店し、今は船もないのでときにムダラーリのオルーを借りて漁をしたり、娘が嫁いでいる隣村に出かける。たまにマダカラップ（バティカロア）などに行く。現在は息子たちが漁民として稼いでいる。母の実家で成長した［１２３］は一九七三年に結婚し、その後一九七四年頃まで妻の実家で妻の親と一緒に住んでいた。妻の実家も政府から支給された家である。やがて、政府から家と土地が支給され、今の場所に移った。

三　実家からの援助

夫婦が若いうちは子供も小さく、妻は家事育児に専念する。しかし、夫の漁業収入が少なかったり、定期収入がない場合は、親族の援助が必要になる。カルナダーサ（一九五〇年生まれ）の結婚は妻方、特に妻の兄の反対で、結婚後は妻方とのつきあいがない。しかし、タルナウェラ内に住む妻の母はこっそりと息子の目を盗んで娘に援助をしている。表7はカルナダーサ一家の六月六日～七月五日までの一ヵ月の収入と支出の内訳である。五百ルピー近い赤字であることがわかる。

この当時は南西モンスーンが最も激しいがカルナダーサは移動することもなく、時折波の静かなときに所有する小型オルーでタルナウェラの地先の海域で漁撈活動に従事するだけである。家族構成は夫婦に八歳、五歳、四歳の男子、十ヵ月の女子の六人家族である。

表７　カルナダーサ一家の収入と支出

収入　　(単位ルピー)

漁業収入	291
借金	
妻の母から	200
兄から	50
魚商から	225
高利貸しから	125
友人から	240
借金計	840
収入合計	1131

支出　　(単位ルピー、小数点以下はセント)

パン	105.70	コーヒー粉	7.30
米	242.25	バナナ	3.50
小麦粉	18.50	ホッパース	5.60
タマネギ	51.70	薬	85.00
グリンチリ	26.00	交通費	27.00
豆（ダル豆）	76.50	交際費（結婚祝い）	20.00
グリンリーヴス	12.45	ベテルリーヴ	7.00
ビスケット	49.55	アレカナット	4.00
料理用バナナ	15.50	ケロシンオイル	81.00
野菜	10.00	マッチ箱	16.50
ライム	8.95	洗濯用品並びに入浴用品	79.30
ココヤシ	69.50	タバコ代	12.48
乾燥チリ	66.25	漁具	3.40
スパイス類	44.75	その他（教育、服）	141.90
塩	3.30		
砂糖	158.90	借金返却	100.00
紅茶	42.75	借金利息	60.00
清涼飲料	11.50		
		支出計	1668.03

(注) 支出の内訳では小さな子がいるので食費や薬代に多くがつぎ込まれている。
105.70とは105ルピー70セントのことである（１ルピーは100セント）。

第五節　女性の労働とヤシ殻繊維業

一　ハスクピットと女性の財

西南岸から南岸域の仏教徒海村では女性は漁撈に関与せず、カトリック海村のように魚の販売に係わることもない。この地域の女性は漁業以外の分野で家族に一定の収入をもたらしている。たとえば、オランダからもたらされたレース編みの技術を活かした手芸はウェリガマ村など南部海村で盛んである。そのほかにも養鶏や機織りなどの小規模なビジネスを家事と両立させながら行う主婦も多く、政府から小規模起業のための援助を受けている。特にココヤシの殻の繊維からロープを生産するヤシ殻繊維業は漁家にとって重要である。スリランカではヤシ殻繊維業は何世紀にもわたり、女性の仕事であったという (Risseeuw 1991(1988) : 113)。植民地時代も女性の手で製造されたロープが輸出されていたが、現在（一九九八年）も製品の三分の一が輸出されている (Jayaweera & Sanmugam 1998 : 16–17)。

ココヤシの殻から繊維を取り出す作業は以下の手順で行われる。ハスク（ヤシ殻）を四つに割り、磯浜、河口、海岸近くの湿地帯などにつくったハスクピット (husk pit) に沈めておくと、数ヵ月後に腐食して繊維のみが残る(20)。この繊維を取り出して洗い、乾燥させ、よりあわせてロープをつくる。ハスクピットの規模は異なるが、大きいものになると千個以上（一個を四つに割るので四千片以上）のハスクを浸すことができる。複数のハスクピットをもつと、ハスクピットごとに沈められるヤシ殻の数が決まっているので、そこから生産できる繊維の量を予想し、そしてロープとしてできあがった繊維

牛車でヤシ殻が
運ばれてくる。

各自がハスクピットに沈め
に行く分のヤシ殻を必要な
数だけとる。

ヤシ殻をハスクピットに沈める。

紡ぎ車で繊維をよじり
ロープをつくる。

運ばれてきたロープ。コフムダラーリ宅にて。

の売値があらかじめわかっているので、数ヵ月先の収入の予想が可能である。その額は多くはないが、数ヵ月先まで見越した家庭経営の計画を立てることができる。複数のハスクピットを所有する女性は一部を人に貸したり、売ったりして収入を得ることもできる。しかし、この作業は高波が打ち寄せる南西モンスーン期には困難が伴う。三月～八月は波が高く、特に五月はさけたほうがいい。六、七、八月頃も荒波が打ち寄せハスクピットを壊してしまい、せっかく沈めておいたハスクが流されてしまうこともたまにある(21)。しかし、波の打ち寄せない磯にハスクピットがあれば、この季節でも充分使用できる。

マータラ市内のトタムナ地区やポルヘーナ地区などでは漁民家族の女性がハスクピットの所有者に雇われ、一九八一年では一日につき五～七ルピーの日当を得ているが (Muthumala 1999 : 73)、タルナウェラではハスクピットを借りて使用料を払うことはあっても、誰かを雇うことはない。なお使用料については具体的な額は不明である。ハスクピットの中に沈めるところからできあがった製品を売るところまですべて個々の女性が行う。

ヤシ殻やロープの値がより大きな市場原理に左右され、流通のトップには男性がいるものの、直接の交渉場面では値段の交渉や前払い、前貸し、ローンの支払いなど女性は様々な場面で自分の意志でビジネスを行っている。

女性は男性のようにムラを超越して拡大するネットワークをもたないが、ヤシ殻の買い付けから製品の販売までの女性たちのネットワークをムラの中にもっている。女性はどの商人が安くヤシ殻を売ってくれるか、できあがったロープを高く買ってくれる商人は誰か、前貸しや前払いに気前よく応じてくれるのは誰かというような情報を女性同士のネットワークを利用して知ることができる。

ハスクピットは母から娘に継承されることが多い。これは村内婚の多さとも関連する。村外婚をした女性は婚入したムラにあるハスクピットをダウリーで購入したり、兄弟の妻に母から継承したハスクピットを売り、その売り上げ金で婚入したムラのハスクピットを購入する。理想的には親が娘にハスクピットを含む持参財をわたすことが望ましいが、娘の数や家の経済力などで娘たちに平等に継承させることは困難である。

村内婚が多いため、女性が独身時代からつくり上げていた親族や友人たちとのネットワークは婚姻後も継続し、村外に婚出した場合も見ず知らずの土地に婚出するのではないので、婚家先のムラで女性たちの協力関係の成立は困難ではない。浜のハスクピットでの作業やヤシ殻の繊維を紡ぐときに複数の女性が集まり、そこで情報交換が行われる。ヤシ殻をハスクピットに沈め、腐った後に取り出し、棒で叩いてほぐし、乾かすまでは一人で行うが、乾いた繊維をよじりあわせて綱やさらに太いロープをつくるには紡ぎ車を使うため、三人の労働力が必要である。一人が車を回し、二人が用具（ゲージ）を使って繊維をよじっていくのである。この段階で気心の知れた、互いに時間の融通がきく友人や親族の存在が必要となる。紡ぎ車所有者の家に、乾し終わったヤシ殻繊維をもって集まり、順番に紡ぐので、所有者の家は女性たちのたまり場となる。乾燥させた繊維が大量で所有者の家まで運べないときは、紡ぎ車を借りてくることもできる。このときは借り賃を払うが、多くの場合、紡ぎ車所有者の仕事を手伝うので借り賃を払う人は少ない。製品となったロープを集めるヤシ殻繊維商人（コフムダラーリ）は無料で貸してくれることが多い。紡ぎ車は一九三〇年代にインドからもたらされた（Rísseeuw 1991(1988) : 233)。紡ぎ車を所有している人は誰と協力するか、所有していない人は誰の紡ぎ車を借りて協力し合うかが問題である。なるべく家の近くでみつけたい。

実際には母が労働をし、結婚した娘はハスクピットで働いている母にお茶やお菓子を届けたりするくらいで、家の中で幼い子供の世話に専念する。娘は多くの場合、婚姻後もこれまでとあまり変わらない実家での生活の延長が保証されているかのようにみえる。このような生活は一般には彼女の子供が成長し、実家の母が高齢になるまで続くが、複数の娘と母との関係はときに娘の間にコンフリクトを生み出すこともある。母がどの娘を支援するかは、親が望む結婚をしたかどうか、娘の夫やその家族との関係などによって異なる。男性たちにとって妻や姉妹を通しての姻戚関係のネットワークが野望をかなえるのに有利に作用し、しかも日常の糧は妻のヤシ殻繊維業の収入にある程度保証されているので、自分で稼いだ収入を自分の目的達成のために投資することが可能である。もちろん、家計を

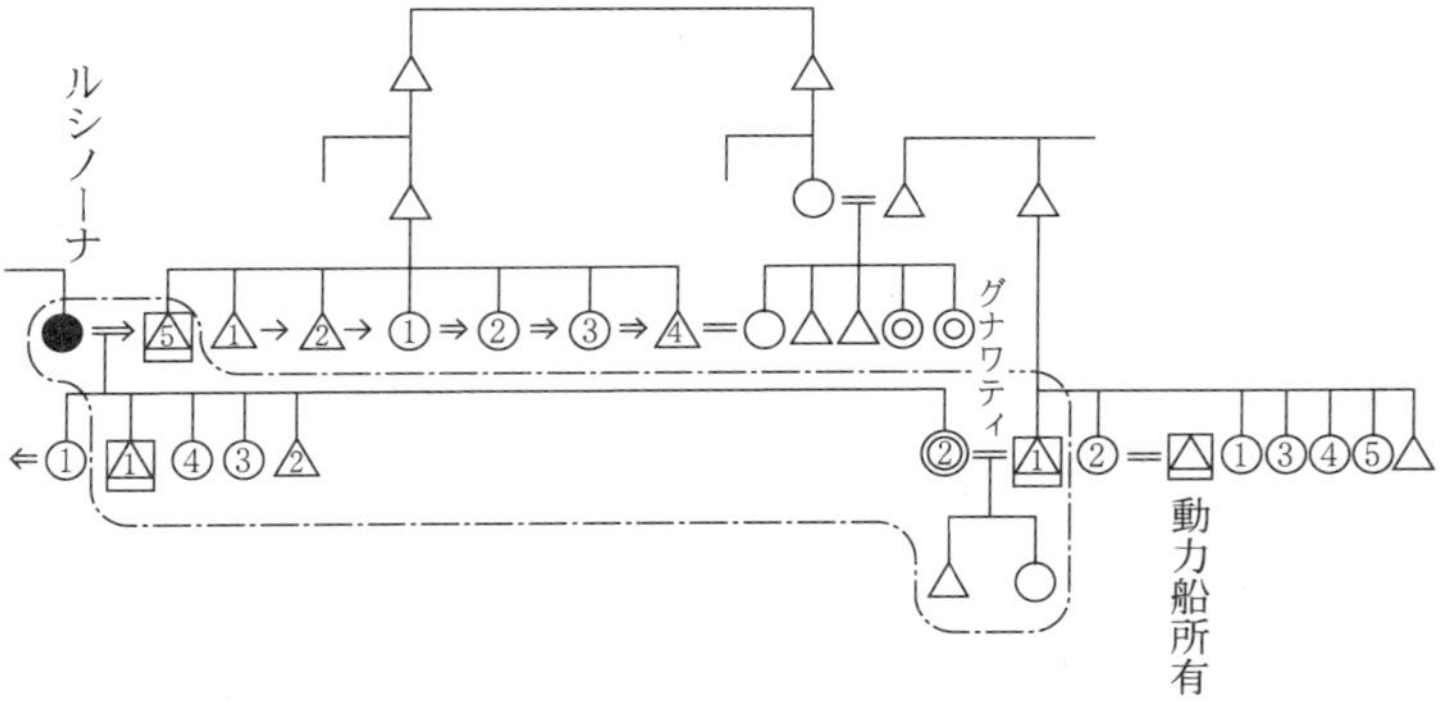

図9　ルシノーナの家族

（注）◎はルシノーナの仲間（ヤシ殻繊維を紡ぐ際の協力者）。□は動力船所有者の乗組員（常時ではない。特に夫はめったに動力船に乗らず、オルーで漁をすることが多い）。破線はルシノーナ夫妻の同居家族。

掌握している妻の許可を得てであるが。

以下、タルナウェラのいくつかの家族についてヤシ殻繊維業の実体をみていこう。なお、ハスクピットが売買の対象になっているが、この値段は穴の容量や場所によって異なる。

(一) ルシノーナの家族

ルシノーナ［44の妻］は一九四五年にタルナウェラの隣村に生まれ、夫（一九四〇年生まれ）と出会い嫁いできた。恋愛婚のため持参金はない。長女（一九六三年生まれ）は村外に婚出、二女（一九六四年生まれ）はタルナウェラの男性と結婚した。ルシノーナの夫は船を所有せず、タルナウェラのムダラーリのオルーを借りて出漁する。二女の夫も船をもたないが、姉の夫が所有する動力船に乗ることが多い。長男（一九六六年生まれ、未婚）はチャンスを求め、家を留守にしていることが多いが、ムラにいるときは

表8　ルシノーナ家の収入（1985年3月）

（単位ルピー）

漁業収入	826
借金	1425
ココヤシ2個売上*	8
長女からの援助	350
借金返済	250
ダンサラ**配当金	100
ルシノーナの収入	110
合　　計	3069

（注）　*：家は他人のココヤシ園の中に建てられたものであり、本来はヤシの実を勝手に処分できない。しかし自然に落下してきたものに限ってルシノーナたちの家族が利用することは容認されている。
**：ダンサラに関しては第二部第二章参照

〈兄（ZHZH）〉が所有する動力船に乗る。二女夫妻はしばらく浜近くの仮小屋に住んでいたが、浜は人が多く、夫が漁で家を空けることが多いため、［44］宅に移ってきた。ルシノーナ夫妻の住む家は仮家である。浜近くのココヤシ園の中に所有者から土地を無料で借りて家を建てて住んでいる。一間だけの、ココヤシの葉と土でつくられた小屋に、大人八名、幼児二名が同居している。夫、長男、二女の夫が漁業に従事して、一九八五年三月の漁業による収入は八百二十六ルピーであった。幼児が病気になったために、薬代が必要でムダラーリからの借金が千四百二十五ルピーにも及ぶ。ルシノーナのヤシ殻繊維業による収入は百十ルピーであった。そのほかの収入内訳は表8に示した。

ルシノーナの生まれた海村でも女性の大半がヤシ殻から繊維をとる仕事をしている。彼女は十五歳になった頃、母の手伝いを始め、最初は繊維をよじってロープをつくることを覚えた。この頃はすべて手作業だった。結婚後、子供たちが大きくなった頃から、この仕事を開始した。彼女はタルナウェラ出身でないため、タルナウェラにはハスクピットをもっていない。そこで親友のグナワティのハスクピットを無料で使わせてもらっている。他人のハスクピットを使う際は使用料を払うこともあるが、親友同士や繊維をよじるときに手伝うことを条件に使用料を払わないこともある。グナワティはかつてハスクピットを四ヵ所も所有していた。三ヵ所は母から譲られ、一ヵ所は夫の母から購入したものである。

村内に近い親族がいないルシノーナは紡ぎ車を貸してくれる人をみつけなければならないので、親友をみつけることが大きな意味をもつ。彼女の仲間二人は、やがて二女の夫となった男性の〈姉妹(FBD)〉に当たるし、夫のナーナ（BWZ）にも当たる（図9）。五、六年前からグナワティは中東出稼ぎに出ているため、もう一ヵ所も使用させてもらっており、二女が手伝う。

ヤシ殻から製品ができるまでのプロセスに従って、彼女がどのくらいの現金を得るかみてみよう。あらかじめ四つに割られたヤシ殻がトラックあるいは牛車で浜近くの広場に届けられる。ルシノーナのハスクピットは小さいので二百個のヤシ殻しか沈められない。百個につき二十五ルピーの売値であったので、その値に満足した彼女は二百個を購入し、五十ルピーを支払った。この二百個、四つに割られているので八百片を、波の静かな日に砂礫浜にあらかじめつくってある穴に沈める。三ヵ月ほどで腐り、残った繊維だけを取り出す。晴れた日に朝七時から夕方六時まで、取り出しては叩いてほぐす作業を続け、家の前の空き地に広げて乾かす。集中してやると二日間でこの作業は終了する。天気がよければ、二、三日で乾き、三人で協力（労働交換）してよじれば概ね一週間から十日ほどで全員の分のロープができあがる。ロープの買い上げ価格は長さと太さによって異なるが、百個のヤシ殻から三十四カラリ（一カラリ＝約四十フィート）以上の長さのロープができる。六フィート（一バンバ）が、だいたい五十セントから一ルピーで売れる。ルシノーナは六フィートにつき八十セントで売り百十ルピーを得たという。ヤシ殻購入費が五十ルピーであったため、実質収益は六十ルピーになる。単純計算では彼女は二百個を購入しており、六十八カラリで三百四十～三百五十ルピーが入ることになろう。女性たちは仲買人＝コフムダラーリ（後述）からすでに借金をしていることが多い。彼女の場合も、二百ルピー以上を前借りしていたことになる。ヤシ殻を沈めている約三ヵ月間は、コフムダラーリから前借りをすることとなる。

（二）ジョシノーナの家族

ジョシノーナ［47の妻］は一九四五年に東南岸の海村で生まれた。夫とは見合い婚でダウリーとして現金五千ルピー、貴金属、ココヤシ園八十パーチが贈られた。彼女の夫（一九三五年生まれ）はオルーを二艘所有しており、息子と海に出る。子供が小さいときはできなかったが、子供たちが成長し家事を引き受けるようになってから再開した。彼女は生家の村で母から譲られたハスクピットを売却してその資金でタルナウェラに三ヵ所のハスクピットを購入した。五百個のヤシ殻の入るハスクピットを一九八一年に百五十ルピーで購入、七百個入るハスクピットを一九八二年に二百五十ルピーで、二千個入るハスクピットを一九八三年に五百ルピーで購入した。全ハスクピットに合計三千二百個のヤシ殻が入ることになる。ヤシ殻は百個を二十五ルピーで買う。ヤシ殻を売る女性はロクウェラの成功したマールムダラーリの妻である。この女性からロクウェラ、タルナウェラの女性六十人ほどがヤシ殻を購入している。順調にいけば、成長した娘とともに一日かけて三百個ほどのヤシ殻をハスクピットから引き揚げ、ほぐし叩いて、家まで運んでくることができる。また紡ぎ車を二機もっている。一機は長女が、女性を対象とした職業訓練コースで一定期間訓練を受け、女性組合（後述）から提供された。もう一機は一九七九年に大工に要請して八十ルピーでつくってもらった。しかし、こちらのほうは壊れてしまい今は最初に女性組合で提供された一機を使用している。細いロープなら、十バンバを五分ぐらいでつくれる。朝六時から九時までと、午後二時から五時頃まで作業をして五百バンバのロープをつくることができる。細いロープと太いロープとは単位あたりの買い上げ値が変わるが、四千～七千五百ルピーほどで買い上げてもらうと、ヤシ殻購入費八百ルピーを差し引いて、三千二百～六千七百ルピーの収入が期待できる。

腐った殻を取り出し、叩いてほぐす作業は若い女性はやらないし、また親もやらせたがらないのだが、この家では結婚して同居している三女がこの仕事をジョシノーナとともに行い、また紡ぎ車使用の際、未婚の娘たちも手伝うため、労働力には不足せず、三ヵ所のハスクピットをフル回転させている。

しかし父とともに漁に出る一人を除き、息子たちが上級学校をめざしており（補習学校の授業料が必要）、また仕事を積極的に手伝っていた三女が一九八五年六月に急死したため、前途は多難である。

(三) ポディノーナの家族

ポディノーナ［6の妻］の家族はタルナウェラでも裕福になっていった。それは彼女が夫とともに質実剛健な家庭経営を行ってきたからである。彼女は一九二一年にタルナウェラで三男六女の三女として生まれた。父は浜にやってくる仲買人と交渉して鮮魚を売りさばくムダラーリをしていた。夫（一九一五年生まれ）はタルナウェラ内で有能な漁師として、また実直な性格でみんなに尊敬されていたが、一九八五年四月、オルーで沖合にて操業中、心臓麻痺で死亡した。

ポディノーナは五ヵ所のハスクピットを所有している。彼女が子供時代に母がハスクピットを二ヵ所購入した。このハスクピットは彼女の二人の姉たちが結婚する際にダウリーとして譲られた。ともに村内に嫁いだため、姉たちは結婚後も時間のあるときに母と浜に出ていた（結婚直後の女性は浜での作業はしないので、実際は母がやっていたことになる）。ポディノーナは母や姉たちの手伝いをしながら仕事を覚えていった。一九三七年に十六歳で結婚生活を開始したが、その際ダウリーは特に支払われず仲人に百ルピーを支払っただけだった。

彼女はタルナウェラの五ヵ所のハスクピットを次のように獲得していった。結婚後、母から借りた金で（彼女はダウリーの代わりに借りたと説明をした）、長姉からハスクピットを六十セントで買った。長姉に息子しか生まれず、やがて不要になると判断されたからである。しばらくしてムラに住む女性の所有していたものを八十セントで買った。その女性が死亡して、彼女の娘たちが売りに出したのである。一九四〇年頃〈母（FBW）〉から五ルピーで購入した。この人はポディノーナを可愛がってくれて、しかも娘たちがこの仕事を嫌がったので、安い値で売ってくれた。夫妻は一九五〇年代に政府から安く土地を提供され、一九六〇年代に自分たちで家を建てた。これは彼女の収入と、あまり冒険せずに着実に漁で収入を得る夫の努力の賜である。やがて子供たちが大きくなると、一九八〇年に友人から五十ルピーで購入した。この友人は娘たちが全員村外に嫁いだために不要になり売りに出したのである。同年、〈姻戚（FZDD）〉が使用していたものを、彼女が体を壊したために三十ルピーで購入した。ポディノーナはすでに六十歳になっていたが、この頃から二人の娘とともに合計一万二千片のヤシ殻を浸すことのできるハスクピットを交替で使っている。南西モンスーンの最盛期である五月から八月は不可能だが、その約四ヵ月間をのぞくと五ヵ所のハスクピットをフル回転して仕事をした。こうして最近まで、毎年かなりの定期収入があった。五人の娘が手伝い、おおよそ一ヵ月に十五日間は朝六時頃から夕方四時頃まで作業に従事した。

先に述べたように、夫は有力な漁民であり、オルーを三艘所有していた。またタルナウェラの漁民の中では最も早くに（一九八二年）テレビを買った。家屋も大きく立派なものに建て替え、息子たちが漁業に投資するのに十分な資本もある。現在は、長女、二女、三女は村外に嫁ぎ、同じ敷地内に家を建てて住んでいる四女（婚出したが、二年前に夫が死亡したため、子供たちを連れて戻ってきた）が中心となり、未婚の五女が手伝っている。ロープをよじるときは、次姉の娘や末の妹（村内に居住）たちで協力体制がしける。

ポディノーナの母は三人のコフムダラーリとコンタクトがあり、彼女自身もしばらくは同じ人たちとコンタクトをもっていたが、三人とも高齢となり、やがて死亡したので、この三人のうちの一人の娘（FBSWに当たる）とコンタクトをもつ。

ポディノーナの九人の子供たちのうち、三男は東海岸の漁業基地に移動し、三人の娘は村外に嫁いだが、タルナウェラに残った五人の子供は裕福な暮らしをしている。長男、二男はともにエンジン付きオルーを所有し、四男は最近動力船をもつようになった（以前二男が所有していた漁船の名義変更）。夫が所有していた三艘の伝統漁船は、夫が存命中は一艘は夫が、残り二艘は三人の息子が使用していた。息子たちはやがて実際に海に出るよりも自分が所有する船を他人に貸して、使用料をとり、自らは陸で魚を集めて魚商に卸す仕事つまりムダラーリになる道を模索し、一九九〇年代には長男、四男がムダラーリとしての生活を開始した。タルナウェラに住む三人の息子のうち、二人が結婚しているが、彼らの妻はヤシ殻繊維業に従事していない。息子たちは妻にこのような仕事をさせたがらないし、妻もやりたがらないからである。

（四）マギノーナと彼女のつくるグループ

マギノーナ［118の妻］は一九三一年にマータラ市で生まれ、夫と出会いロクウェラの夫の家に婚入してきた。彼女と夫との出会いは、船大工である夫が仕事で彼女の実家近くを頻繁に訪問したからである。婚姻に際し、ダウリーはなかった。結婚後しばらくは夫の実家で夫の両親とともに暮らした。子供たちが小さいときは育児が忙しく、また夫が船大工で収入もあったので、もっぱら家事のみに従事していた。やがて、夫妻はタルナウェラの浜近くに夫の兄が所有していた土地を買い、家を建てて引っ越した。このころから彼女は親しくなった女性の仕事を手伝うようになった。子供が成長して、時間的に余裕ができたので多くの女性が従事しているこの仕事をやってみようと思ったからである。数ヵ所のハスクピットを所有し、自らも商人として村内の複数の女性とコンタクトをもっている女性（ムダラーリである［74］の妹で夫の親族）に相談し、最初はこの女性の所有するハスクピットの一つを借りて仕事をした。やがて、ヤシ殻繊維業と夫の仕事の成功で財をなしたこの女性の家族はより内陸の農村部に土地を買い、越していった。その頃にはマギノーナはかなりの金を貯め、二ヵ所のハスクピットを購入することができた。一つは一九七〇年に六十ルピーで、もう一つはすぐ隣にあるハスクピットを一九七五年に二百五十ルピーで購入した。最初のハスクピットを彼女に売った女性は、新しく大きなハスクピットを購入することになったため、これまで使っていたのを売却したのである。二番目に購入したハスクピットを使用していた女性は、病気になり、三人の娘がいずれも村外に嫁いでいたために彼女に売却した。マギノーナはこの二ヵ所のハスクピットを合わせて一つのハスクピットにした。現在はこの一つにしたハスクピットに二千個の殻を浸すことができる。

一九七〇年以降、新しく伝統漁船を建造することはほとんどなくなり（一九七七年からは、伝統漁船用に大木を切ることが禁止され、船の建造には役所の許可がいるようになった）、夫は時折船の修理を依頼されるくらいである。マギノーナの家族は夫が船大工であるが船を所有していない。また、一人息子はマギノーナの実家のあるマータラ市で教育を受けたが、就職先がなく、不本意ながら漁業に従事している。

船を所有していないため、誰かの船に雇われなければならず、本人自身が漁業にあまり積極的でない。長女はハンバントタ県の農家（もとは南岸で漁業をしていたが、土地を購入して現在は畑作と牧畜を小規模に行っている）に嫁いでおり、夫も息子もほとんど収入がないというこの家族の家計は未婚の二女とマギノーナが支えていた。二女は女性組合（後述）の構成員で、組合から機織り機を購入し、布を織って近くの織物工場に卸していた。

一九八八年に息子は近くの村で小規模な畑作を行っている家の女性と結婚し、しばらく妻子とともにこの家に暮らしていたが、一九九三年には妻子とともに、より仕事の可能性のある場を求めてトゥリコーナマレイに移住した(22)。二女は一九九〇年に、タルナウェラ近くの農村で生まれ、コロンボの八百屋で仕事をしている男性と見合い結婚をした。異カースト婚であるが、この結婚は恋愛結婚でなく見合い婚であり、男性がゴイガマカーストなのでムラの人々からは歓迎されている。子供が生まれてからは、これまで使っていた機織り機を友人の女性に貸し、織りあげた布を以前から関係があった業者に売り、機の使用料（売上金の一割）を差し引いて女性に労賃を支払っている。彼女のやり方もムダラーリに近い。相変わらず、マギノーナの家族は、彼女と二女が支えている。二女の夫も休日や祝日に、店で売れ残った野菜や果実をお土産に仕事先のコロンボから戻ってくるが、普段は家にいない。

紡ぎ車を所有していないマギノーナは近くの紡ぎ車を所有している親友と協力している。一つは［13］の妻（一九五五年生まれ）と彼女の妹とでつくる仲間で、もう一つはラタアッカ（［35］の妻、一九四二年生まれ）と彼女の所有する紡ぎ車（彼女はこの紡ぎ車を隣村に住む母の姉の息子から百五十ルピーで買った）を借りている二人の計四人の仲間である。最近前者に子供が生まれたので提携は中断しており、もっぱらラタアッカと協力している。マギノーナがヤシ殻を購入し、できあがったロープを売るときにコンタクトをもつ女性は一九八四年までほぼ同一人物だったが、一九八五年からは別の女性である。別の女性に変えたのはラタアッカの助言によるものである。このコフムダラーリとラタアッカは一九七二年よりつきあいがある。この女性は離婚女性で、ほかのムダラーリより少し高くロープを買い上げてくれ、しかも前払いの形でかなりの現金を貸してくれる。

タルナウェラで生まれたラタアッカは十五歳の頃からこの仕事を始めた。彼女の祖母（母の母）も母もかなり大きなハスクピットをもっていた。ラタアッカは結婚後このハスクピットを母からもらっているのだが、現在の居住地からかなり離れているし、大きすぎるので使用していない。誰かここを使う人が現れるのを待っている。彼女はこうして母からもらったハスクピットで仕事をせず、別に購入した。一九六五年に、母の姉（体が弱く娘もいなかった）から五十ルピーで購入したハスクピット、一九七〇年に七十五ルピーで買ったハスクピット（所有者が死亡し、夫が売りに出した）、一九七二年に三百ルピーで買ったハスクピット（娘が全員村外に婚出し、使用しないので売りに出した）の計三ヵ所であり、これらを交代で使用している。ラタアッカの夫は動力船を所有し、また、よい漁場とよい仕事の機会を求めて、四人の息子（いずれも独身(23)）と同様に各地を移動しているので、家にいるのは、ラタアッカ本人と一人娘であった。娘は若く、子供も小さいのでハスクピットでの仕事はせず、家事をしている。娘の夫は普段は生家のある東南岸の海村ポトゥヴィルで魚の仲買人をしており、時折この家に帰ってくる。ラタアッカの夫はこの娘婿の協力で、とった魚を東海岸の各地に売りさばくことができる。

二　コフムダラーリ

南部では、ベリアッタ、モノラーガラなど、やや内陸部に入ったココヤシ栽培の盛んな地域にココヤシやヤシ殻を扱う商人が多い。内陸部から出荷されたヤシ殻を村の女性に売ることと、製品になったロープを村の女性から買い上げてヤシ殻商人に売る仕事、つまり商人と実際にロープを製作する女性たちとの中間にいるのが、コフムダラーリと呼ばれている女性たちである（コフはヤシ殻繊維のこと）。シンハラ語のムダラーリとは「商売人・ビジネスマン」を意味するが、これには大規模な企業家から、下請けや代理人として直接生産者と交渉するような小規模な仲介者までが含まれる。漁業におけるマールムダラーリの大部分が漁民から魚を集めて仲買業者、卸業者へ鮮魚を仲介する役割をもつのと同様、この村のコフムダラーリも、大量にココヤシを扱う商人のもとで直接村の女性との間の仲介をしている。

タルナウェラの女性によれば、一九八〇年代のダクヌガマ村全体でコフムダラーリが十五人前後いる。この数字は必ずしも明確なものではない。漁業の場合と同様、様々な規模のコフムダラーリがいるし、その盛衰も著しい。コフムダラーリは全員が女性である。この中には夫がココヤシのビジネスに従事している場合もある。しかしこの場合も実際に漁民の妻たちとコンタクトをとるのは夫でなく妻たちである。コフムダラーリの夫の職業は、ヤシ殻繊維業（この場合妻が夫の代理である）、漁民、魚商、商人、サラリーマン、無職など、様々である。また寡婦がこの仕事に従事していることもある。漁民である夫とは関係なくヤシ殻繊維業によって女性たちのネットワークができあがっている。しかもこれらムダラーリとコンタクトをもっている女性たちは彼女の夫が何をしているのか（興味をもつもの の）知らないことが多い。

タルナウェラへは主にハンバントタ県の村ベリアッタからヤシ殻が運ばれ、製品となったロープはまたここへ集められる。ダクヌガマ村のコフムダラーリは、業者が約一ヵ月に一度運んできたヤシ殻を分配することと、女性たちが届けた製品をまとめて、業者にわたすことが主たる仕事である。ハスクピットを数ヵ所もっている女性は複数の女性のとりまとめ役をする場合もある。こうして漁民がマールムダラーリになるのと同様、小規模なコフムダラーリになる人も出現している。ヤシ殻の購入価格と製品となったロープの買い上げ価格も交渉の対象となるので、女性たちが関係するコフムダラーリはかなり流動的である。しかし漁民の場合と異なり、妻たちもコフムダラーリも村外へ移動することはないので、妻たちは常時二〜三人のコフムダラーリと比較的長期にわたり（最低でも十年は続くコンタクトをもつ。きっかけは母がコンタクトをもっていた人であることが多い。村外婚の場合も、婚入先の村には多くの親戚がおり、彼女たちの紹介で複数のコフムダラーリと交渉することができる。魚商人と同様、前貸し・前借り、ロープの売上金を見越しての前払いが話し合われ、コフムダラーリの気前よさや面倒見のよさが重要である。

タルナウェラにはまた二十人前後の金貸し（Money Lender）がいるが、コフムダラーリのほとんどが金貸しでもある。男性は男性のムダラーリから借金をし、女性は親族からが不可能な場合はコフムダラーリから借金をする。魚商の妻から借金をすることは、ヤシ殻繊維業が介在したものでなく、返す当てがないためきわめてまれである。借りる場合は、貴金属（ネックレスやバングル）を抵当に借りる。

コフムダラーリになったプロセスは様々である。もともと夫が手広く商売をやっており、その多角経営の一環としてこの仕事を女性たちとのパイプ役という形で担っている人もいるが、漁民の妻が少しずつハスクピットの数を増やしていき、とりまとめ役からムダラーリになることもある。妻の収入が夫の資本投下や新しいオルーの購入に使用される可能性は十分にある。

ハスクピットが増え、数ヵ月ずつずらして殻を浸すようにすると、数ヵ月おきに一定の現金が入ることになるし、商人に前払いや借金の依頼がしやすくなる。さらに、多くのハスクピットを所有している女性は、その中のいくつかを誰か別の女性に貸して、使用料を稼ぐこともできる。所有するハスクピットをすべて貸し出し、単に製品を集めるための仕事に従事するようになった女性もいる。彼女たちはロープを仲間から集め、仲間に代わって商人と交渉する役目を果たしている。この意味で女性によるヤシ殻繊維業への係わり方は男性の領域である魚流通に類似している。魚のムダラーリとヤシ殻繊維のそれとの決定的な違いは、魚のムダラーリは浜での集魚人から始めたビジネスが段階的に拡大して、いずれは複数の浜や、港を掌握する大商人になる可能性をもっているのに対し、ココヤシのビジネスはその頂点にあるココヤシ農園の農園主が掌握しているので、ムラの女性のとりまとめ以上に拡大する可能性がほとんどあり得ないことである。

以下に二人のコフムダラーリを紹介しよう。ともに一九八五年現在の状況である。

（一）マギリンノーナ

マギリンノーナは一九三〇年代に内陸部の村べリアッタで生まれ、夫の住むダクヌガマ村に嫁いできた。結婚前からこの仕事をしており、ダクヌガマ村のコフムダラーリの最古参の一人だという。彼女の夫は二十代から漁業をしていたが、二十代後半になるとやめ、内陸部各地を移動しながら様々なビジネスの手伝いをし、一九七一～七六年頃までダクヌガマ村の市場に商品を卸す仕事の手伝いをした。やがてまた他人のオルーで漁業をしたが、その後タルナウェラの友人と歯磨き粉つくりの仕事をしている。

彼女は実家があるべリアッタの大規模なヤシ殻商人と連携して、トラックで運ばれてきたヤシ殻をムラの女性に売る。ヤシ殻百個につき二十五ルピーを運送費として支払う。彼女が雇っているトラック一台でほぼ四千個のヤシ殻を運搬できるが、彼女からヤシ殻を購入する女性の数を見積もり、一ヵ月に一度トラックを要請している。以前は一週間に一度の頻度で運搬していたが、一九八〇年代になるとコフムダラーリが増えたため運搬回数は大幅に減少した。ほぼ十五人ほどの女性が彼女からヤシ殻を買うが、必ず買う女性は五人ほどである。以前は、もっと大勢の女性がヤシ殻を求めていた(24)。彼女の説明では百個につき二十五ルピーの運送費を支払ったヤシ殻を、女性たちに二十五ルピーで売るようにしているという。もし、この際に交渉がうまくいかなければ、二十ルピーでも売るという。しかし、前払いや借金ですでに金銭上の貸借関係があるので、実際の支払いはこの説明とは異なっているだろう。持ち込まれたロープは標準サイズだと一カラリ(四十フィート)七十セントで買い上げ、ベリアッタの商人には八十セントで売る。ロープの太さにより違うが、だいたい、百個の殻から、三十四カラリ以上のロープをとる見積もりなので、彼女からヤシ殻を購入した女性は三十四カラリ以上のロープをつくり買い上げてもらうようにする。

(二) ダヤワティ

ダヤワティは一九五〇年に野菜商の娘としてウェリガマ村で生まれた。ウェリガマ村はオランダ統治時代に伝えられたレース編み(ボビンレース)が盛んで、主に海岸部に住む女性たちがこの仕事に従事している。夫はダクヌガマ村の人で、漁撈活動でウェリガマ村に出かけたときに彼女と知り合った。夫は結婚後、彼女の実家の店の手伝いをするようになり、やがて夫婦は彼女の親から譲られたこの店を売り、そのときの資金をもとにダヤワティの妹が嫁いでいる内陸のモノラーガラ村に移り、そこで小さな雑貨屋を開いた。夫はここで彼女が編んだレースを売った。やがて、二人は夫の出身地のダクヌガマ村に戻ってきたが、内陸部でのビジネスでつくった資金と、つくり上げた人間関係をもとに、ヤシ殻繊維のビジネスを開始した（その後夫は一九八四年からマータラ市で兄が経営している雑貨屋の手伝いをしている）。

彼女と必ずコンタクトをもつ女性は五人であるが、交渉次第で増える。彼女と内陸部のヤシ殻商人とを仲介しているのが、モノラーガラ村に住んで八百屋を営んでいる彼女の妹である。ダヤワティはヤシ殻を村に運ぶよりもむしろ、製品になったロープを買い上げて、内陸部の商人に売る手配をしている。一カラリ八十セントの単価で買い上げ、商人には一ルピーで売る。一ヵ月におおよそ六百カラリが集まる。ロープ製品がある程度集まったら、マータラの夫の兄のトラックを使って、内陸部に売る。トラックの借り賃はロープ二百カラリで十ルピーの計算である。また彼女はムラで「頼母子講」（シートゥワ、後述）を組織し、支払金の一部をこの講に出資するように呼びかけている。

以上の二人は結婚して他村からダクヌガマ村にやってきた女性である。そのほかに、あるコフムダラーリは、他村に嫁いで離婚してダクヌガマ村に戻り、生家の援助でビジネスを開始した。現在タルナウェラの二十～三十人の女性とつきあいがある。彼女の家は裕福で彼女自身は直接漁民の妻と接することはなく（漁民の妻と接するのは非漁民の家に生まれた彼女の誇りが許さないという）、彼女の女性イトコが漁民の妻との仲介をしている。

コフムダラーリが海岸から離れた地域にネットワークをもっているのは、沿岸部に居住する人たちが以前より内陸部に魚（特に干魚）を売りに出かけ、さらに移住や結婚により親族や姻族が住んでいるからである。内陸部で土地を得て農業・牧畜・ココヤシ農園を経営するに至った者もいる。現在もタルナウェラの家族のほとんどが内陸部に親族や姻族をもち、頻繁に訪問し合う。彼らのビジネスチャンスは海岸部や漁業センターだけでなく、内陸部にまで広がっているのである。

第六節　女性たちのネットワーク

一九八〇年にマルガ研究所が実施した調査（Munasinghe 1984）では、漁民家族の九四パーセントが漁業収入以外に収入の道がないという。この調査は家族の中の主たる生計維持者つまり世帯主である男性を対象としたものである。しかし、実際には女性がヤシ殻繊維業などで収入を得ている。また、地域内に自然発生的にできあがっている仲間内で現金が動いている。この現金の動きは男性の集団と女性の集団とは異なっている。

男性がもたらす収入は不定期であるが、女性は毎日の生活の中で直接現金にふれている。また男性の長期的不在により家庭内の事柄に女性が意思決定を行う必要性は高い。

すでに述べたように漁民がビジネスのチャンスを拡大するのに姻戚関係が大きな影響力をもつ。妻の実家の者が所有する動力船に乗船したり、妻の実家の者に魚を買い上げてもらったり、逆に魚販売の委託を受けたりする。同様に結婚後の女性の生活も実家との関係が影響力をもっている。女性は実家から金銭的援助を受けるのみならず、母からハスクピットをダウリーとして譲られたり、母から譲られたハスクピットを兄弟の妻に売却して得たお金やダウリーで、婚入したムラのハスクピットを購入する。女性のヤシ殻繊維業は少額であるが、家計に果たす役割は大きい。また、女性たちがつくるグループはヤシ殻繊維からロープを編むときの紡ぎ車の貸し借りと協同労働でも結びつき、このグループが特定のコフムダラーリとも結びついている。

実際のヤシ殻繊維業による収入以外に女性の間には多くの現金が回転している。現金の動きの第一は借金である。これは身内や友人からのものと金貸しからのものがある。親族や友人からの借金は通常無利子である。親族からの借金はときには婚姻時に支払われなかったダウリーの代償として理解されていることもある。女性は借金をしながら、同時に誰かに金を貸しており、少額の現金が日常的にグループ内で動いているかのようである。利子は金貸しからの借金は一ヵ月二〇パーセント、貴金属を抵当に借りた場合は一〇パーセントが相場である。女性金貸しの夫の仕事は様々であるが、裕福なムダラーリやバスの運転手、商店経営、公務員など定期的に現金収入のある人が多い。

第二はコフムダラーリからの売上金の前払いである。漁民がムダラーリから前払いを兼ねて借金をするのと同様に、女性もロープの売上金を先に前払いしてもらい、負債を抱える形となる。コフムダラーリが金を貸す元手になるのは彼女のもっている現金やダウリーである。婚姻時あるいはその後に得た現金や貴金属は、彼女の経済活動の発端となる。貴金属（ネックレスやバングルなどが多い）を抵当に借金をしている女性が、結婚式などに参加する必要が生じると、誰かからリースで借りる。男性も必要に応じて腕時計、ブレスレットやネックレスなどを借りる(25)。借りたらリース料を払う。夫が身につける貴金属や腕時計も妻のダウリーがもとになっており、妻が管理している。ダウリーとして贈られた貴金属は借金の抵当になるし、また他人に貸し出してリース料をとるためにも使われる。ムラで成功している女性金貸しの多くはダウリーを活用させながら成長してきた。ヤシ殻繊維業を成功させた女性の多くもダウリーを有効に活用させながらビジネスを拡大させてきた。

ムラには女性たちの私的な互助グループが存在する。女性が自分たち家族の暮らしを守るため行っているのが頼母子講である。これが現金の第三の動きである。ムラでは多くの頼母子講が組織されている。シートゥワと呼ばれるこの組織は南部では一八八一年に開始されたという新聞記事がある(Alexander 1982 : 59)。また、西岸のカトリック海村では八〇パーセント以上の世帯が一ないし二のシートゥワに所属し、このシートゥワは各仲間集団ごとに組織されているという(Stirrat 1988 : 116–119)。シートゥワを組織する理由は組織者に「物」あるいは現金が必要だからである。

シートゥワには「物」のシートゥワと現金のシートゥワの二種類がある。「物」の場合、家具や食器セットなどの購入に当てられる。たとえば、鏡台がほしい女性が鏡台を購入したい人を集めて「鏡台シートゥワ（カンナディ　シートゥワ）」を組織する。一定の人数が集まると、大工に鏡台を複数製作することを通知する。組織者は他の人より安く製作してもらう。つくりたいものや毎月支払える額によって異なるが、一九九〇年代後期でほぼ一ヵ月二百ルピー位までが上限である。数ヵ月後に予定額に達すると全員が同じ大きさの鏡台を手にすることができる。椅子などの比較的安価なものは十名位のグループをつくり、やや高価な品になると十五～二十名位のグループをつくる。

現金のシートゥワの場合は、出資方法は様々である。最初の月は組織者がとり、二ヵ月目からは必要に応じて競りが開かれる。誰にも差し迫った緊急性がなければそのままストックされる。ただし、組織者は加入者が必ず毎月決められた金額を出すことを前提に組織し、いったんメンバーになると中途でやめることはできない。だから代表者つまり組織者は誰をメンバーに加えるかをよく吟味しないといけない。タルナウェラで頻繁にシートゥワを組織している女性は、自分の家で毎月開かれる会合には必ず茶ときんま（ベテルリーフ）を振る舞うという。組織をしたが長続きせず、その損害分をかぶることもある。シートゥワを組織する、あるいは参加する、そして誰と組むか、誰を仲間にするかは女性のビジネスの才能を発揮するよい機会であるし、普段の人間関係が影響を与える。グループの規模や親密度、そのときの必要度によって異なるものの、いずれ高価な物を購入する目的で集まる場合は月二百ルピー位で、単にお金を集めることが目的で、当分はあまり差し迫った必要性がなければ、月五十ルピー位を集める。これらを集めてまとまった額に達すると、参加者で話し合うか、あるいは組織者が希望を出して参加者の同意を得て、その時点で必要な物を購入する。参加者共通の希望をとる場合は仲間割れをさけて、たとえば子供用の傘など比較的安価なものを購入する。この程度のものだと、二週間に一回の頻度で集めることもできるし、仲間割れも起こりにくい。一週間ごとに十ルピーを集めるような手軽なシートゥワもある。政府の貧困撲滅政策の一つのジャナサヴィヤ計画（後述）が実施されていた頃は、政府からの現金支給が行われる日に組織者の女性の家に集まってシートゥワをした。子供用自転車などもこの方法で購入した人が多い。

現金のシートゥワにはやや複雑なものもある。たとえば、十万ルピー必要な人がいるとすれば、一ヵ月千ルピーほど出資できる人を集める。参加者各自が二十ヵ月で二万ルピー払うと優先順で先に八万ルピーをもらい、差額を仲間で分けるか、次に必要とする人がとり、翌月分に繰り越す。翌月からまた千ルピーずつ集め、一定額に達すると残りの二万ルピーをもらい、残額を仲間で分けるか次に必要な人にわたす。しかしこのシートゥワはかなりの額の現金が動き、先にもらって逃げる人もおり、ときには殺人事件にまで発展することもあるという。このような多額の現金が動くシートゥワは動力船所有者やムダラーリなど多額の現金を動かせる人が行い、女性よりも男性が多い。ほとんどの女性はこのような多額の現金が動くシートゥワはリスクが大きく組織しない。

シートゥワはスリランカ各地で盛んに行われ、西岸のムラの報告では女性の貯蓄の方法は、シートゥワが大半を占めている。また、いつでも質入れしたり売ることが可能な貴金属購入も盛んである (Leitan & Gunasekera 1995 : 41-42)。

このように女性たちは、実家からの援助、友人同士の互助的助け合いなど様々な人間関係のネットワークやシートゥワを活用させ、また自らもヤシ殻繊維業である程度の定期収入を得た。過酷な労働と女性のセクシュアリティをときに脅かすこの仕事は女性労働力の搾取ともうつる（白蓋　一九九六）。しかし、現実にこの仕事が漁業という不安定な収入に対し、一定の長期的プランに立つ家庭経営を可能にしている。女性は、家庭経営に有効であると判断すれば様々な政策に柔軟に対応してきた。漁協の組織化も、このようにそれを積極的に利用しようとする女性が多いと組合員は増加するが、その結果、漁業の振興というより、漁家経営の福利厚生面での利用という本来の意図とは異なる方向へ向かうかもしれない。

公的組織は政権交代、政権内権力闘争などで編成と破産を繰り返しており、各省庁ごとにその組織化のための区割りもバラバラで、漁民は新たな組織ができても懐疑的であり、加入率は概して低い。しかし、主婦として漁民家族の経営に責任をもつ女性はこれら組織の利用価値を見逃さない。特に漁協が行う貸付制度は多くの女性が利用し、しかも少額であれば、友人やムダラーリからの借金、実家からのダウリーなどを元手に返済することができる。女性が自分の居住する地域を超越してビジネスを拡大することはほとんどないが、地域内で様々にビジネスの拡大を企画したりすることは可能である。この点において男性がその煩わしさから利用をさける漁協は、漁業発展という本来の意図とは異なる方向性で女性に利用されている。

《注》

(1) デウィヌワラにはヴィシュヌ神を祀った神殿が建てられ、イブン＝バトゥータは一三四四年に当地を訪れた際、多数の巡礼者がいたことを記述している。また、東南部のジャングルの中にカタラガマ神が祀られているが、この神は当初インドからデウィヌワラに来訪したが、そこには漁師が多く住み、魚臭いためダクヌガマ村地内を通過してカタラガマへ向かったという伝承がある。かつてはタルナウェラ内にデウィヌワラ神祠の土地もありこの地がデウィヌワラと関係があったことが推測できる。

（2）一八二七年にダクヌガマ村でムダリヤール（Mudaliyar：植民地政府から任命された地域の統治者）の称号を得た人物がいたことが資料で裏づけられている。
（3）ウェラは（より正確には wælla に近い発音）シンハラ語で浜の意味である。
（4）筆者はタルナウェラの漁家に滞在していたが、近所の子供が頻繁にやってきた。やってくる理由は珍しい外国人の観察と学校の勉強のアドバイスなどであった。祖父の代まで漁民で父が退職した校長であった家の女子は、浜近くを通って筆者の下宿先にまでやってくることを恥じ、上級学校の試験勉強の準備で筆者に会いたいときは、かならず弟を使いに出し、家まできてほしいと依頼してきた。
（5）この確執が顕在化したのは一九八〇年代末の「人民解放戦線（ＪＶＰ）」による内乱のときである。政府の政策に不満をもつ農漁村の若者がＪＶＰに賛同し、またリーダーが南岸出身のカラーワであったためダクヌガマ村でも同調者が多かった。一時はＪＶＰは「小さな政府」「夜の政府」といわれるほど、南岸一体で勢力を伸ばした。このときにロクウェラの魚商など有力者の一部がＪＶＰ賛同者に殺戮されたり、逆に「ＪＶＰ狩り」により住民が殺されたり、衝突に巻き込まれるなどした。政府側に内通した裏切り者として殺された者や、反政府テロリストであるＪＶＰの嫌疑を掛けられて逮捕後行方不明になっている者もいる。ＪＶＰ鎮圧後も、恋愛沙汰で若者がタルナウェラとロクウェラに分かれて争い、傷害致死事件を起こしている。
（6）筆者はタルナウェラに滞在していたが、タルナウェラの人の多くは筆者がロクウェラに行くことを嫌がった。筆者も当初はタルナウェラの人の気持ちを考慮して極力ロクウェラに行かないようにしていた。後にはロクウェラにも足を伸ばしたのだが、筆者を心配し、また監視の意味もあるのか、筆者がロクウェラに向かったことを察するとタルナウェラの少年が後をついてきて、筆者が調査に立ち寄っている家の入り口付近で筆者を待ってくれていた。しかし、ロクウェラの人はタルナウェラから筆者についてやってきた少年たちを特に邪険にすることもなく、ときに窓から家の中をのぞき込んだり入り口から中に入っていても追い払うこともなく、ほかの子供と同じように自然に無関心に接していた。いずれにせよ筆者のロクウェラ訪問にタルナウェラの人々はあまりいい感情をもっていないようであった。このような確執はほとんど日常生活ではみえてこないし、実際にはロクウェラの人が用事があってタルナウェラの人の家を訪問するし、その逆もある。また夫婦の通婚圏の表（表5）のように夫や妻がロクウェラ出身の場合も多い。市場はロクウェラ地内にあるので、女性は毎日のようにロクウェラを通る。

（7）タルナウェラ住民の多くは現在「ダクヌガマ西」漁協の構成員となっているが、この漁協にはロクウェラの漁民も含まれる。またロクウェラ住民の多くが加入している「ダクヌガマ中央」漁協にも若干のタルナウェラ漁民が含まれる。タルナウェラ百二十六世帯は、この地区に最初に漁協がつくられたときに組織化された漁家の集合体が核となっている。漁協をつくる際に、各浜への距離と、どちらの浜をよく利用するかで便宜的に線引きを行ったため、若干の遺漏が生じている。しかし、漁協がトップダウン方式でつくられたとはいえ、これがその後の家族の集合化のきっかけになったといえる。

（8）スリランカでは州（Province）内に複数の県（District）が置かれ、各県内に複数の行政区（DS Division）が置かれている。

（9）区長（Grāma Sēvaka）は地域開発評議会によって任命される。二〇〇一年よりGrāma Sēvakaは名称変更によりGrāma Niladāliといわれるようになった。もともと農業委員は農村に置かれたものであり、特別行政委員は一九八〇年代に開発促進を目的として二小区に一人置くようになった。短期間の間に小区の再編成や行政職が複数置かれており、住民にとっては混乱のもとになっている。

(10) 行政の調査による人口や世帯数は見積りである。ちなみに一九九三年のダクヌガマ西の人口は千百三十七人、世帯数は二百九十一である。
(11) 一九八五年当時、ダクヌガマ村とその周辺には約百のムスリム家族が住んでいた。一九二九年に十五家族が住み始め、すぐにモスクを建てたという。家族の多くがビジネスや店経営をしているが、農業に従事している人も多い。一九三八年に開校したダクヌガマムスリム学校には、一年生から十年生まで、百十八人（男子六十六、女子五十二）の生徒が学び、十二名の教員（男性九、女性三）がいた。
　また、タミル人家族は親夫婦の家族と息子夫婦の家族の二家族十四名が住んでいた。この家族がダクヌガマ村に転入してきた経緯は明らかにならなかったが、世帯主（三十五歳）の父はタミルナードゥで生まれ、子供時代コロンボに家族でやってきた。また母はコロンボ生まれである。この二家族が住んでいる家はもとは警察署で、公共施設の清掃員としての任務を役場から割り当てられているため無料で住んでいる。世帯主と彼の弟は靴の修理をしながら南部の各地をまわっており、もう一人の弟は役場の清掃の仕事をしている。姉はダクヌガマ市場の清掃、夫はコロンボの病院の清掃の仕事をしている。子供たちは全員がダクヌガマムスリム学校に通学している。なお、一九九〇年末にこの家族は移動した。
(12) シンハラの親族名称や社会集団の地域的相違については執行一利（一九八七a）が研究を簡潔にまとめ、問題点を指摘している。
(13) シンハラ農村で報告される地縁集団（compound group）に相当することばはタルナウェラにはない。
(14) 一つの家に別世帯が同居している例がある。［36］の家の一部屋を一家族が借りている。［30］（一九二三年生まれ）夫妻には八男二女が生まれた。この家には［30］夫妻と二男夫婦（妻は他村出身）と彼らの子供、三男夫妻（新婚）と未婚の五人の息子、未婚の二人の娘が同居している。長男夫婦は多数の家族員が同居している家を出て、［36］の一部屋を借りている。［30］のWFBSが［36］である。つまり［36］の〈妹〉の息子が同居していることになる。その後彼らは新たに家を建てて引っ越したが、彼らは［36］の台所を共有していた。

(15) 村外婚の結婚式の様子は家によって少しずつ違う。しかし、一九八〇年代まではホテルなどの施設を利用する結婚式はなかった。一九九〇年代からタルナウェラの裕福な家族はホテルなどで結婚式を挙行するようになってきた。主にマータラやタンガッラのリゾートホテルが使用される。式を行わない単に婚姻登録をすませただけの結婚は近所の家同士の男女の恋愛結婚であった。

(16) ジャヤマンガラガータ（仏陀の吉祥による勝利をたたえるパーリ語詩節）を歌い、パーリ語の仏典を唱えるなど、結婚式が仏教によって保証されていることが理解できる（Gombrich & Obeyesekere 1988 : 264-265）。

(17) ゲストハウスに宿泊した翌朝、両家の親族が集まり共食をする。近年は、ここで写真撮影をしたり、様々な趣向を凝らしたパーティーなどもして、夕刻近くまで盛り上げることもある。客人が帰った後も、若い男性のみが残って酒を飲んだりするのも近年の傾向である。

(18) 父系原理が根底にあることと、南アジアに共通の、女性が父の保護から夫の保護に委譲されるという価値観から、妻が出産のために実家に帰ることはあっても、婚姻後の居住は夫型居住が望ましいとされる。そのためディーガ婚が望ましい居住形態で、ビンナ婚は夫が妻の家の労働力となり、しかも妻の家族のほうが経済的・社会的に優位な場合に選ばれる居住形態であるとして、男性にとっては誇りを失うと考えられている。

(19) 現在もこのようなことを実行しているのは南部に多いという (Risseeuw 1991 : 272)。
(20) 六〜十ヵ月漬けておく場合もあるという (Risseeuw 1991 : 213)。これは淡水と海水との違いなのだろうか。
(21) 筆者が滞在中に高波が浜に打ち寄せ、ハスクピットの中にあったヤシ殻をさらっていってしまったことがあった。波間に漂う無数のヤシ殻を女性たちが総出で拾い集めていた。そしてこの拾い集めたヤシ殻をめぐり騒動になる。若い息子の一部には手伝う者もいたが、夫たちを含め大半の男性はただ見物しているだけであった。これはこの仕事が女性の仕事であること、夫たちが出ていって拾うのを手伝うことが新たな争いになるからだと理解できたのはしばらく経ってからである。必死の形相で荒波に立ち向かい、少しでも多くのヤシ殻を取り戻そうと奮闘しそして争い、それを高みで見物する夫という構図による光景は忘れられない。
(22) 息子はマータラで学校に通い、義務教育終了後印刷屋で印刷工として働いたが、労働の厳しさと低賃金で数ヵ月でやめてしまった。様々な人の船に乗っていたが、他村の女性と見合い婚をして、子供が生まれてからはタルナウェラの人の動力船の乗組員として働くようになった。彼ら夫妻はしばらくマギノーナの家で生活していたが、やがて漁業先進地であるトゥリコーナマレイに移住した。しかし、ここが危険になってからは、南岸に戻り、一九九〇年代後半以降は妻の実家に住んでいる。妻や七人の子供とともに妻の実家で妻の両親や兄弟と住み、彼はタルナウェラに通ってきて［118］の家に寝泊まりしながら動力船に乗っている。
(23) 長男はときには父と一緒に漁業をしたりしたが、しばらくシンガポールに出稼ぎに行った。帰国後、JVP時代に軍隊に殺された。

(24) マギリンノーナは彼女の成功を嫉んだ誰かが邪術をかけて以来、得意先が減ったと説明した。
(25) あるマールムダラーリの娘のお見合い話があり、お見合い相手の家までムダラーリである父親や親戚が連れだって出かけた。相手は東南部で広い農地をもち、手広く農産物を扱っている家族である。このとき、父親は真っ白な「国民服（白い長袖シャツとジャケットに白いサラマと呼ばれる筒状の布）」に身を包み、大きなブレスレット、金鎖のついた腕時計、金ネックレス、数個の指輪などで身を飾り、裕福な魚商人らしく振る舞い、足下をみられないように演技をしていた。これらのアクセサリーの一部は親族から借りていた。

第四章　海村の「開発」とタルナウェラの女性

第一節　開発政策と貧困者救済計画

一　村落開発と漁業協同組合

政府の「漁村」開発政策の一つに、小規模漁村の社会経済的環境整備を目的とするものがある。これは漁獲量の増加を目的とした技術革新（たとえば動力船や耐久性のある大型船の操業数を増やす）や、流通組織の整備、港湾設備の充実などの技術面だけでなく、開発への住民参加や女性の役割重視のコンセプトが含まれている。後者に関しては、各地域住民の自主的選択や地域のニーズに即した開発が必要であるということで、漁業協同組合の設立が推進されてきた。漁民を漁協に組織化させ、漁協を単位として漁村を自立させようというのが目的である(1)。このため、小区（当時のGrāma Sēvaka Division）ごとに漁協を組織し、行政村レヴェルでの漁業振興や漁民生活の向上をめざす計画が歴代政権によって政策に盛り込まれ、開発援助の対象となってきた。漁協への融資や信用貸付が行われるためには構成員を百名以上擁する必要がある。つまり百名の漁民の加入があって漁協が機能するのである。

しかし、多くの場合漁協の組織化は進展していない。それには三つの背景が考えられる。第一に漁村あるいは行政単位としての枠組みのあり方と関連する。第二に漁撈活動のあり方と関係している。

第三にすでに沿岸域の人間関係のネットワークであり、社会構造の基礎として確立している水産物の流通システムの存在である。以上の三点を検討してみよう。

第一点として、スリランカの沿岸部に立地する海村社会をみると、人口の希薄な東海岸や東南海岸を除くと、海岸線と幹線道路や鉄道に沿って家々が絶えることなく続き、集落の境界が不明瞭である。もともと一つの単位としてまとまりのある集落が形成されていない地域に人為的に行政区がつくられ、同様に行政区をもとにつくられた漁協もその設立の経緯が曖昧である。漁協が設立されても組合員の数が百名に達しなければ漁協を通じての融資が受けられない。設立時から人口が多く、構成員を集めやすい漁協では様々な融資を受け、活動が軌道に乗っているようにみえる。これらの地区では、大規模なムダラーリが多くの漁民を抱えていたり、もともと漁船数も多く、漁業従事者の多い地区は百名を集めるのは容易である。しかし一行政区の漁民人口が少ない場合は複数の行政区を集めて漁協を設立しても、組合員が少なく、満足に機能できない状況にある(2)。また、地区のリーダーになるようなムダラーリや漁業に積極的な人が核となって漁協ができることが多いが、そのような人は多くないのが実情である。

第二点として、スリランカの漁民は本来移動性と可動性に富んでいる。様々な条件を考慮してよい漁場、魚の買い上げ価格の高いところ、よい仲買人のいるところなど、その活動の場を頻繁に変えることが特徴である。かつてはモンスーンの風の方向に応じて漁場を変えていたが、近年では開発計画によって生じた各地の漁業センターや大消費地の近く、外国人観光客の多い地区に長期間出稼ぎをする漁民が多い。これらの地区に水揚げする漁民や、所有する船をこれらの地域にいつも停泊させておく漁民も多い。漁業センターでは動力船が多数操業しており、乗組員として乗船する機会が多いことや、魚の買い上げ価格が高いことが理由である。

一般に家族は母村にとどまり、本人は身一つで各地に出かけて漁業に従事する。また、出漁場所と水揚げ場も一定せず、家族や個人を単位とする活動が主であり、労働の場面では、集団としてのまとまりがみられない。また、現在の居住地に今後も住み続けるとは限らない。

第三点として、十九世紀末から二十世紀初頭にかけて、道路交通網や製氷施設の増加に伴い、地域を超越した水産物流通システムが整備され、南岸域にも広域にわたる魚商や仲買人のネットワークができあがり、すでに鮮魚の販売という点で漁協に代わる役割を果たしている。漁協は動力船や船外機付きモーターボートなどを購入する際の融資を行い、動力船で大量に水揚げされた魚は漁業公社が買い上げる。ところが漁獲の大半は小規模な伝統漁船で水揚げされ、多種にわたる魚が少量ずつ各伝統漁船で水揚げされる状況である。このため、その販売においてきめ細かな配慮が必要になってくる。水揚げされた魚は魚種や魚価に応じて種分けし、様々な規模のムダラーリによって処理される。こうして漁協が組織される以前からきめ細かな流通体系が存在し、漁協が設立されてもこのような小規模な取引の積み重ねが各浜で展開されている。

一九六〇年代から開始された動力船の導入後も、当初は所有者は海に出ていたが、やがて自らは船に乗らず、親族や姻族を乗組員にして本人はムダラーリとなって陸で魚の販売をするようになっていった。さらにこの販売網は委託販売、前払い、前貸しなどで縦横無尽に張りめぐらされた人間関係のネットワークに支えられている。出資金を払って漁協構成員になってもメリットがなければ、従来どおりの有力者とのコネを大事にしたほうがいいし、有力者つまり仲買人や船主も漁民にとって、地縁を越えて結びついている親族や姻族の一人であり、支配＝被支配という関係ではない。漁協や公的機関からの融資に代わってムダラーリからの借金が可能であれば、漁民は煩わしい手続きの不要なムダラーリとの関係を重視する。

個人や家族を単位として広域に広がるネットワークができあがっていた沿岸部の住民が便宜的につくられた行政単位に組み込まれ、さらに各行政単位ごとに漁協が組織化された。またこの組織も政権の交替や政権内の権力闘争により、計画途上で挫折するケースが多く、漁民たちに信頼されるとはほど遠い。しかし、政策企画実施省（Ministry of Policy Planning and Development）が漁協を対象として進めている女性の活動を支援するためのクレジット供与では、女性の積極的な関与が目立つ。漁協は漁具や漁船など一般に高額なものを購入するための融資を漁民に対して行うが、小規模な経営規模を維持してきた漁民はこの融資を受けることは不可能に近い。ＢＯＢＰ（Bay Of Bengal Project：国連食糧農業機構ＦＡＯのベンガル湾沿岸漁業振興プロジェクト）が一九九一年に南岸ガッラ県内の漁業世帯の四五パーセントに当たる千二百八十一世帯を対象に行った調査では、調査対象漁家でクレジットの使い道をみると、漁船と漁具購入に使用されたのは全体の三三パーセントで、日常の消費、医療、冠婚葬祭、耐久消費財の購入が四九パーセントを占める。これらの融資は概ね女性が利用している融資である

(BOBP 1991)。

タルナウェラの漁協はダクヌガマ村タルナウェラ漁協という名称で一九七二年に設立された。ロクウェラではそれ以前に組織され、すでに一九七〇年代初めには動力船が三隻支給されている。タルナウェラでは、漁協設立時に水産省の指導で百ルピーを納入して多くの者が加入したが、その後脱会者や幽霊会員が増え、FRPオルーが二隻支給されたが、結局一九八〇年代中頃にはほとんど機能しておらず、実質会員は十九名になっていた。一九七九年には一時漁業拡大組合と名称の変更があり、三十三名が加入して開始されたが、浜に電灯が取り付けられてすぐに解散した。その後、一九八九年に再組織化が進められ、ダクヌガマ西漁協となり、会員の間には不満や不信感があるものの、概ね堅実に活動をしており、定期的に会合も開かれている。

筆者が観察した漁協の会合には不在である夫に代わり妻が出席しており、貸付の必要性について堂々と意見を述べる。彼女たちがリラックスしてみえるのは参加者全員がなじみの人たちであるからだ。家計の状況を把握していない男性は発言権が弱く、また多くの場合幽霊会員である。漁協の議長はタルナウェラのムダラーリであるが、彼の家で行われる会合では県の職員（地区の責任者）が出席するので、紅茶や菓子は書記や会計などをつとめる男性が振る舞う。

二　開発援助と住民の組織化

ムラでは漁協を単位とする以外にも様々な融資・援助の対象として住民の組織化が古くから試みら

れている。また援助や融資だけでなくムラには多種にわたる公的な互助組合、積み立て組合がある。タルナウェラの組合や組織には以下のようなものがある。

①臨時的に「貧困者援助」を目的としたプロジェクト。

(一) ジャナサヴィヤ計画 (貧困撲滅政策として貧困層に現金を支給する計画) での組織化

この計画は一九八八年、統一国民党 (UNP) の選挙公約として提唱された貧困撲滅政策で、月収七百ルピー未満の貧困世帯を対象にし、二年間にわたり毎月二千五百ルピーを支給した。支給方法は消費分として千四百五十八ルピー (この中から食料費などとして千ルピーをとり、残り四百五十八ルピーを貯蓄に当てることができた) と貯蓄用に千四十二ルピーが支給された (大野 一九九七：四〇)。後にこの計画は政権交代により一九九五年からサムルディ計画という名前に変更され、支給対象者に若干の変更があったが、そのまま続けられている。一九八九年では、タルナウェラが属すダクヌガマ西区でジャナサヴィヤ計画の対象世帯は全二百七十五世帯中、二百五十世帯であった。また食料切符保持者は九百五十名であった。

(二) ワーラカン保証

ワーラカン期とは南西モンスーンのために西岸や南岸で漁業ができなくなる時期で、本来ならばこの期間は東部に移動して漁撈を行ってきたが、ここが戦闘地となり移動できなくなった。このために漁民に援助金を支給する制度がつくられた。これらの臨時的な救済計画の責任者となるのは水産省とコネをもつ有力なムダラーリであるが、実際には家にいない男性に代わり妻が手続きを行っている。

（三）独立以降行われている住宅供給政策（Housing & Residential Scheme）

周辺の丘や浜近くの森林が伐採され、家や土地が提供されているが、これらも不在の夫に代わって女性が着々と情報を集め準備を進めている場合が多い。ダクヌガマ村にもこの政策によって新ダクヌガマができた。

②貯蓄・貸付組合（Saving and Credit Society）は独立前から機能していたいくつかの互助組織(3)が統合されたもので、子供の学費貯金、葬式、福祉用に貯蓄され、定期的に会合を開いてメンバーに貸付を行うが、会合に出席するのは、ほとんど女性である。しかし、この互助組織は出資金や毎月の支払金が高いので幽霊会員が多く、比較的財政的に余裕のある家族が常時会費を支払っている。

③住民は村落開発省（Ministry of Rural Development）が進める村落開発委員会（Rural Development Society）の構成員になっており、一ヵ月ごとに会合を開いているが、委員以外はほとんど出席していない。委員の一人である男性は、この会はほとんど機能していないのでみんな興味がないが、役所からいわれて仕方なく続けているという。この会を通じてかつて、五年以上のウンバラカダや乾燥魚製造の経験がある家庭にウンバラカダ援助金が支給された(4)。援助を受けると毎月百ルピーを返済した。このようにメンバーになると食料切符（Food Stamps）の支給を受けたり、何らかの援助を得られ

る可能性があるので、会員をやめないのだという。女性組合（Women's Society）の会員資格を獲得すると（役場に申請書類を提出し面接を受けて獲得する）、農業、店経営、ヤシ殻繊維業、織物、養鶏などの企画に対して補助が出る。機織り機やカンバヤ（ナイロンロープ）製作用機械購入の融資を受けた女性もいる。融資で購入した物品と活動状況を定期的に役人が監査に来る。役場資料や公務員からの聞き書きではさらに多くの委員会がつくられているが、その多くはあまり機能していなかったり内容の不明なものも多い。住民参加型の生活向上と開発のための政策が多方面から立案され、実行に移されており、融資を受けることができる。またこれらの政策で「夫の代理」という名目で実際に行動を起こすのは妻たちであることが多い。

④寺と行政がタイアップして実施している委員会の存在は、仏教が「私たちのムラ」意識による人々のまとまり、つまり地縁集団の形成に大きな影響力をもっていることを気づかせる。

ウェサック月（五月）にはダンサラ委員会やトラナ委員会（第二部第二章第四節参照）が組織されている。ダクヌガマ村ではこれらの委員会が、寺と行政の協力により実施されてきた。毎年のダンサラのために五十ルピーの頭金を出し、メンバーシップを確保していくためには毎月三ルピーを納め続ける。新年になるとダンサラ委員会が組織され、予算を立て、現金や軽食・飲み物の材料が集められる。ダンサラが終わると、残った砂糖、空き瓶、ポリタンクなどがオークションで買い上げられ、次年度のダンサラ用に繰り越されたり、金利を上乗せしてローンの申請者に貸し付けたりする。漁家の場合夫が不在なので妻が代理で出るが、実際には代理というよりも、関心のない夫に代わり本人が自主的に出ている。これらの寺が中心になって行う組織については第二部で検討する。

三　サムルディ計画

ジャナサヴィヤに代わって新政権（クマーラトゥンガ大統領）が一九九五年から始めた貧困撲滅計画である。ダクヌガマ村ではサムルディ委員会の事務所は二〇〇〇年七月から寺に置かれている。それまでは個人の家に置かれていたが、複雑な仕事が増えたためと個人宅では不透明な部分があったため、政府から個人宅以外に置くように助言があった。寺に委員会事務所が置かれると出家して金銭には無関係な（とされる）僧侶が係わるので問題が起こりにくく、無難である。サムルディ計画には三つのコースが用意されている。一つは五人の仲間で互助組織をつくるコースである。第二は個人で口座をもち融資を受けるコースである。第三は小規模起業政策（self-employment scheme）の一環として、小グループに小規模自営起業を目的とした信用貸付（credit）を行うことである。第一のコースは五人のグループをつくるところから始まる。五人のグループが一つの口座に振り込み、順番に一人当たり一万ルピーまで融資してもらえる。第二のコースは個人で口座をもち、融資額五千ルピーで月に四百五十ルピーの利息を払う。利息を払うことで食料切符をもらうことができる。前政権（UNP）時代にジャナサヴィヤ計画が開始され、貧困世帯に月額二千五百ルピーが支給されていた。それがサムルディ計画に変わった後も同じ世帯に支給され、支給額は四千ルピーにまで上昇し、さらに新たに支給される世帯が追加で選ばれた。支給額も五千ルピーにまで引き上げられ、選挙が近づくと七千ルピーになった。前政権のときに選ばれた世帯と、現政権になってから支給対象となった世帯との間で支給額に隔たりが出ている。また、かつては食料切符を支給していたが、切符では店が質の悪い商品を売るので、今では現金を支給する方法に転換しつつある。現在の支給額は四千ルピーか七千ルピーで、ともに一ヵ月の収入が七百ルピー未満の世帯が対象となっているが、実際は現政権よりの世帯がもらえるという噂は絶えない。支給方法は、七千ルピーのうち五百ルピーが保険、二千七百五十ルピーを現金、三千七百五十ルピー分が切符で支給される。四千ルピーの場合は二百五十ルピーが保険で、残り三千七百五十ルピーが切符か現金の好むほうで支給される。五百ルピーあるいは二百五十ルピーの保険は出産費用、結婚式、葬式などの費用として使えることになっている。サムルディ委員会の事務局員として村の中の高学歴の失業者が採用されている。

この計画の意義は、サムルディ委員会の事務局員によれば、仲間をつくること、会合で意見を述べることが社会的発展につながり、喧嘩好きで教育を受けていない人たちに社会的教育を受けさせることができることであるという。毎月三回の会合があり、このとき三～四時間の講義や歌を歌ったり、仏教徒としての意識をもたせるために菩提樹供養(5)をしたりする。講義には自殺や殺人という愚行を抑止する内容もある。実際は大切な時間がムダになるという理由で会合を欠席する人が多いという。会合を続けて休むと切符をもらえないこともあるのだが、事務局員は人間関係の調和を考えてそのようなことは努めてしないように心がけている。また、サムルディ計画はジャナサヴィヤ計画のような奉仕活動の義務はないが、井戸掘りなど片手間にできるような奉仕をやるように勧める。また、どんな奉仕活動をするかグループで話し合って決めることもある。多くは井戸掘りか道路補修などである。

第三のコースの自営起業計画の場合、二万五千～五万ルピーが貸し付けられる。ダクヌガマ村では、かつてこの種の計画ではカンバヤ製作機械やウンバラカダ製造用道具購入などが見込まれた。しかし実際にはすでにタルナウェラではウンバラカダの製造をする家族はない。そこで、このコースでは主にデング熱流行時の薬散布や溝、ドブを埋めるための費用にも使われる。事務局では、男性は喧嘩ばかりするので、女性がこのコースに参加するのを望んでいる。現在ダクヌガマ村全体で、このサムルディ計画で現金の融資を受けている家族は七百九十五世帯である。

四　イディワラ漁民銀行

漁民の生活向上計画が軌道に乗っていないことの反省から、水産省は一九九九年より新たに漁民を対象とした「イディワラ漁民銀行」設立を開始した。イディワラとは漁業のための航海の意味でネゴンボの漁民の間で使用されることばである。

従来の漁業発展計画は、動力船の隻数を増やすことや、そのための大規模な港湾整備が主であったが、これでは依然としてスリランカ漁業の大半を占めている小規模漁民の社会・経済的必要性を満たすものではなく、また漁協の中には時代に即した政策を実施しなかったり、古くからの組織を温存させたり、財政上の問題を抱えてしまう組織もあった。そこで、すでに組織されている漁協をベースに銀行から融資を受けて、特に小規模漁民のニーズに合った貯蓄と融資を実行するための新しい機関を整備しようとするものである(6)。

計画では以下の三点を重点的に整備する。

①漁民以外にも貯蓄を呼びかけ、小規模・零細漁民に貸付を行う銀行を各漁協単位につくる。

②漁協とイディワラ銀行がその地域のニーズに適合した、新たな漁業発展と漁民生活の向上を目的としたプロジェクトを立ち上げる。

③従来の銀行と異なり、直接漁業発展と漁民の生活向上に寄与する人に利益がもたらされるような計画を立てること。つまり参加型アプローチを前提とするような銀行業務を漁協と共同で実施する。

水産省はモンスーンにより直接影響を受ける漁民の生活向上のためには、魚がとれる時期に貯金をし、魚がとれない時期に貸出をして一年を通して収入を一定化させることが望ましいと考える。また漁民は長時間海上に滞在し、銀行に行くことが困難であるので、漁民銀行を浜や水揚げ場など漁民が立ち寄りやすい場所に置くことを提案している。また、従来の制度では融資を受けるためには銀行に一定額の預金が必要とされたため、漁民が融資を受ける機会から阻害されていたり、ムダラーリなどの有力者から借金をして預金をしていたが、イディワラ銀行では、預金がなくても融資を受ける体制を整えることを提案している。

さらにイディワラ銀行は単に漁業のためだけではなく、女性や子供の参加と発展のための計画、物(たとえばアクセサリーなど)を抵当に低金利のローンを組むこと、鮮魚だけでなく水産加工品を販売するためのルートの開発、新技術の修得のための訓練費の貸付、女性や高齢者のための生涯学習など様々な付加価値が盛り込まれている。また、各漁協単位に銀行間の業績の競争をさせて、成績のいい銀行の漁協にはさらに融資額を増額したり、新たな漁業振興のチャンスを与えるなどの計画もある。

一九九九年から、各県で試験的に選ばれた漁協で事務所建物の建設、職員の研修、経営方法、簿記などの講習が開始されている。二〇〇一年にはタルナウェラのあるダクヌガマ西漁協も浜の脇に窓口業務を行う小さな建物を建てる準備を始めている。しかし、この業務を行うために漁協が推薦した女性（もと小学校の教員）の兄弟がかつて漁協の金を使い込んだという噂があり、すべての住民の支持を受けているわけではない。

第二節　漁業振興とマールムダラーリの盛衰

一　新組合の組織化と動力船所有者

水産省の下部組織としてマータラ市に事務所があるマータラ県水産業振興会の責任者の話によれば、スリランカの漁協の中ではダクヌガマ西漁協はよく機能しているという。事務所は融資を受けるに十分な額に達するように指導をしているが、その方法は各漁協に任せている。基金が多いほど融資額も多くなる。ダクヌガマ西漁協では、加入金十五ルピーと一口百ルピーで正組合員になれる。しかし、融資を受けるためには少なくとも五口以上預金をしていなければならない。

ダクヌガマ西漁協が比較的安定しているのには、ダクヌガマ西行政区つまりタルナウェラがこれまで置かれてきた情況と関係がある。スリランカでは一九八九年に新しい漁協が再組織され、一九九一年を目途に続々と全国に漁協が組織されていった。当時の政府は漁業収入拡大をめざし、各漁協を単位に最低一〜二隻の動力船（三十五フィートの multi-day boat）を支給する計画であった。この大型船購入のためには多額の基金が必要であるが、なかなか基金も増えず、漁協の中には組合長が資金を着服したり、破産するものも出た。タルナウェラは地先の海が大型船を停泊するのにふさわしくなく、また漁民たちの預金も少なく、組合としてのまとまりもなかった。そのため大型船支給は見送られ、船外機付きモーターボートやFRPオルーなどが支給された。このような比較的小規模な形で漁業発展計画が実施されたため、漁協は破産することなく生き延びることができた。

政策では漁船や漁具を政府からいったん組合が融資を受けて買い上げ、組合員が組合から融資を受けて船を購入するシステムが採用されている。組合は銀行から年利一〇パーセントで融資を受けて船を購入し、その船を組合員には年利一五パーセントで融資する。五パーセントが組合の基金になっていくのである。

また各漁協には百七十万ルピーの融資枠があり、組合員の家族は漁協を通してこの漁協資金から他の様々な貸付を受けることができる。この制度は以前に女性を対象とした小規模起業計画として計画された女性組合の伝統を引き継ぎ、小規模起業を援助するための基金と考えられている。女性組合があったときは各組合に十五万ルピーが支給されていた。

　このように、漁協の強化が政策に盛り込まれているが、タルナウェラでは漁協を通して大型動力船を購入しようという動きはあまりない。むしろ、モーターボートの購入を希望する人が多い。しかし、一部の富裕な漁民や魚商は従来の動力船を大型化し、タンクボートを購入しようとしている。中古船を買う人もいるが、新規に購入しようとする人の大半はコロンボのムダラーリから借金をしている。ムダラーリはタンクボート購入の資金援助と引き替えに水揚げ後の魚の販売権を得ている。しかし、その一方で、タンクボートが増えることで魚の値が下がったともいわれる。ロクウェラでの買い上げ価格よりもコロンボでの市場価格が安いときもある。これは、消費者が、大量に水揚げされ、流通に至るまで保冷庫で保存されていたタンクボートの魚よりもタニダワスボート（「日帰り船」のことで二十八フィート以下の漁船、いわゆるモーターボート、時にオルーも含まれる）でとった魚のほうが新鮮であると考えるからである。タンクボートの魚とタニダワスボートの魚とを一緒に送ると、多くの場合タンクボートの魚の買い上げ価格がたたかれて安くなり、ビジネスとして成り立たなくなってしまう。二〇〇一年では、バラヤ（カツオ類）などはキロ百ルピーで売らなければ採算がとれないのに、キロ四十～五十ルピーほどの値がつけられることもある。また、近年ではタンクボートが魚をとり過ぎ資源の枯渇もみられるようになってきた。

　タルナウェラで大型動力船を所有している人は全員土地や船を抵当に入れて購入している。まず、ムラの人から借金をして銀行に預金し、その預金通帳を担保にムダラーリから借金をする。ムダラーリからの借金によって銀行から融資を受けるための頭金をつくる。頭金として六十万ルピー必要だがこれをムダラーリからの借金で用意する。タンクボート購入時にすでにムダラーリに負債を負っていることになり、ムダラーリに魚販売を委託せざるを得なくなっている。つまりムダラーリは自分が懇意にしている南岸の漁民に自分がコロンボでさばく魚を供給してもらっていることになる。そして船は最終的にはムダラーリに差し押さえられることになるのである。

二　ジャヤシンニョムダラーリの成功と没落

タルナウェラで手広くムダラーリをしていたジャヤシンニョ［36］の個人史から、タルナウェラのような小規模な海村のムダラーリが結局は破綻して大きな資本に飲み込まれていく過程を追ってみる。

ジャヤシンニョの屋敷はタルナウェラの人通りの多いメインストリートに面し、浜にも近く、幹線道路にも近いところにある。一九八〇年代から一九九〇年代にかけて、豪放磊落、気前よく、弁舌さわやかな性格と有力者という地位に引かれて連日のように人々が金を借りに、オルーを借りに、借金の返済を待ってもらう交渉に、あるいはテレビを観たり、単に雑談のために訪れた。ムラに来る役人も彼の家で休憩した。訪問のたびに妻が、妻が不在のときには娘たちが紅茶を出した。彼はかつてタルナウェラで不動の地位を確立していた。

（一）子供時代

ジャヤシンニョは四男として一九三三年に隣村の母の実家で生まれた。彼の祖先は数世代前に西南岸のベールワラから来た漁民が、タルナウェラの女性と結婚して定住したもので、「本家」(7)はベールワラゲダラ（ベールワラの家）と呼ばれている。父は有能な漁民でオルーで漁撈を行い、またときには近隣村に魚を売りに行くこともあった。母は隣村の富裕な漁家に生まれ、母の父はアーユルヴェーダ医療（伝統医療）にも明るく、兄弟たちも薬草の知識や悪霊祓いの呪文に詳しかった。ちょうど、全土において鮮魚の商品価値が高まり、ダクヌガマ村でも小規模な漁業資本家が育ち始めていた。有能漁民であった父は、妻の実家の援助により、少しずつ資金を蓄えつつあった。ジャヤシンニョが母の実家で生まれた頃、父はまだ「本家」に居住したままであった。

（二）少年から青年時代

ジャヤシンニョは学校に三年間通ったが、勉強がつまらないためやめてしまい、十歳の頃に、漁業基地として発展を遂げつつあったトゥリコーナマレイで働いていた兄を頼って行き、マチの茶店で二年間手伝いをした。次に政府援助で設立された建築会社で約二年働いた。

十五歳の頃タルナウェラに戻ってきた。このとき、父が小型オルーを新たに建造し、これを彼に使わせてくれた。十三歳年長の親戚Fがいつも一緒に乗って漁を教えてくれた。約四年間彼から技術を学んだ。Fは後にトゥリコーナマレイに移住して魚商として成功した。これより数年前に父は自分の

〈兄（FeBS）〉の家を借りて家族で住んでいた。この〈兄〉は村内に何ヵ所もの土地を所有していた。すでに父は現在の屋敷地に土地を購入していたのだが、隣家との境界線をめぐり係争中で家が建てられなかったのである。やがて調停がなされ、一九五〇年頃父は家を建てて家族が移り住んだ。この家はタルナウェラの他の漁民の家に比べて敷地も広く、間取りも多く精巧で入念な細工が各所になされ、当時としてはかなり経費がかかったものと推量できる。その建築費用の多くを母の実家が援助したという。村内の幹線道路に面したこの付近には、かつては漁民であったが、成功した商人、教師、役人などエリートになった人たちの瀟洒な屋敷が多い。

やがてジャヤシンニョは父が新たに新造した別のオルーを使い、友人Gと三年間漁をした。こうして少しずつ資金を貯め、やがて大型オルーを自力で建造し、「貧者達」と名づけて九歳年下の友人Hと漁をした（後に〈妹〉がHの妻となる）。このオルーで初めてガッラまで出かけた。三年間続けてガッラに出かけたが、その後の十七年間は毎年新興漁業基地ヒッカドゥワに出かけた。魚の買値が高く、しかも多数の魚商が漁民との長期にわたる関係を確立しようとしのぎを削り合う状況にあったので、魚の買い上げ価格がつり上げられ、しかも魚商は気前よく前貸しもしてくれた。ジャヤシンニョはこの間コンタクトをもつ魚商を二度変えたが、ヒッカドゥワでの操業で成功をおさめた。ここで貯めた資金で一九五〇年代に二艘のオルーを建造した。このオルーを他人に貸して彼はさらに資金を蓄えていった。

一九五〇年代から、政府は低金利で動力船を購入できる制度を整えていき、彼も一九五六年にトゥリコーナマレイに行き、そこで政府に申請した。一九六二年に動力船が支給された。

(三) 結婚、漁民からムダラーリへ

一九六三年に見合いで結婚した。十歳年下の妻は母の出身村の人で彼にとっては〈姻戚〉カテゴリーに当たる(図10MZHZD)。妻のダウリーは三千ルピー相当の貴金属、二千ルピーの現金、ミシン、アルマーリヤ等ダウリーに必要な品目を満たしていた。妻の実家も漁業やビジネスに従事する人が多かった。ジャヤシンニョが結婚した当時も、父は漁業を続けていた。

一九六二年購入の動力船でI、J、妻の弟、友人Kなどと一九六六年頃まで出漁していた。船には四人しか乗船できないため右の四人の誰かとジャヤシンニョとが交代で乗った。この頃にはオルーを四艘所有するようになっていた。以前建造した大型オルーはトゥリコーナマレイに移住した長兄に譲った。

彼のオルーを借りた人は、売上金の一〇パーセントを借り賃として彼に支払っていた(オルーを借りて漁をすると売上の一〇パーセントを所有者に支払うことになっている)。道路網が整備されると、かつては乾燥魚供給地であった南岸海村も首都コロンボへの鮮魚供給地として流通機構の中に組み込まれ、県都マータラ市が南岸各海村からコロンボに至る鮮魚流通の中継地になっていった。そのため浜に戻った漁民は商品価値をもった鮮魚を即刻売りさばく必要に迫られるようになった。やがて漁民が、彼に仲買人との交渉を任せるようになり、彼は、出漁するよりも仲間がとってきた鮮魚を売りさばくことに

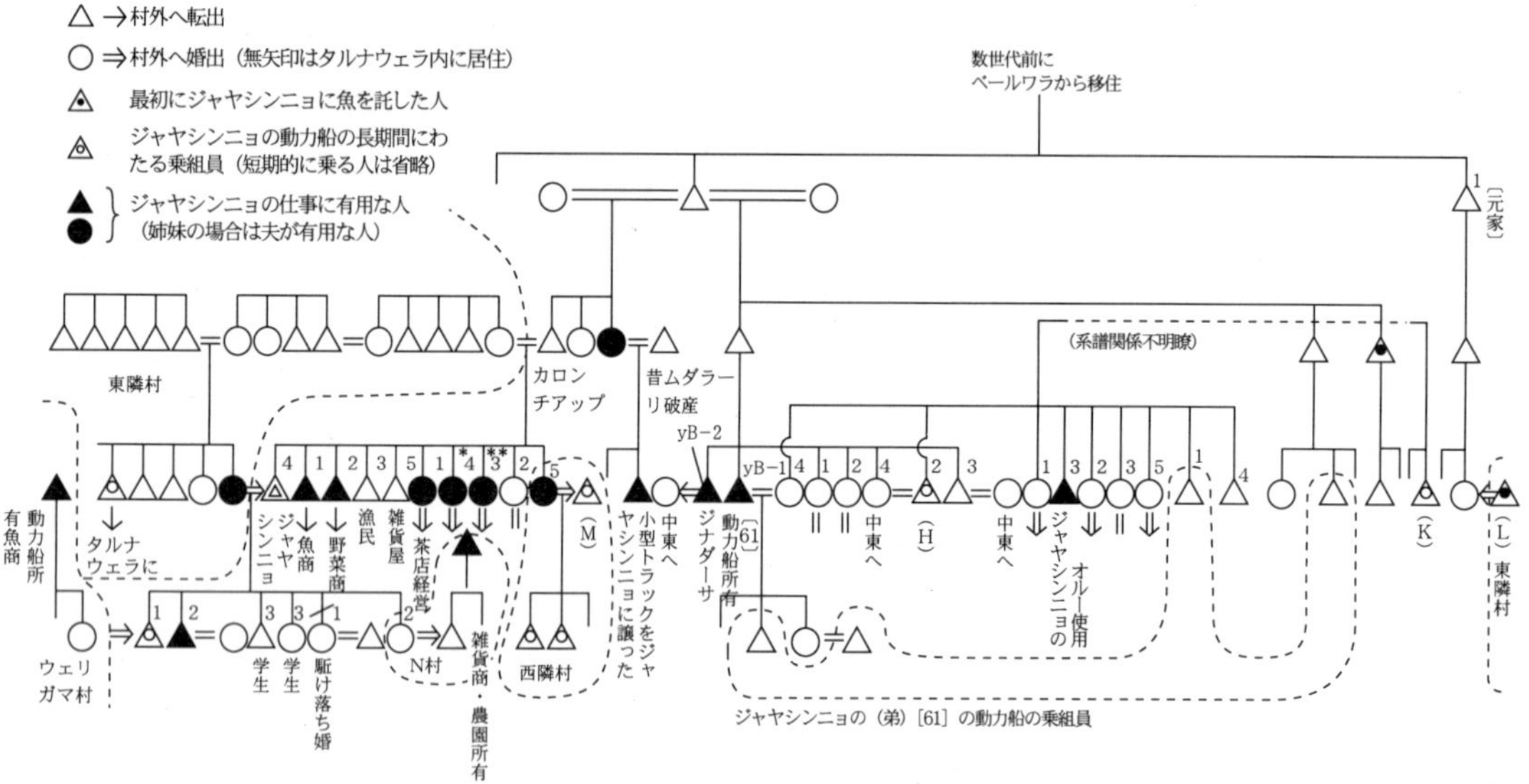

*夫は野菜商

**県都に居住しているため、必要に応じて宿の提供が可能

図 10　ジャヤシンニョをめぐる人間関係

（注）この図以外はにも彼は多くのネットワークをもつが，ここでは姻戚関係が多く介在しているものを示した。かつてはどの家族にも多くの子供がいたため一部省略した。本文中にある親戚Fはジャヤシンニョも系譜関係がわからない。数字は長男，二男，……，長女，二女……を示す。一夫婦に10人近い子供がいることが多いため、子供たちの一部は省略している。

時間をかけるようになった。最初に彼に魚を託したのは彼の〈父（FeB）〉と、妻の村出身で、ジャヤシンニョの〈妹〉の夫になったLであった。彼らにオルーを貸し、彼らの託した魚を自転車でマータラ市郊外の鮮魚集荷所まで売りに行った。当時は自転車を一日七ルピーで借りた。

以前は浜にオルーが戻ると仲買人が待っており、それから交渉が始まった。出漁のタイミングも浜に戻る時間もバラバラであり、魚を大量に市場へ運ぶ必要が生じてくると、漁民にとっても仲買人にとっても、オルーごとの個別的交渉は不満の多いものになった。こうして集魚人の存在が必要となったのである。また仲買人との交渉に不得手な漁民たちは彼の交渉のうまさを評価し、次第に彼に魚を託すようになった。このとき、タルナウェラにはまだ二人の魚商（集魚人）しかおらず、漁民の支持を取り付けられると確信した彼はいよいよムダラーリの道を歩もうと決意した。約十キロ西方にあるマータラとムラを自転車で往復する日々がほぼ五年間続いた。大漁のときは一日に数回往復した。

一九七〇年に、中古の小型トラックを購入した。父の姉の息子が一九四〇年頃から小規模な魚の仲買人を始めていたが、六〇年以降から失敗が続き、七〇年に死亡した。このときに使用されていたのを購入したのである。これにより彼の活動範囲は拡大した。マータラからコロンボまでの漁業基地、鮮魚集荷場をまわり、高値で買い上げてくれる魚商に魚を売ることができるようになったのである。ガッラ、ヒッカドゥワ、ベールワラなどの漁業基地にコネをもち、さらに彼は直接コロンボの魚市場のダクヌガマ村や近隣村出身の卸売り商人数人ともコネをつけることに成功した。口コミによる情報のアンテナを張りめぐらし、誠実であることにより、よい魚商とコンタクトがもてるのである。一九八二年に新車を購入したが、これは直後に交通事故で壊れ、保険金で即新型トラックを買った。

ジャヤシンニョの両親の財産は兄弟姉妹の間で次のように分割された。すでに長兄はトゥリコーナマレイで、次兄はハンバントタ県でそれぞれ、魚商、野菜商として成功していたため、彼らと婚出する五人の姉妹には、現金（姉妹には相当する貴金属を含む）、三番目の兄には土地の五分の二が宅地として分けられ、残り五分の三が四男であるジャヤシンニョと五男である弟とで半分ずつ分けられた。ジャヤシンニョは屋敷と屋敷地の部分を相続し、弟は残り半分に家を建てて、そこで小さな雑貨屋を始めた。このときにはジャヤシンニョが援助をした(8)。

一九八〇年頃から彼の動力船に乗るメンバーは変わってくる。一部は老齢のため海に出ることをやめ、また、長年彼の右腕として活躍した妻の弟とは、賃金支払いをめぐる争いから絶交状態になっていた(9)。代わって、彼の姉妹の夫が乗組員になった。隣村に嫁いだ妹の夫Mが主要乗組員になり、右腕として働いてくれ、Mと彼の息子や友人（全員がその村の人たち）が乗船するようになった。一九八四年七月、南西モンスーン期に東岸のトゥリコーナマレイで操業中、嵐のために船は破損した。船を失っても彼には十艘のオルーがあり、これを借りている人たち全員が彼に魚を託していた。彼は売上金を前貸しし、オルー貸し賃一〇パーセントを差し引いて彼らに売上金の残りを週単位で支払った。彼自身も週ごとに中央の魚商（卸商）から金を受け取るのである。また彼の〈弟（yB-1）（世帯番号［61］）〉が動力船を所有しており(10)、この船の水揚げはすべてジャヤシンニョに委ねられた。彼はほぼ一日おきにトラックを運転して幹線道路沿いに点在する漁業基地に魚を売りに行った。満足のいく値でさばければすぐに戻るが、コロンボ中央卸売り市場まで売りに行くことが多かった。ポーヤ日の前日に各商人から売上金を受け取り、ポーヤ日の当日、家に来る漁民に前貸し分とオルー使用料とを差し引いた分を支払う。この時点で漁民も、そして多分ジャヤシンニョ自身も、これまでの累積分がどのくらいになっているかわからなくなっている場合もあり、ここで彼と漁民との間で駆け引きが行われるのである。ケチだというレッテルを貼られないように、気前よくするとともに、あまり多く支払ったり、あるいは多く前貸しをするリスクはさけねばならず、みきわめが困難である。これは相変わらず、漁業そのものがきわめて不安定であるからである。

一九八五年三月の彼自身の収入は千七百ルピーであったが、これはほかの漁民の漁業収入が〇～八百ルピー前後だったことと比較すると多い。また妻はヤシ殻繊維からつくったロープを売って百五十ルピーを得た。月により変動があるものの、概ね、彼の当時の収入は二千ルピー平均だという(11)。この当時、妻は月二回ロープを売って、百～二百ルピーの定期収入があった。また、夫妻ともに漁民や彼らの妻たちに金を貸しており、その返済金が臨時に入った。妻は、以前金を貸し過ぎて破産したこともあったという噂があるが、ムラの高利貸しの一人でもあった。彼は漁民たちの信用をつなぎとめておくために、気前よくするとともに、正月には彼のオルーを借りている漁民に、一人につき五十ルピーのボーナスをわたした。動力船乗組員にはそれより多くのボーナスをわたさなくてはならない。また、当時はお金と、各自にサラマ（男性が下半身に巻きつける筒状に縫った布）を一枚ずつプレゼントしていた。正月の出費は、一九八五年当時には合計で四千～五千ルピーにもなったという。

彼には一九八〇年代から一九九〇年代初頭にかけて実に頼りになる助手がいた。〈弟（yB-2）〉に当たるジナダーサである。ジャヤシンニョは教育を途中で放棄したため、読み書きが得意でなく、また漁業関係で役所と折衝したり書類を提出することも不得手である。ジナダーサがこれらの「煩わしいこと」や、浜辺での漁民との駆け引き、魚の種分けと箱詰めまで、様々な雑事を引き受け、有能な助手となった。ジナダーサが窓口になって漁民と交渉している間にジャヤシンニョは村外の商人と接触して交渉することができた。ジナダーサは隣村にある妻の家に住んでいたが、妻が中東出稼ぎに行ったため、タルナウェラ内にいる兄弟姉妹の家に寝泊まりしていた。以前、ちょっとしたビジネスを始めたものの、失敗し、そのときジャヤシンニョが借金の肩代わりをしてあげたことがきっかけとなって彼の助手を勤めるようになり、リヤナマハッテヤ（書記の敬称）と村人から呼ばれていた。

(四) 子供たちの結婚とダウリー

一九八五年五十二歳になったジャヤシンニョには三人の娘、三人の息子がいる。十八歳の長女は、二～三年前、親の意に反してムラの青年と駆け落ちしてムラの中に住んでいたが、当時は絶交状態であった。十七歳の二女はマータラの学校に通学していたが、ほかのカーストの男子と親しくなったため、ジャヤシンニョによって学校に通うことを禁じられ、家で母の家事を手伝っていた。ジャヤシンニョの関心事の一つは二女の縁談であった。姉妹がよい相手をみつけてきたため、さっそく両家で折衝が始まった。東南岸域で広大な水田を所有している家族であった。この家と姻戚関係が確立すれば、

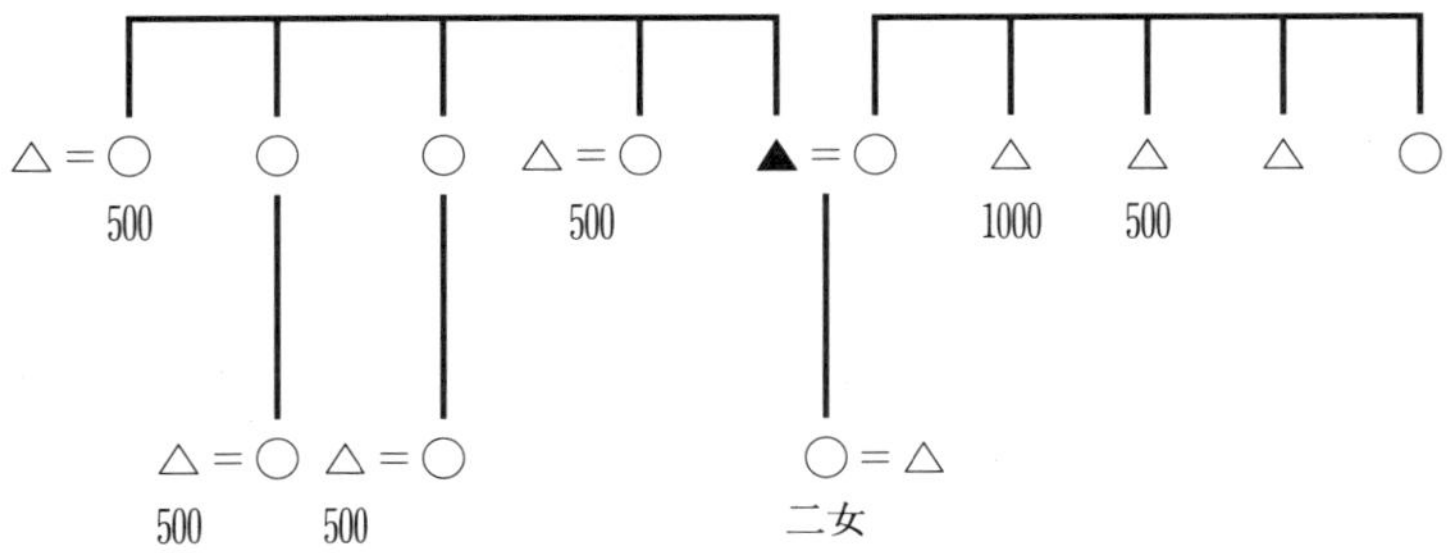

図 11　二女の婚姻のダウリーのサポート（単位は Rs）

彼のビジネスの未開拓地である東南部中心に鮮魚販売の拡充がかなうであろう(12)。しかし、交渉は失敗した。相手は莫大なダウリーを要求したという。結局二女は一九八九年に、近くの海村で雑貨商を手広く営むとともにかなりのココヤシ農園も所有している家族の息子と結婚した。このときに彼が用意したダウリーは次のような内訳である。貴金属に三万五千ルピー、現金二万五千ルピー、さらに式と祝宴の費用全部で四万ルピー（食事、飲み物、ヨーグルト、タバコ、アラック、お菓子、紅茶、室内装飾費等）を投資した。合計で十万ルピーかけて盛大に祝った。このときダウリーを負担した彼の親族は、図11のように妻方、姉妹の婚家先から届けられ、また彼とコンタクトのあるコロンボの魚卸商三名がそれぞれ千ルピーずつの祝い金を出している。

一九八九年、二女の結婚の一ヵ月後、二男が、すぐ近くに住む娘と駆け落ち同然に結婚した。しかし、彼女の実家から五千ルピーの持参金が贈られ、問題は生じなかった。一九九一年八月、今度は長男が結婚したが、これは満足のいく縁組であった。妻の父は西南岸にある漁業基地ウェリガマの有能な漁民で、動力船を所有し、また本人も小規模な集魚人として魚商に鮮魚をわたしている。また、ダウリーも然るべき額が贈られた。具体的には現金五万ルピー、貴金属四万五千ルピー、アルマーリヤやピッタラバドゥの合計が八千ルピー、日常用品が三千ルピー、妻の家での式費用が三千ルピーであった。タルナウェラの多くのカップルが、たとえ「お見合い」でも双方の村人がよく知っている近隣村同士であるのに、妻が比較的遠方出身であるためなかなか村人となじめなかった。村人は、彼女の実家が多額のダウリーを贈ったから彼女がお高くとまっている、ジャヤシンニョはこの縁談でかなり無理をして嫁をもらったから腫れ物にさわるように彼女に接している、と噂をしている。

(五)　集魚商から企業家へ

ジャヤシンニョを知る人は、彼がいかに節約家であるかを知っている。一度、体を壊してマータラの私立病院に入院する羽目になったが、入院費がもったいないと、病院近くに嫁いでいる〈妹〉宅に泊まり、そこから毎日病院通いをしたほどである。

こうして彼は、一九八〇年代から九〇年代初めにかけて、タルナウェラでは最有力なムダラーリとなった。一九八六年には西隣村に嫁いだ妹の夫Mの名義でタンクボートを購入した。一九八〇年頃からタンクボートが増加していたが、ジャヤシンニョはタルナウェラで最初のタンクボート所有者になった。船は常にMが住む村に碇泊させていた。乗組員はM、Mの友人二人(同村居住)、そしてジャヤシンニョの長男であった。一九九一年にはもう一隻動力船を購入しようと漁協に申請し、すでに必要額の預金残高は超えていた。もっともこれはコロンボのムダラーリから借金をしていたからであり、次の（六）で述べるが、一年ほど使用したが、一九九三年には手離してしまった。一九八五年暮れにトラックが傷んできたので二万二千五百ルピーで売却し、その後は輸送業者を雇った。県都マータラに住むこの業者とは一九七〇年代末からのつきあいがあった。鮮魚を詰めた箱一個につき三十五ルピーが委託料として支払われた。Mたちの乗った船が浜に戻ると、多数の魚運搬業者が来ており、ここでコロンボや各漁港の卸売り商ごとにラベルの貼られた箱に鮮魚を詰めて、この業者にわたし、借金をしていたコロンボのムダラーリに優先的に販売を委託した。この作業を中心に行ったのは二男である。二男は十二〜三歳頃から学校より商売のほうに興味をもち、ときには（無免許で）トラックを運転して近隣まで鮮魚を売りに行くほどの商才をもっていた。

かつてジャヤシンニョの助手として活躍したジナダーサ〈弟（yB-2）〉は、助手をやめ、数年前に購入したオルーで漁に出ていた。妻が多額の現金をもって中東出稼ぎから帰国したため、当分は働く必要がなかった。その後妻は同じ家族のハウスメイドとして働くために再渡航した。また、彼にいつも魚を委託していた〈弟（yB-1［61］）〉はトゥリコーナマレイに家族を連れて移住した。彼らの長女夫婦がタルナウェラに残っているが、夫は別の集魚商とコンタクトをもっていた。

一九九一年ジャヤシンニョは隣家に引っ越した。この家にはマータラで手広く商売をしていた富裕商人の家族が住んでいた。ジャヤシンニョは鮮魚を届けたりして、いわゆるひいきにしてもらっていた。しかしこの商人は、事業の失敗でこの家をジャヤシンニョに売り、村を出て行った。広い中庭がついた大邸宅は以前は商人の家族が、数人の召使いとともに、常に門や窓をしっかりと閉ざし、村人と一切のつきあいを拒否するかのように暮らしていた。ジャヤシンニョの家族が居住するようになってからは、門も窓もすべてが常に開かれ、きわめて開放的な屋敷のたたずまいに変貌した。漁協の総会は、この彼が新しく手に入れた家のベランダで開かれるようになった。妹の夫Mが隣村を基地に出漁する動力船の管理をし、Mの死後は息子が跡を継いだ。仕事の内容は港に戻ってきた船の水揚げや氷を入れたりする仕事と、コロンボのムダラーリのもとに水揚げした魚を箱詰めして送ることであった。

（六）ジャヤシンニョムダラーリの衰退とその後

一九九〇代年の初め、ジャヤシンニョの商売は軌道に乗り、組合の理事をも勤める勢いであったが、実際のところ、その商売はコロンボのムダラーリの掌中にあった。そのため、規模を拡大し続けたムダラーリ業は急激に破綻を迎えることとなった。一九九三年には所有していた動力船をコロンボのムダラーリに売却した。ロクウェラ出身のこのコロンボムダラーリから船購入の借金をしていたからである。このムダラーリとは十四年くらいの関係があり、これまでの動力船購入の際の保証人を依頼したり、船を抵当に購入資金の援助を受けていた。ムダラーリにはコロンボでの販売の委託料を一〇パーセント払い、残りを借金の返済に当てていた（配当は船の管理費五パーセントを引き、残りの九五パーセントの半分をジャヤシンニョムダラーリ、半分を四人の乗組員で分けていた）。ジャヤシンニョは一九九四年にムダラーリ業を停止したが、またこれから時期をみて再開すると述べている。しかし、彼にはもうその余力はないであろう。

ジャヤシンニョの子供たちは必ずしもムダラーリ業や漁業に関心をもたなくなっている。長男はほかに仕事もないのでジャヤシンニョの船に乗っていたが、ジャヤシンニョの漁船が売却されてからは、西隣村の人の動力船に乗っている。二男は海に出ることを嫌い私営バス運転手になり、三男は海の仕事を嫌いながら無職である。その後日本への出稼ぎを考えている。かつてジャヤシンニョに結婚を反対された長女夫婦がジャヤシンニョ宅に住んでいる。もっとも長女の夫はロクウェラの人の動力船に乗船しほとんど不在である。他村に嫁いだ二女はドバイに出稼ぎ中である。

妻はすでにヤシ殻繊維業をやめ、すぐ後ろの家で一九九〇年代半ばに始まったカンバヤ製造（後述）の仕事で賃金を得ている。朝七時半から夕方五時頃まで働き（昼休み一時間ほど家に帰る）、一日九十ルピーの賃金がある。器用で積極的な妻は機械を扱う仕事をすぐに覚えた。こうしてムダラーリ業を廃業したジャヤシンニョの家計は相変わらず妻が支えている。

三　ピーターームダラーリの戦略

ほかのムダラーリが動力船を購入し、その漁獲を自ら販売しようと画策していた中で、一人のムダラーリのみは一貫して小規模なオルーによる水揚げを扱ってきた。そのために、彼のビジネスは規模の拡大がなかったものの、コロンボなどの大きなムダラーリからの負債を負うこともなく、途中で挫折することもなかった。動力船を購入してビジネスを拡充しようとしたムダラーリの多くが破産したのに対し、彼は一九五五年頃にムダラーリ業を開始して以来、ほとんど変わらない規模で続けている。

ピータームダラーリ［26］は一九三九年にタルナウェラで生まれ、十一歳で、当時としては標準的な五年生で学業を終え、石切の仕事の手伝いを始めた。しかし、この仕事は辛いので、内陸部の小さな町に行き、小さな商店でしばらく働いた後、紅茶工場で屑茶を集める仕事をし、続いてコロンボへ出た。コロンボでは彼の祖母が道端できんまを売る仕事をしていたからである。コロンボでは祖母の店の近くで果実を売っていた。しかし、体を壊してタルナウェラに戻ってきた。このとき彼は十六歳になっていた。やがて各地で商売の手伝いをし、実際に商売をした経験から魚の販売をするようになった。彼の仕事はたった四ルピーから始まった。最初に〈祖父（FFyB）〉が小魚（アジやサバ類）の販売を依頼した。彼は四ルピーをバス代などに使い、この魚を売って百九十ルピーを得たが、この売上金を〈祖父〉はとらなかったのでこれが彼の資本金になった。この成功をみた親戚が彼に魚販売を委託するようになった。当時タルナウェラからマータラまでのバス代が二十セントであったが、彼はバスで魚を運んだ。やがて彼に魚販売を委託する漁民が増えると、彼は輸送を業者に委託するようになった。浜で魚を箱詰めにして、夕方の決まった時刻に幹線道路まで自転車の荷台に乗せて運ぶ。その頃にタルナウェラより東の水揚げ場からマータラやコロンボまで魚を運ぶトラックがやってくるので、荷台に積み込む。オルーの水揚げが少ないときは輸送業者にわたさず、自転車で隣村の市場まで運ぶ。このように彼は一貫してオルーで水揚げされる魚のみを扱い、水揚げが少なければ自分で隣村まで運び、多ければ業者に輸送を委託した。輸送業者は魚の値をみながら高値で売れる場所まで運んでくれる。売上金はポーヤ日ごとにピータームダラーリに支払われる。彼の息子が水揚げから箱詰めまで手伝った。

彼の成功に妻の力は大きい。一九四三年に隣村で魚商人の娘として生まれた妻は、当時はまれであった八年生まで学び、卒業後もタイプと速記を専門学校で学んでいた。高学歴なので、漁協の仕事や女性組合など行政の補助をすることが多かった。また、夫のピーターに代わってマータラの漁協や役所での交渉も行った。このように、いわば役所に「顔が利く」妻が彼の仕事を支えてきた。二女の夫が漁民であるため、最近は二女夫婦を連れてマータラの役所に出かけ、二女夫婦の代わりに水産関係の役人と交渉して、漁船の購入資金の援助や借金の返済期限の延長などを交渉している。ピータームダラーリはムダラーリをしながら、一九八五年末にバス運行業務を開始した。当時、私営バスの数が飛躍的に増え、彼は好機を逃さずにバス運行を始めた。そして長男を運転手として雇い、後に二男は車掌になった。このように彼はマールムダラーリとしては規模を拡大したりせず、動力船も購入しようとせず、小規模にビジネスを行い、それと平行して路線バスの経営も行った。以前に所有していた六艘のオルーはやがて老朽化し、二〇〇一年現在一艘のみを所有している。残りは廃棄した。一九九七年にスズキエンジン搭載の船外機付きモーターボートを八万五千ルピーで購入し、現在はこの船の水揚げを主に扱い、他の漁民に販売依頼された魚を近隣に卸している。乗組員は主に四女の夫である。彼はロクウェラの出身で、一九八三年頃まではコロンボ北部で様々な仕事をしていた。

ピータームダラーリの商売方法は以前と変わらない。彼が所有するモーターボート一隻とオルーで水揚げされる魚のみを扱うようにしている。以前は幹線道路まで箱詰めにした魚を運んでいたが、今では浜までトラックがやってくるようになった。浜付近に建てられていた小さな家屋を県が撤去して更地ができたからである。なお、これらの家の住人には、新ダクヌガマに新たに家が提供された。コロンボで好まれる魚をトラックで運び、それ以外の雑魚類は毎日のように自転車に積んで隣村の市場に売りに行く(13)。一日にほぼ百~百五十ルピーの収益がある。オルーの水揚げを扱うので、時には一日に数回隣村に行くこともある。近年は隣村にオープンしたツーリストホテルが彼から多くを買い上げてくれる。ピーターームダラーリの子供たちは、特に男の子たちは漁民にしたくないのでマチの学校に行かせていた。子供たちの現在の仕事は次のようである。

長男　　　バスの運転手
二男　　　バスの運転手兼車掌
三男　　　三輪自動車の運転手
長女の夫　バスの運転手
二女の夫　（［63］の息子）漁民
三女の夫　運転手（大型から小型まで様々な車の運転をする）
四女の夫　漁民でピーターームダラーリのモーターボートに乗船

ピータームダラーリは、小規模に魚商を行い、漁船を抵当に経営規模を拡大しようとせず、まとまったお金でバスを購入し、路線バス経営を息子と行うことで、着実に成功をおさめてきたといえよう。ジャヤシンニョムダラーリがコロンボの大規模ムダラーリとコンタクトをとり最終的に漁船を差し押さえられ、ムダラーリ業を廃業したのと異なり、ピータームダラーリは一貫して個人経営に徹してきた。漁船の大型化や漁港の整備が進むにつれ、各水揚げ場の集魚人などの小規模ムダラーリもその流れに乗ろうとしたが、結局は規模を拡大するだけの資金がなく、破綻したのに対し、むしろ小規模なままでビジネスを続けたムダラーリが生き残っていったといえる。まさに零細であることが破綻を招かない要因となったのである。

第三節　新ダクヌガマ建設と縫製工場（ガーメントファクトリー）

一　新ダクヌガマへの移住

ある家族の例から新ダクヌガマへの移動をみてみよう。

［121］（生家は［49］、一九四八年生まれ）は一九八四年には新ダクヌガマ建設計画に関する情報をキャッチし、隣村の妻の実家から、山の上に小さな小屋を建てて移り住み、「不法居住」を始めていた。隣村からも一世帯が「不法居住」を始めていた。やがてジャナサヴィヤ計画の対象者と、すでに住んでいた［121］を含めて六十四区画に土地が分割され（一区画が二十パーチ）、希望者に抽選で割

り当てた。もう一軒が住んでいた地区には隣村の住民用に新たな宅地が建設された。［121］が住んでいる新ダクヌガマ居住のための申請条件は左記の三点に相当する家族である。
①ダクヌガマ村に居住していること
②漁業従事者であること。特に漁協の構成員でなくともいい。
③貧困世帯であること。
［121］は収入の項に月収二百ルピーと書いたが、それが申請の条件を満たすのかは知らないという。抽選で当選すると、土地二十パーチと一万二千〜二万七千ルピーの現金が住宅建設資金用に支給される。［121］は一万七千五百ルピーを一九九一年に四回に分けて支給された。その内訳は、家の基礎が完成したときに千五百ルピー、壁ができたときに三千ルピー、屋根がついたときに七千ルピー、セメント等の内装の仕上げにかかるときに六千ルピーで、それぞれ住宅建設の段階ごとに支給された。

住宅の建設には隣村に住む大工を雇った。大工の手間賃は一日百二十五ルピーで三週間来てもらい、住宅の半分を建て、後に残りの半分を一日三百五十ルピー払って建てた。材料費を入れて住宅全体の建築費用は二万ルピーかかっている。不足分は自分で出した。また、費用を節約するためにセメント用の砂の採取は自分でやった。

政府から支給された借用金の返済は一ヵ月六十三ルピーである。九一年から今まで滞りなく返済している。新政権誕生時に残りを全額一気に返済すると利息支払いが免除されるという情報があり、混乱を招いた。

すでにこの場所を他人に売り、その収入で政府からのローンを全額返済し、別の土地に引っ越した家族もある。ここは山頂にあるために水を得るのが困難である。新ダクヌガマ六十四区画全体で水道は一ヵ所のみで、全世帯が月十五ルピーずつ払っている。日曜日は水が出ないし、一日にバケツや壺（カラゲディ）五杯までしか汲んではいけない。また水浴びはできない。そのために遠方まで水浴びに行かねばならず、厳しい生活である。

住民の職業をみると、宅地を提供されたときは全員漁民であったが、その後は魚のビジネスが二家族、店員、日雇い仕事など、より収入の多い仕事に就く人が増え、二十家族ほどが漁業をやめている。［121］は友人とともに友人の妹の夫のオルーに乗っている。娘は新ダクヌガマにできたガーメントファクトリーで雇ってもらえなかったので、マータラのガーメントファクトリーで働いている。息子は近隣村の動力船に乗っている。

二　ガーメントファクトリー

R・プレマダーサ大統領の政権下で、一九九一年に雇用促進と輸出促進を目的として、全土に二百の輸出用衣類製造を目的としたガーメントファクトリーの建設計画が立てられた。カトゥナーヤカ、ビヤーガマ、コッガラの三自由貿易地帯に加えて、全国に中小の下請工場が存在している。現在では外貨獲得の最も重要な産業であり、輸出の基幹産業になっている（池沢 一九九四）。当地にも新ダクヌガマにガーメントファクトリーの建設が開始され、一九九二年にオープンした。雇用条件は、概ね徒歩による通勤が可能か、バス代があまりかからない、工場から半径二キロメートル以内に居住する十八歳以上の女性が対象である。従業員の約五〇パーセントは徒歩で工場に通勤している。計画そのものがジャナサヴィヤ資金と係わっていたので、当初はジャナサヴィヤ支援金を受けている家族と新ダクヌガマに居住する家族が優先的に雇用された。その後、サムルディ計画に変わってからは、漁民家族を率先して雇用するようになった。六ヵ月の訓練期間を経て本採用になる。

一九九九年の従業員数は、ほぼ四百名前後である。内訳は男性が三十～四十名、女性が三百六十～三百七十名である。勤務時間は、朝七時半から午後四時までである。昼食は三十分間で食堂でとる。大半が弁当を持参している。また、ときには残業があるが、この際は残業時間中に三十分のティータイムをとる。残業の際は雇用者が食事を出す。土曜日は半日勤務で、日曜日と国民の祝日は休みである。給料は、おおよそ月に三千ルピーだが、残業などがあるため、ほとんどが月四千～五千ルピーの収入を得ている。残業は夜十時頃までである。十二月三十一日にボーナスが出る。マータラ市に住んでいるこの工場の所有者は香港の人で、原料の化学繊維を香港や台湾から輸入し、この工場で服をつくり製品をアメリカに輸出している。ネゴンボ出身の支配人が単身赴任をして実際に工場の操業を任されている。

新ダクヌガマに住んでいる人の情報では、新ダクヌガマの家族のうち四十～五十家族、七十五人位が雇われている。うち男性は四人位だという。しかし、村外から多くの男性が雇われて働いている。

工場で雇われるためにはコネが必要である。タルナウェラでこの工場で雇われている女性の数は十九人（一九九九年）である。

ガーメントファクトリーの建設により、女性の係わる産業の多くが衰退していった。その一つはヤシ殻繊維業であり、もう一つは女性組合の融資を受けて行っていた機織りである。マギノーナ宅［118］では二女がかつては機織りをしていた。織り機は一九八〇年代に隣村の人から中古品を四百五十ルピーで購入した。そして糸、部品などを購入するために女性組合から千ルピーの支援を受け、紡織業（ペーシャ　カルマンティヤ）委員会本部から購入した。当時女性組合からダクヌガマ村全体で五十人に千ルピーの資金供与があった。地区委員が視察に来たとき、援助金で何を購入したかを呈示しなければならなかった。二女はこの機織りで一定の収入を得て、結婚後も実家で暮らしながら機織りを続けていた。子供ができてからは、近くの女性に織り機を貸し出し、リース料を受け取っていた。このように家の中の労働で現金が入る機織り業も、原料になる糸が高くなり製品となる布が安いのでやめる女性が多くなった。機織りはタルナウェラに限らず、多くの南岸のムラで未婚女性が家庭内労働に従事することで得られる現金収入の道であったが、今ではほとんど従事者はいなくなった。かつてマギノーナの二女が織り上げた布を卸していた工場も操業をやめた。一九七〇年代には隣村に紡織研修所があり、そこで若い女性が機織り技術を学んでいたが、一九九二年にガーメントファクトリーができてすぐに閉鎖された。両手両足を使って労働をする機織りに比べてはるかに楽で定期収入のあるガーメントファクトリーのほうが人気がある。レディ（機織り）工場は一九八〇年代までダクヌガマ村に二ヵ所あったが、ガーメントファクトリーができて以降、一ヵ所はパン製造工場になり、もう一ヵ所の所有者は現在のところ様々な仕事をしている。

第四節　コフの衰退とカンバヤの台頭

一　ヤシ殻繊維業の衰退

かつて、タルナウェラの漁家に一定の定期収入をもたらしていたヤシ殻繊維業は一九九〇年代末期になると衰退していく。これには多くの要因がある。第一にヤシ殻繊維製品の売値が下がってきたからである。近年はコフに代わり、カンバヤ（化学繊維製ロープ）が普及している。かつてはヤシ殻繊維製であったベッドの下敷き（ベッドパットの下に敷くもの）がウレタン製などのマットレスに替わり、敷きものやロープなどの材料にコフが使用されなくなった。化学合成製品の普及がヤシ殻製品を駆逐しているのである。ヤシ殻製品の卸値や売値が下がっているのに、ココヤシの値は高騰している。また南岸ではココヤシ樹の数も減少しており、それがヤシ殻の値段の上昇に拍車をかけている(14)。女性の雇用先の選択肢が増加したことも衰退に拍車をかけた。娘にこのような仕事をさせたがらない母の希望がかなえられたともいえよう。一九九〇年代前半までいたコフムダラーリはほとんどが姿を消した。

しかし、コフが完全に消滅したわけではない。多くの女性は、ハスクピットはいつでも使える状態にあり、たまたま現在仕事をしていないだけだという。マギノーナ［118］は、二女一家と住んでいるが、孫も小さいし、あまり多くの女性と一緒に仕事をしたり、人に使われるのも嫌なので、カンバヤ製造工場にも行きたくない。だから続けられる限りコフをつくるという。コフの使い道が完全になくなったわけではない。たとえば、シナモンの樹皮をむいた後の木を薪用に使うために束ねるとき、フェンス用、ポキリッソ（伊勢エビ）捕獲用の罠をつくる際など、コフは重要である。

マギノーナの娘は現在末子が小さいので休止しているが、そのうち隣村のポルカデ（ココヤシを売る店）まで行き原料のヤシ殻を購入する予定である。彼女の見積もりでは、ヤシ殻をキロ三百ルピーで購入し、製品となったロープはキロ単価六百ルピーで売れる。

現在（一九九九年）も実際にコフをやっているのは、タルナウェラでも一家族だけになってしまった。この家族の例をみてみよう。一九四七年生まれのナンダセーナ［55］の住んでいる土地は彼の母の所有である。他村出身の妻パドミニ（一九五五年生まれ）には婚姻の際、実家から貴金属や現金がダウリーとして贈られている。ナンダセーナはオルーを所有し、また動力船の乗組員としても漁業に従事していたが、JVP争乱時の一九八九年九月に軍隊に殴られてから体の具合が悪くなり、オルーでの操業が困難になった。その後トゥリコーナマレイに嫁いでいる姉の援助で一九九三年に購入した船外機付きモーターボートで漁をしている。南西モンスーン期の四月から九月頃まではトゥリコーナマレイで操業する。現在二十五歳の長男は父のとってきた魚を魚商と交渉して売る仕事をしており、南西モンスーン期には父子でトゥリコーナマレイの小屋に滞在する。二十二歳の二男は九年生まで勉強を続けたが、ヒッカドゥワの叔母（［55］の姉）宅に身を寄せ運転免許を取得するために自動車学校に通い、仕事を探している。十八歳の長女は十年生を修了し、現在は洋裁学校で研修をしている。枕カバーなどの試作品をつくり、買い手がつけば売る。十六歳の三男は六年生まで終了し、ときたま誰かの船に乗る。二女、三女、四女は学生である。夫の漁業収入は一月百～三、四千ルピーと大きく変動する。一月と二月は地先の海で豊漁が続き収入も多いが、三月になると不漁になり収入も減るのでトゥリコーナマレイに行く。トゥリコーナマレイでは七千～八千ルピーの収入のある週があれば、収入ゼロの週もある。

パドミニはもともとコフを操業していたわけではなかった。実家では経験がないし、子供たちが小さく、時間もなかったので家事をしていた。しかし、夫が軍隊に殴られ、収入が減少し始めた頃に子供も成長したので開始した。現在ハスクピットを三つ所有しているが、一つ目は一九九〇年に夫の母から無料でもらった。このハスクピットは直径が一・五バンバ（約二・七メートル）でしかも非常に深く、首のあたりまでくるので、たくさんのハスクを沈めることができる。二つ目は一九九一年に親戚（HMMBSW）から千五百ルピーで購入した。この女性は夫が病気になり看病で忙しくなったため、売却先を探していた。直径一バンバで深さは一メートル位である。三つ目は二つ目とほぼ同じサイズで同じく一九九一年に八百ルピーで購入した。売り主は夫がマールムダラーリであった。ロープをつくるときはマギノーナの二女［118］と隣家のジョシノーナ［47］の妻に協力を頼んでいる。パドミニはマギノーナと出身地が同じなので、タルナウェラに嫁いできたときから懇意にしていたし、

［47］の長女は隣家で年も近いため親友である。また［47］は第三章第五節でみたように紡ぎ車を所有している。最近まで三ヵ所のハスクピットにそれぞれ二百個ほど入れていたが、マギノーナの二女に子供が生まれたため、規模を縮小している。各ハスクピットに百個ずつしか入れてない。娘は学校の勉強があるし、このような仕事をさせたくないので、一人でやっている。波が頻繁に打ち寄せるところだと三〜四ヵ月沈めておけばいいが、彼女のハスクピットは六ヵ月くらい沈めておかなければならず効率が悪い。

原料のヤシ殻はポルカデに注文すると、ポルカデの所有者が雇っている隣村の人が車でタルナウェラの入り口まで運んできてくれる。一九九九年にヤシ殻一個は五〜六ルピーまでに上昇した。これでロープをつくると十巻（一巻は一腕）で四バンバになり、これ一本で五ルピーになる。しかし、卸し値では三・五ルピーが相場である。一九八五年頃はヤシ殻一個が二十五セント前後で、ロープが一バンバ五十セント〜一ルピーであった。四バンバでは二〜四ルピーであったことを考慮するとヤシ殻をまとめ買いする際の値引き交渉が妻の実力発揮の場になる。それでも以前に比べて採算が合わない仕事になってしまった。だいたい一個のハスクピットから四バンバの長さのものが百本以上とれる。紡ぎ車では一日で十巻のものを六十個つくることができる。太いロープだと、十巻で一本のが二十五本とれる。

一九八〇年代当時いたコフムダラーリは現在ダクヌガマ村にはおらず、東岸のカンタレー村やトゥリコーナマレイ市から買い付けに来るのを待っている。この地方にはコフがないので買い付け商人が南岸をまわっているのである。買い付け商人は決まった人が来るのではなく、たとえばシナモンの商売をする業者が買い付けることもある。また、一九九五年までコロンボの八百屋で働いていたマギノーナの二女の夫もたまにではあるが買い付ける。彼の買い付け価格はロープの太さにより一本三ルピー～三・五ルピーの値がつく。このように、かつてのようにダクヌガマ村のコフムダラーリがヤシ殻の配達からできあがった商品の買い上げまでのすべてをやってくれていた頃と異なり、今では独力でムラの外の商人たちと交渉しなければならなくなったし、ムラの人に依頼することはあっても、それが定期的な収入にはならないので、以前ほど収入は見込めない。

コフムダラーリについては、第三章第五節で登場したマギリンノーナの場合、彼女の夫は死亡し、彼女自身も高齢になり、娘の家族と同居している。娘の夫は他村生まれで、ロクウェラの三・五トンボートに乗船している。ガーメントファクトリーができ、九〇年頃にカンバヤ製造が始まってからは、ヤシ殻繊維業はもうからないのでやめた。最盛期には二十五～三十人ぐらいの女性とコンタクトをもっていた。もう一人の商人ダヤワティの一家は家族全員が転出した。

二　カンバヤムダラーリ

かつてココヤシからとった繊維は生活のあらゆる場面で重要だったが、近年はヤシ殻繊維に代わってカンバヤが次第に使用されるようになってきた。この製造方法の一つは化学繊維のリサイクルとでもいい換えることができる。化織屑や使い古しの化織ロープから再びロープを製造するのである。も

カンバヤの製造

う一つの方法は原料の小さな化学繊維をよりあわせて新しくロープを製造する方法である。現在ダクヌガマ村には多くのカンバヤ製造場ができている。すでに一九八〇年代の終わり頃には、ダクヌガマ村に少数ながら製造場ができかけていたが、その所有者の多くは、商店の経営者などの小規模資本家であった。一九九〇年代末になると、多くの人々が製造を開始しては、資金繰りが続かずに停止し、また新たに別の人が操業を開始するという状況になっている。

一九九三年からカンバヤ製造を行っているサンガダーサ（一九六五年生まれ、父の代まで漁民の非漁民家族）の場合をみてみよう。彼の姉の夫は南岸の別の村で漁業をしていた。サンガダーサは姉の嫁ぎ先に行き、そこで当初は姉の夫のとった魚をコロンボの魚卸商に卸す仕事をしていた。姉の夫はやがて漁業をやめ、コロンボでアルミニウムやプラスチック製の台所用品、洗面用具などを仕入れ、南岸の小売り店に卸す仕事を始め、彼もこの仕事の手伝いをするようになった。やがて四万ルピーの資金でカンバヤの仕事を開始した。この資金は日本で働いている弟の仕送りによる。弟はサンガダーサの仕事の規模拡大のため、長期間にわたり日本で働き、仕送りを続けている。この仕事を始める動機は、ほかの人たちがカンバヤ製造で利益をあげているのをみて自分もやってみようと思ったからである。原材料となる古いロープはコロンボで廃品回収業者からキロ五十ルピーで購入する。また、コロンボの港湾には、潜って海底に沈んでいるロープの屑などを拾ってくる人もおり、この人たちから一バンバにつき百〜二百ルピーで購入することも多い。これらの古いロープをほどき、ほぐし、バーナーであぶりながら一本のロープにしていき、さらにこのロープ三本を集めて一本の太いロープにしていく。

従業員は力仕事用に雇っている男性一人を除くと、二十五名がダクヌガマ村の女性である。応募者は五日間ほどの訓練期間を経て、本雇いとなる。賃金の内訳は、車を回すときに引っ張る重労働は日当百五十ルピー、手前で車を回す役割が日当百二十ルピー、ゲージを使う役が日当百ルピー、他の雑用が日当六十ルピーである。訓練期間中は一日二十五ルピーの賃金が支払われる。操業開始当時は応募者も少なかったが、現在では多数が志願してきており、断るのに苦労しているという。しかし、近年操業が開始されたガーメントファクトリーで雇用されることを希望している女性が多く、ガーメントファクトリーに雇用されてやめると新規に採用をする。

従業員は近所の既婚女性が多い。彼女たちはガーメントファクトリーに採用される可能性がないので優先的に雇う。従業員の娘はもっと割のいい仕事がみつかるまでの腰掛けではあるが、母を雇うと断れないので、空きがあれば雇う。従業員との関係をみると、賃金は前払いで支払われることが多い。

つまり従業員の女性の大半はサンガダーサから借金をしていることになる。従業員への新年の贈り物は布が多く、男性にはシャツを贈る。これ以外には特にボーナスもない。労働時間は朝から晩までとはいえはっきりと決まっていない。昼休みに全員が自宅まで食事に帰ることだけは共通である。満月ポーヤの休日も仕事があれば、労働を行う。仕入れてきた古ロープや化織屑の固まりが全部なくなり、次のロープの原料が来るまでの約十日間が休日となり、全員が自宅待機となる。

できあがったカンバヤは、かつては姉の夫が台所用品を売りに行くときに一緒にもって行ったが、今では一人で売りに行く。姉の夫の助手をしていたときにつくり上げた関係を利用して、ガッラ県からハンバントタ県までの各地で売りさばく。直径一センチ、長さ十バンバのロープ十束の店への卸値が七百五十ルピーである。

第五節　ジェンダーイデオロギーと女性の生き方

一　多角経営者としての漁民家族

筆者がタルナウェラを初めて訪問してから二十年近くが経とうとしている。その間に電気や水道が引かれ、生活は大きく変化している。幹線道路にのみ引かれていた電線がほとんどの家庭にまで引かれた。夕方にランプを灯したり、ランプの火屋の掃除に時間をかけることもない。家族の集まる居間（客間も兼ねる）と別小屋にある台所に蛍光灯や白熱灯が灯るようになった。また簡易水道を引く家庭が増えた。水道管はほとんどが庭先までで台所まで引かれてはいないが、食器や鍋類を庭先の水道までもっていき、流水で洗うことができる。洗濯や小さな子の水浴びもそこですますことができる。以前のように、一日に何度も井戸を往復する必要はなくなった。

このように電気や水道の使用ができることで女性の家事労働時間は短縮された。しかし漁業に関しては、長期間続いた海上封鎖で漁撈活動は制限され、また動力船の増加は多額の負債を生む結果となった。さらに大型漁業基地では外国漁船の入港により価格破壊が行われる可能性が生じている。また、都市の消費者からは魚の値が高くなったという不平が増加する一方で、漁民が水揚げした魚の卸値は決して高くなっていない。また、小規模な水揚げ場では漁獲量が減少している。一部を除いて海上封鎖が解かれて以来、大型船による出漁海域の拡大と冷蔵施設の充実により経費の高騰を招いた。一般に都市の消費者は氷詰めや冷凍で水揚げされる魚に懐疑的である。鮮度のよい魚とは水揚げ直後の魚であり、大型船で水揚げされた魚（タンクボートの魚）は長時間保冷タンク内にあって鮮度が落ちていると誤解され、ときに鮮度を保つために薬品（ホルマリン）が入っているなどの噂も流れている。また上流の農地で使用された農薬が海に流れ込んでいるので海の魚は汚染されているともいわれる。そのため海の魚よりも内陸の淡水魚のほうが体によいと考える人もいる。内戦や内乱で行方不明者が出たときには、海に死体が捨てられ、それを魚が食べているとの噂も流れた。これらの要因で、大漁の場合魚が売れ残ることもあった。

さらに全国的な高学歴化で、タルナウェラでも上級学校をめざす子供が増えた。親たちも子供を漁民にさせたくないので、塾や補習学校に通わせており、教育費が家計を圧迫している。このような状況で家計に責任をもつ女性の役割はますます重要になっている。

水産資源の開発が進んでいないスリランカにあっては、漁船の大型化と動力化は、漁協を通じて個々の漁民に漁船を支給しようという目的に反して、結果的に個人への集中という形をとるに至った。また、動力大型漁船が集中する漁業基地と小規模な無動力船が集中する海村との格差は広がっている。海村の女性が特に南西モンスーン期の夫の収入の不安定性を感じ、家計を補うための小規模な現金獲得の仕事が必須であると考える（Leitan & Gunasekera 1995）点は二十年間変わっていない。西岸から南岸では、ヤシ殻繊維業をはじめとして、家畜飼育（ブタ、ヤギ、ニワトリの飼育など）、小規模な雑貨店経営、ドライフィッシュの製造と販売、造花やインテリア小物の製造と販売や、無許可のアルコール販売など様々な現金収入の道を模索している。ヤシ殻繊維業はロープや敷物などの製造よりも、土産用の工芸品や色をつけたファッショナブルな敷物の製造が行われている。このような小規模な起業をサポートしているのが漁協である。漁業の将来が不安定であるため、小規模な漁協では漁業における大型投資の可能性を模索するよりもむしろ漁家の経済的自立を意図した、女性を対象とした小口の融資に活路をみいだしている。女性がムラの外に出ることが好まれないので、ムラの中でできる仕事を考案している。南岸のある海村では漁協の協力で、スパイスを詰め合わせセットにして外国人観光客のお土産用につくるグループを組織している。タルナウェラではヤシ殻繊維業は衰退したが、西南〜南岸の村ではあいかわらず数万人の女性が従事している。女性研究センター（Centre for Women's

Research SriLanka）では、ウェリガマ村内四地区でこの仕事をしている二百二名の女性を対象に調査を実施している。その結果、半数（五四・八パーセント）がNGOの組織からクレジット供与を受け、また六四・四パーセントが製品の販売を個人で行い、その収入も九一・一パーセントの女性が夫にわたさずに自分で管理し、さらに九〇・一パーセントが収入の使い道を独自で決定している（Jayaweera & Sanmugam 1988）。女性の意思決定が明確に反映しているといえよう。

現在（二〇〇一年）のマギノーナの家族［118］の概況は次のようになる。夫は老齢で亡くなり、二女夫妻と彼らの子供四人が同居している。一時トゥリコーナマレイに住んでいた長男一家は東南岸のムラの妻の実家に住んでいる。ロクウェラの人の動力船に乗っているので、乗船前と下船後は母や妹の住むこの家にしばらく滞在する。とれた魚を母にわたすが、金銭は母にわたさない。二女の夫は一九九五年頃までコロンボの八百屋で働いていたが、この店は道路拡張事業で立ち退きが決まり、働くところがなくなり、タルナウェラの妻の家に戻り様々な仕事をしている。主な仕事は第一にデウィヌワラ神殿の境内前で参拝者にピーナツやタバコなどを売る仕事である。実家が農家なのでピーナツを安く仕入れ、家で炒り、小さな袋に入れて境内前で売る、また紙巻タバコを家でつくり売る。このように原材料を安く仕入れ、家で妻とともに製品をつくり神社の参拝客を相手に売る仕事である。また、今では数少なくなったヤシ殻繊維のロープをタルナウェラで仕入れて卸す仕事などもしている。しかしこれらの労働からは不定期な収入しか得られない。またマギノーナと二女は小規模な魚加工を行っている。バラヤが大量に水揚げされた場合、買い上げ価格が下がる可能性が生じたり、またコロンボの卸値を考慮したときに輸送料を払ってコロンボに卸すよりもダクヌガマ村内で売りさばいたほうが利益が上がると船主が判断する。このようなときに、大量にバラヤを買い付けてウンバラカダをつくる(15)。売値が一キロ十五ルピーくらいだと買い上げる。マギノーナと二女が子供の世話をしながらつくるので、だいたい四十キロほど買い上げるのが適当である。四十キロのバラヤから八キロのウンバラカダができる。ウンバラカダはキロ三百五十ルピーで売れる。このような交渉は二女の夫がやっている。

さらにこの家族はココヤシ一個を五ルピーで買い、半分に削り、乾かし、コプラをとり、一キロ十ルピーで売る。このように小規模なビジネスを行いながら小さな子供たちを育てている。ヤシ殻繊維業も末子がもう少し成長したら復活させようと考えている。

一九八〇年代からタルナウェラでも中東に働きに出る女性が増加してきた。常時十～二十名前後の女性が中東に出ている。彼女たちが中東で働いている間、夫は子供たちとムラに残る。その間の夫と子供の生活の本拠は、中東に出た妻の実家や妻の姉妹の嫁ぎ先、夫の実家などになる。妻の母が住み込んで家事をしている家もある。妻不在の間、夫は漁に出たり移動しているので家にいないことが多いので、その間の食事の支度をしてくれる人が必要である。そのためムラの中の親族の家に移ったり、あるいは親族の誰かが家事をしにきてくれる必要がある。一度中東に出た女性の多くは再渡航をする傾向があり、また女性の親族も同じブローカーによって渡航する。

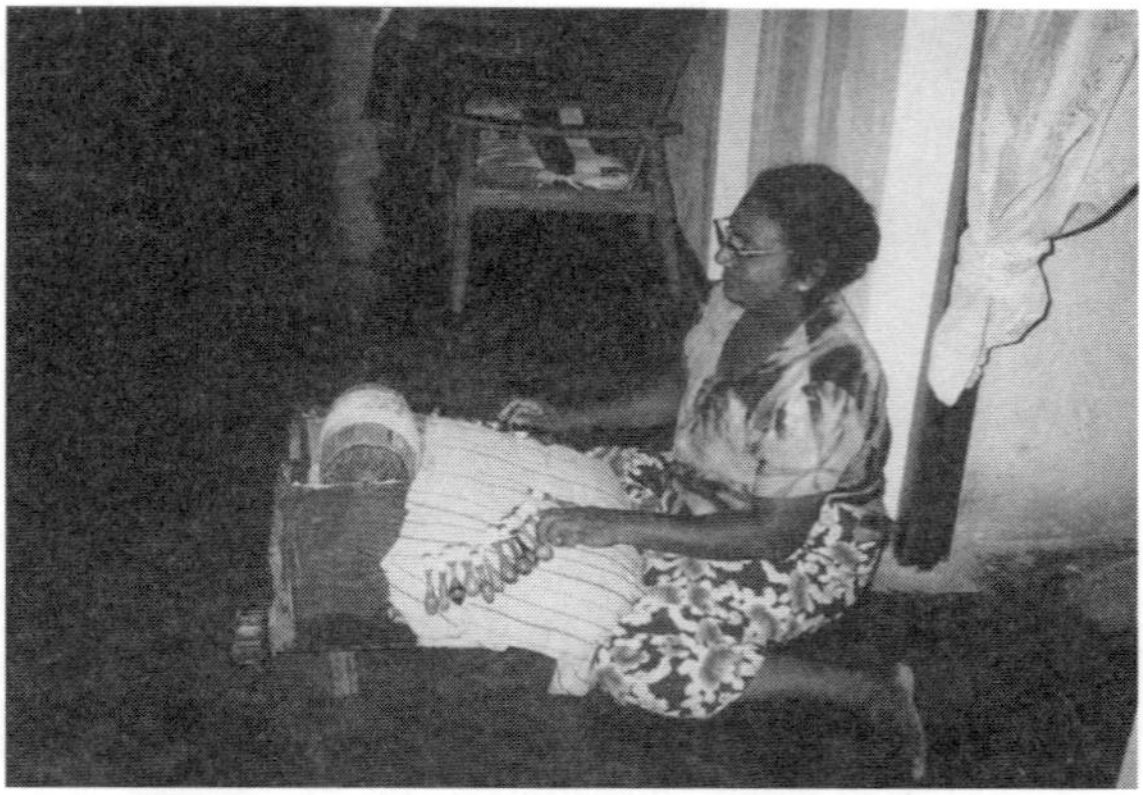

レース編み（ボビンレース）をする女性

二　タルナウウェラ女性の生き方

女性が公の場に出ないという理想形はタテマエとしての部分が多い。都市の中産階級やあるいは比較的経済的余裕のある家庭では理想を具体化することも可能である。スリランカでは、女性は高等教育を受ければ、男性と対等な賃金で機会均等な就業条件に恵まれており、これらの階層に属す女性は、同時にきわめて大切に保護されている状況にあるといえる。しかしながら、家計の安定を支えるために女性の労働力が必要とされる場合、理想とはかけ離れた現実がある。それでも女性は男性とは異なる場所で同性のみの集団をつくって行動をする。

ムラの中で開催されるならば、漁協や役所主催の集会にも女性が出席することが多いが、このことに関して、夫はいつも海に出ていたり、移動しているので事情がわからず、そのために妻が出席するという説明が両性から得られる。また、役所もお金が酒代やタバコ代に消えてしまう男性の管理よりも女性の管理下にあることを望む。家庭運営に責任をもつ妻がお金の管理をすることを前提に融資を行う。また女性を対象とした融資の説明会に出席する女性は活発に意見を述べる。ムラの中で開催される融資の説明会なので、出席者全員が顔なじみであるからだ。このように、男性が担う漁業の前途は厳しいが、女性を対象とした村落発展計画は堅実でしかもムラを出ずに家庭の収入を向上させたいと願う女性たちに支持され、小規模であるが実行されている。またムラの中では女性たちのネットワークも機能している。村内婚が多く（村外婚でも近隣村同士）、娘は婚姻後も母親との関係は緊密なままである。母の収入が結婚した娘の生活をサポートし、これは娘の夫にとってはダウリーの一種であり、男性の権威を失墜させるものではない。女性には娘の婚姻後も娘家族が安定した生活ができるだけの能力が要求されるともいえよう。

しかしながら裕福になった家族の女性はこれまではタテマエでしかなかった理想的とされる行動パターンを踏襲するようになる。なるべく浜に近寄らないようにし、どこかに出かけるときは必ず年長の女性と行動をともにし、また必要以上には出歩かない。このような女性は母の手伝いに浜に行くこともない。こうしてタルナウェラには思春期以降、一度も浜辺に行ったことのない女性もいる。経済的余裕のある男性にとって、自分の妻をヤシ殻繊維業で働かせたり、家庭外で肉体労働をさせていることは恥ずかしいことである。しかし、銀行、会社、役所などのいわゆる事務職はきわめて名誉なこととされ、このような場所に通勤することは彼女の価値を高める。女性にとって労働することがマイナスになるのではない。むしろこのような事務系のクリーンな労働は、女性の婚姻に際しての価値を高めるものであり、谷口佳子が指摘するように（谷口　一九八八）よい伴侶を得るため積極的に求められている(16)。

朝、家を出て向かう先が浜と反対の方向にあるバス停であるというのが家族の名誉である。クリーンな仕事に就くための投資として、マチの上級学校に通い、恋愛沙汰で退学させられたり、親の反対にあいながらも異カーストの男性と恋愛結婚をする娘も少しずつではあるが増えている。

水産省は漁業による安定収入と流通機構の合理化を計画しているが、様々な不安材料を抱えている。また上昇志向と企業家的特性をもつカラーワの男性にとって、余剰利益をどのような方面に投資するかが最重要課題であり、政府の掲げる目標とは一致していない。女性の労働力と女性を中心とするネットワークが、海村家族の経済的安定と男性の「野心」を満足させるのに大きな役割を果たし続けるであろう。

企業的経営が優位を占めている地区の女性が魚の値の交渉をする機会を奪われ、賃金労働者として加工工場に雇われるか、家庭内に「囲い込まれている」のと同様、南岸でも特に大規模なヤシ殻繊維製造工場（機械でロープや敷物をはじめ様々な製品を製造する工場）が進出している地域では、ヤシ殻を浸す大きな池がつくられ、殻から繊維を取り出す作業はすべて男性が行い、女性たちは時間給で工場内で雇われている。このように、機械化や商業化が浸透しているところでは女性が実際の意思決定に参加する場面は減少している。

またジェンダーイデオロギーの再考と強化により、中年以上の女性と若年女性との間に行動パターンの違いが出現している。かつては中産階級の間でのみ遵守できた「女性の保護」の浸透と高等教育の普及や新しい職種の増加が従来の女性の労働の意識を変えた。若い女性はハスクピットに浸かったり、炎天下でロープをつくる仕事をするのを嫌い、「クリーンな」事務系の仕事を望み、母親もこれに賛同する。しかし相変わらず母親は家庭の長として家族全員の福利厚生に責任をもち、そのため娘の受けてきた教育にふさわしい仕事がみつかるまで、母親がヤシ殻繊維業を続けて娘をサポートするが、この産業の衰退により母親は新たな収入の道を模索している。この母—娘関係は娘の結婚後も変わらない。第一次産業を「仕事」とみなさない社会風潮が広がる一方で、若者の就労機会が充分でなく、中東出稼ぎを敢行する女性を別として、新たなチャンスを求めて外に出て行くことのない若い女性は、少子化に伴って世話をすべき娘の数が少なくなった母親に長期間にわたり依存する。

タルナウェラの家族をみると、女性は男性にとっては上昇志向を現実化していくためのサポート要員であるが、家族の存続に不可欠なマネージャーである。また右に述べたように「男は女を守るもの」「女は家にあって保護されるべき」という観念は、都市の中産階級の生活が好まれるようになって以来、強化されている。このような複数のジェンダー観にさらに近年加わった高等教育と事務系職業の重視が、タルナウェラの女性の関係を複雑にしている。さらに既婚女性の外国出稼ぎという現象も、未婚女性のガーメントファクトリーでの雇用も、女性のセクシュアリティに関する秩序に混乱をもたらしている。母親同士が仲がよくても、娘の代になると学歴による差が生じ、つきあいがなくなる。また、経済的に上昇を果たした家族では妻が家庭にとどまるようになり、母たちのネットワークが娘の代まで継承される可能性がなくなっている。

以上みてきたように、女性が行うビジネスは小規模であり、しかも男性たちによって操作される機構の末端のみを担っているに過ぎないかもしれないが、そこには女性同士の商売上の戦略や頭脳プレーがみられ、女性労働の搾取という認識は妥当でない。今後の変化が海村社会にどのような影響を与えるかわからないが、いずれにせよ世界経済システムの中に組み込まれた家族は、女性の行動力と経済力によりかかることによって存続可能となっているのである。

漁業振興政策の結果、海村間のみならず漁民間にも階層差が生じ、経済的に成功した男性は漁業をやめて別の職種に就こうとする傾向がある。漁船の所有者は自らは乗船せず、信頼できる人に乗ってもらい、本人は陸上にあって魚の販売に従事することを好む。やがて運送業や商店経営などに乗り出して成功をおさめる人も出現してきた。しかし、魚の値が安定せず、漁船の管理費の捻出が不可能であったり、漁業そのものの流動性から再び漁民に戻る人も多い。このような不安定性の中で妻による家計のサポートが入念に行われている家族や、妻の実家からの援助が抜かりなく行われている家族は経済的に成功し、やがてこの漁民家族は漁業離れの道を歩む。このような状況と少子化の浸透で、女性が結婚後も母親に経済的に依存する期間はこれまで以上に延び、母娘関係の強弱が女性の活動や彼女の家族の経済的成功を左右するようになったともいえる。

現代スリランカ社会の変化は、従来のジェンダーとセクシュアリティのあり方を大きく変えつつある。

《注》

（1）スリランカ政府は漁業発展の方法の一つとして、漁業従事者を漁協に加入させて組織化し、漁協を単位とした漁村として経済的に自立できるように計画を立てている。一九八九年以降、行政小区を単位として漁協を設立する準備を進め、水産省の発表では、一九九九年には全国に七百の漁協が設立され、男女合わせて組合員が七万七千人に達した。一つの漁協の組合員が百名に達すると組合員は漁協を通して融資が受けられる。

（2）また、漁協の組織化が政府主導型、いわゆる上からの強制に近いものであり、従来からの地域の有力者や、中央の大規模ムダラーリとの強力なコネがある人が組合長になるなどの背景がある。カトリック教徒の多い地区に行くと、集団的に漁民たちの生活を保障し、代弁者としての役割を果たしているのはカトリック教会であり、漁民が漁協の必要性を感じていない（田中(雅)一九九四)。

（3）ダクヌガマ村では一九三一年に設立された。入会金百ルピーで、毎月三ルピーを払い続けることで会員資格が得られる。資金は銀行やいくつかの公的金融機関に預金される。この会のメンバーは、子供用預金組合、葬儀組合、福祉組合にも名を連ねることになり、たとえば、会員の家族の葬儀には五百ルピーの資金援助とメンバー全員の参列がある。百ルピーから一万ルピーを限度にローンを組むこともできる。しかし、ローンを請求するためにはその額の五〇パーセントを預金していなければならない。一九八五年にはダクヌガマ村全体で百五十名が加入しており、そのうち漁民家族が七〇パーセントを占めている。一九八五年四月一日の会合を観察したところ、途中で若干の出入りがあったが、参加者は十名余であった。ローン申し込み者が多い場合は、それぞれが全員の前でローン申請の理由を述べ、本人が退席後、残ったメンバーで融資の優先順を決める。

（4）モルディヴから輸入された上質なウンバラカダ（モルディヴフィッシュ）が出回り、都市の消費者はスリランカ製のものを買わなくなったという。スリランカ製のウンバラカダはそれぞれの浜近くの地元で安価な値段がつけられている。

（5）スリランカの仏教寺院には菩提樹の存在が必須条件である。スリランカに仏教が伝来したときに、釈迦が解脱したブッダガヤの聖菩提樹の枝が聖都アヌラーダプラにもたらされ、そこからスリランカの全寺院に苗木がもたらされたという伝承がある。樹木信仰として菩提樹を神聖視する観念に加え、近年になって、菩提樹そのものを崇拝し、礼拝する儀礼が盛んになった（澁谷 二〇〇三・Gombrich & Obeyesekere 1988 など）。

（6）水産省はイディワラ漁民銀行設立計画の中で、スリランカ漁民の特徴を次のように指摘している（水産省の「イディワラ漁民銀行設立趣意書」「同計画書」より）。

①漁業手段特に船を所有せず、漁業活動は日雇い労働によるものである。
②常に負債を背負っている。
③収入の使い方がわからない。
④一年を通じて収入が不安定である。
⑤魚を販売する流通組織が整備されていないので、水揚げの販売において不利益が生じている。
⑥土地、家屋を含め、福祉政策の対象となる生活上の問題がある。
⑦操業範囲が沿岸のみに限定されている。
⑧様々な問題を抱えながら、それらの問題を解決するための財政的機関が整備されていない。

（7）マハゲダラ（直訳は大きな・偉大な家）を「本家」と訳したが、生家あるいは分かれる前の「元の家」の意味である。

(8) ジャヤシンニョのタルナウウェラに居住している二人の兄弟について一九八〇～九〇年代にかけての様子を簡単に述べておく。兄は時折ジャヤシンニョの動力船に乗るが、もっぱらオルー（ジャヤシンニョ所有）で出漁することが多かった。妻がヤシ殻繊維業で定収入を得ていた。弟の雑貨屋はほとんど商品も置いておらず、主に住民の雑談と情報交換の場所になっていた。一九八五年には妻が中東出稼ぎに行っており、彼女が帰国後に新しいビジネスを始めたいと語っていた。しかし、妻が稼いだお金は彼の借金の支払いに消えてしまった。一九九〇年末に弟が病気で死亡し、現在は結婚した娘が同居しており、息子たちは定職をもっていないし漁業にも興味がない。

(9) この人はジャヤシンニョの動力船の乗組員になったため、タルナウウェラに引っ越してきた。結婚後しばらくは妻の実家にいたが、四番目の子供が生まれる頃、タルナウウェラに土地を購入した。その後ジャヤシンニョと仲違いをし、自力で動力船を購入し、ほかのムダラーリと関係をもっている。

(10) ［61］の家には娘の夫婦も同居しており、娘の夫が有能な協力者となっている。

(11) この数値はかなり低い。南部スリランカでは、邪術を恐れるため利益や成果を過小に述べる傾向がある。特に漁民は水揚げ直後に水揚げ高や収入などを直接聞かれることを嫌う。家計の収入支出調査でも、プライバシーにふれられるということよりも、他人に語ることで禍が起きることを恐れ、実際よりも低い数値を述べることが多かった。ジャヤシンニョの家計と収入支出を分析した結果、一九八四～八五年頃、カツオ類が大漁の時期は一ヵ月三千～四千ルピーの収入があったと推定できる。また妻も以前は二倍から三倍くらいの収入があったが、ジャヤシンニョがムダラーリ業を発展させるにつれ、客の応対や食事の世話で忙しくなり、浜に出る回数が減ったという。

(12) 娘のお見合い相手の家を訪ねるとき、ジャヤシンニョは真っ白な上下の国民服を着用し、髪に油をつけてきれいにとき、腕輪や指輪などをたくさんつけて望んだ。また同行した彼の姉妹やその夫も美しい絹のサリーと装身具や真っ白な国民服を着用した。

(13) コロンボの市場ではトーラ、タラパット、ロクガールマルなどが好まれそれ以外の小魚類は自転車で隣町まで運ぶ。

(14) 一九九九年度の統計 (Department of Census and Statistics, Ministry of Finance and Planning 1999) では一九八八〜八九年の一年間でココヤシ千個をとるためのコストが九〇一・九六ルピーであったのが、十年後の一九九七〜九八年の一年間では二六六七・〇一ルピーにまで上昇している。またココヤシ一個の値段も一九八九年には中サイズで三・四五ルピーだったのが、一九九八年には同じく中サイズが一〇・八五ルピーにまで値上がりしている（すべて全国平均)。

(15) バラヤからウンバラカダは以下のようにしてつくる。頭とはらわたをとり大きな鍋に水と塩を入れて茹でる。海水は使わない。四十五分ほど茹でたら外に出して冷まし、冷えたら骨をとる。大きなバラヤは切り、小さなバラヤはそのままの大きさで四〜五日ほど乾かす。蝿がたからないように灰（かまどの灰）をまぶす。太陽の光が強ければ蝿も来ないし灰もいらない。灰を取り売る。

(16) 谷口佳子は、経済的に家計補助をするということだけでなく、結婚に際して自己の評価を高めるために就業するという点を、工場という近代的生産組織の中での働く女性の調査から明らかにしている（谷口　一九八八：三八六―三八七)。

第二部

ムラの創成とムラアイデンティティの確立

第一章　ニックネームにみられる漁民の仏教的価値観と個人の類別

スリランカでは姓でカースト、民族をはじめ出身地（海岸部か内陸部かの違い）がほぼ推察できるが、シンハラ仏教徒の多くが住む海村では同姓が多い。これは彼らの大半がカラーワに所属しているためである。カトリックの多い西岸から西北岸ではポルトガル系の姓が多くなる(1)。同じカラーワでも居住地によって姓に違いがある。また時代によって好まれる名前（個人名）には流行があるので、名前を聞くとほぼその人の世代が特定できる。

村落内で同姓同名の者が多いため、お互いを呼んだり言及するのに個人や家族につけられたニックネームが使用される。ニックネームの命名にも仏教徒漁民の価値観や心性が反映されている。

第一節　タルナウェラ漁民の苗字と名前

百二十六家族が居住するタルナウェラには三十五の姓（ワーサガマ）があり、これらの姓はカラーワの住むシンハラ仏教徒海村全体にみられる。同じ姓が十家族以上あるのは四姓である。ワーサガマは祖先との関係を表すペラパタ（patri-line, genealogy）と同様のものと思われるが、タルナウェラではペラパタの語は使用されていないし、筆者からの「ワーサガマはペラパタのようなものか」という問いに「そうかもしれないがよくわからない」というような返答が返ってきた。むしろゲダラナマ（直訳は家の名前）のようなもので、しかし建物としての意味ではない。

個人名については、老齢層、中年層、若年層によって傾向が異なる。中高年以上の人には男性にはウィリアムシルヴァ、ウィリアムシンニョ、ダニエルシルヴァ、ダニエルシンニョなど、女性にはマギリンノーナ、ルシーノーナなどヨーロッパ系の名前がつけられている。若年層以下では詩歌や小説に登場する名、有名映画スターの名がつけられるが、近年はインド映画のヒーロー・ヒロインや人気俳優の名を子供につける親もいる。

同姓同名の多いタルナウェラでは、近い親族関係者を除いて他人のフルネームや正式名を知らずに、ニックネームで呼び合ったり、言及する。誰かの名を尋ねると、「何々セーナか何々ダーサ（ともに中年世代の男性に多い名前）というはずだ」と答えたり、ワーサガマに関してもよく知らなかったり、「多分B・K・HかK・Hだろう」などと答える。ワーサガマはいくつかの名前がセットになっており、各セットの頭文字のみを使用し、正式なフルネームを知っている者はあまり多くない。日常的に個人や家を類別し特定するには正式名でなく、ニックネームが最も有効である。ときには本人には知らされずに使用されるニックネームもあり、この場合は嫉みなど村内のコンフリクトが反映されている。

ムラの中で日常頻繁に出会う人々同士はお互いを熟知しており、呼びかけ語は「ホーイ」「ヘーイ」などですませたり、口内での舌の摩擦音「スースー」という音を出して注意を引く。

年上の人には個人名にアイヤ（兄さん）、アッカ（姉さん）の語が付け加えられる。たとえば、ジナダ

表 9　タルナウェラにおける親族名称

男		女		
平行	交叉	平行	交叉	
シーヤ		アーッチ		上位二世代
ロクターッタ ターッタ マッドゥターッタ バーッパ バーラバーッパ	マーマ マーマンディ*	ロクアンマ アンマ マッドゥアンマ プンチアンマ	ナンダ ナンダンマ*	上位一世代
アイヤ 　ロクアイヤ 　マッドゥアイヤ 　プンチアイヤ マッリ 　ロクマッリ 　マッドゥマッリ 　プンチマッリ サホーダラ**	マッシナ	アッカ 　ロクアッカ 　マッドゥアッカ 　プンチアッカ ナンギ 　ロクナンギ 　マッドゥナンギ 　プンチナンギ サホーダリ**	ナーナ	自世代
プター	バーナ	ドゥワ	レーリ	下位一世代
ムヌプラ***		ミニピリ***		下位二世代

(注)　*：「マーマ」「ナンダ」カテゴリーの人は、配偶者の親になる可能性があるのだが、特に配偶者の親のみに限り別の名称を与えている。

**：同世代の者は、「兄弟姉妹」「マッシナ／ナーナ」に類別できるが、「兄弟姉妹」はその親しさによって2種に類別する。マッシナの妻はアッカ（かナンギ）かサホーダリのいずれかである（双方の意味とも姉妹)。村内に住む「マッシナ」が自分の「姉妹」と結婚したら、マッシナの妻は自分の「姉妹」であるが、村外に住む「マッシナ」が村外の女性と結婚したなら、自分からみて女性はほとんど縁がなくつきあいもない人である。こういう場合に「サホーダリ」と類別するのである。

***：孫は祖父母を「シーヤ、アッチ」と呼ぶが、祖父母は自分の孫を「ムヌプラ、ミニピリ」と呼ばず、「プター、ドゥワ」と呼んだり、名前や愛称で呼ぶ。名称と呼称は親族や姻戚関係が明確であれば名称と呼称が一致するか、もしくは具体的な名前で呼ばれている。また特に家族内においては兄弟姉妹の長幼の順で呼称が決定される（父母は息子を「ロクアイヤ」「マッドゥアイヤ」と呼ぶなど、生まれた順で呼称を決定する)。

ーサという男性の親戚や友人は彼をジナダーサアイヤ、あるいは略してジナアイヤと呼ぶ。カルナワティーという女性の親戚や友人はカルナワティーアッカ、あるいは略してカルアッカと呼びかけ、また言及する際にも使用される。

ムラ外の出身者に対しては、出身地にアッカやアイヤをつけて呼ぶことが多い。男女ともに婚入してきた人に対してこの呼称が使われる。A村から婚入してきた女性はAアッカ、男性はAアイヤという呼び名が使われるが、同じ村からの婚入者が多いため、特に性格的、肉体的に目立つ者（多くの人から慕われたり逆におしゃべり、気が強い、体に特徴があるなど）に使われる。

この呼称は、本来は親族関係の位置を明示するものであるが、一定世代以上になると、比較的近接した年齢間でもお互いを呼ぶ呼称としてだけでなく、個人を言及する際の名称としても使われる。この世代とは、結婚して複数の子供たちがそろった頃であり、三十歳前後から六十歳代前半までの働き盛りの人たちである。年下の者への呼びかけは、個人名がわかっていれば個人名、もしくはマッリ（弟）、ナンギ（妹）が使用される。カルナワティーに対してはカルナワティー、カルナンギあるいは単にナンギ、ジナダーサに対してはジナダーサ、ジナマッリあるいは単にマッリという具合である。年下の人には、個人名がわかっていれば、個人名で呼び合うが、よくわからない場合はたとえ年下であっても、アイヤやアッカで呼ぶ。つまり名前は明確ではないが、Aムラ出身者であることはわかっているのでAアイヤ、Aアッカと呼ぶことになる。これは、同じ名前があまりに多数あるため名前が個人を特定する手段にはならないからでもある。

義理の兄弟姉妹、つまり妻（夫）の兄弟姉妹、兄弟姉妹の妻（夫）に対しては、姻戚関係であり交叉イトコを示す親族用語、マッシナ（男性に対して）、ナーナ（女性に対して）が使用される。しかし、都市部ではこの用語はもはや呼びかけ語としてあまり使われない。また近年では、仲のいい男女がお互いにアイヤ、ナンギと呼び合い、結婚して子供が生まれるまでも呼び続けることがある(2)。これは本来のシンハラの親族名称の範疇ではまちがった関係を意味する（執行 一九八七b）が、むしろ都市部の若い世代ではマッシナ、ナーナという呼びかけ語を古くさく「田舎っぽい」と思う人が増えている。

アイヤ、アッカという呼びかけ語はかなりの年配者に対しても用いられ、「おじさん」「おばさん」に相当する呼びかけ語はない。近年では都市部で英語の uncle, aunt が親族や親戚のみならず、他人への呼びかけ語として定着しつつある。村落社会ではかなりの年配になっても、アイヤ、アッカと呼ばれ続けることになる。一般に近親の者以外は老人を示すシーヤ（おじいさん）、アーッチ（おばあさん）は呼びかけ語としてはほとんど使われない。

また特に親密な集団内では別のニックネームで呼び合う。家族内では親は子に対する呼称を長幼によって区別している。子供が一人の間は子に対してババー（赤ちゃん）やプター（本来は息子の意味であるが、小さい間は女子にも使用する）、チューティ（小さく愛らしいという意味）などの呼びかけをする。やがて弟妹が生まれると年上の子には、個人名やアイヤ、アッカの呼称を使用するようになる。こうして末子になるほど幼少の者に対する呼びかけ語で呼ばれる期間が長くなる。長じて結婚し、子供が生まれても、親からみて末子にはチューティやスドゥ（「白い」という意味であるが、愛らしい者に対する呼称として使用される）などの呼称が存在する。家族間に緊密なつきあいがあり、子供たち同士も親しいと、一生この呼称が使われることもある。このニックネームは本来は親しい集団内でのみ使われるものであり、ムラ全体に通用することはないが、特に個性の強い目立つ男性はムラ全体からこのニックネームで呼ばれることもある。弁にたけ、金儲けがうまく、しかも強烈な個性でムラ内で一目置かれている男性のニックネームがチューティやスドゥであったりする。

高齢者はムラを活発に動き回る大勢の小さな子供たちをプター（息子）かドゥワ（娘）、あるいは子供を示すラマイで呼びかける。小さな子供が高齢者にシーヤやアーッチで呼びかけることはあっても、高齢者が小さな子供を「孫」を表す語で呼びかけることはない。

第二節　ニックネームによる社会的制裁と秩序の維持

ニックネームには家族に対するニックネームと個人に対するニックネームがある。家族に対するニックネームはその家族の住んでいる（あるいは住んでいた）土地にちなんだ名、家族員の中で特徴のある個人にちなんでつけられた名、家族の運や出来事にちなんでつけられた名がある。タルナウェラでは家族の世代深度が浅く各家族の歴史も不明瞭な部分が多い。そのためニックネームは由来が不明なまま使用されている。

個人のニックネームはいくつかの命名方法があるが、肉体的特徴（ネガティヴな面を強調することが多い）と漁に関するものが人々の行動規範を示している。肉体的特徴に関するニックネームは、本人は知らないが、配偶者は知っている場合が多い。そのため喧嘩の際、配偶者のニックネームに言及して相手を侮辱することがある。特に女性同士の喧嘩では、相手の夫のニックネームに言及し、「お前の家の○○（ニックネーム）」をののしりの際に使用する。女性は暴力を手段にすることはあまりないが、ネガティヴなニックネームを使用したり、相手を侮辱するジェスチャーを使用しながら、喧嘩相手を攻撃することがある。

家族と個人に与えられたニックネームは表10にまとめてあるが、意味の判明したもののみを掲載した。残りの情報に関しては筆者の言語能力の限界を超えており、またタルナウェラの人々が外国人でしかも女性である筆者に意味を説明することをためらったものもある。表中には説明とは別の隠された意味もあるかもしれないが、そのことに関しては考察できない。

個人を特定するのに肉体的特徴が意味をもつのは当然であるが、シンハラ人のタミル人への感情もニックネームに反映していることは特筆しなければならない。タルナウェラにはコティ(3)と呼ばれる人が三人ほどいるが、この三人の肉体的特徴はいずれも表に記したとおりである。移動先でタミル漁民と出会うことの多かったタルナウェラ漁民はタミル人に対して特別な感情を抱いていなかったにもかかわらず、「民族紛争」激化によりタミル人へのステレオタイプ的イメージが出現してきた。

また酒にまつわるニックネームも多く、意味が不明瞭なため表には記さなかったものの、酒にまつわる否定的な意味合いが含まれ、酒をたしなむマナーへの厳格さがうかがえる。また若いときの経験がそのままニックネームになったり、かつては家族や親族間でのみ使用されていたニックネームが、本人がムラ内で知名度をあげることでムラ内で通用するニックネームになったものもある（先述のチューティやスドゥなど）。さらに記せば、呼びかけの際には使われることの少ないマーマ（母の兄弟、父の姉妹の夫などの意味）やナンダ（父の姉妹、母の兄弟の妻などの意味）がニックネームの一部として使われる。逆に親族名称のバーッパ（父の兄弟）などはニックネームには使用されていない。また交叉の関係にあっても一世代上を表す語はニックネームになるが、同世代にあって潜在的配偶者となる意味を含むマッシナやナーナはニックネームの部分を形成しない。

注目すべきは漁撈活動に関するニックネームである。タルナウェラ社会の底に流れる価値は経済的社会的成功を何らかの手段を使って手に入れることである。つまり個々の成員が成功を勝ち取り、社会的・経済的上昇を果たそうとするために人々は互いに緊張関係にある。順調に成功をおさめている人、あるいは急激に成功の運がまわってきた人には日常活動に注意の目が向けられる。その能力と運のよさを賞賛しながら羨む。成功にみあうだけの情け深さや寛容さがない人に対しては様々な悪口、陰口がささやかれる。経済状況が安定している家族はケチ（ローバイ）、性格が悪い（キャタイ）、気性が激しい（サライ）などといわれる。そしてそれに関するニックネームがつけられる。要領のよさがおもしろおかしく取りざたされる。

しかし、同時に勤勉に働くことが期待されており、体の調子が悪いといって出漁せず家にばかりいる男性や責任転嫁する人は怠け者であるということで評価が下がる。人の金で酒を飲んだり、酒をたかる人、儀礼のときの大盤振る舞いに必ずやってきて物欲しげにしている人は軽蔑される。ムラアイデンティティの顕在化される場面は少ないが、個々人の行為や行動は暗黙の価値の枠組みの中で遂行され、ムラの秩序とバランスは保たれていると考えられる。

ところで漁撈活動で着実に成功をおさめている人やその家族のニックネームをみると、仏教的価値観が反映されていることが判明する。非漁民が漁民を、非カラーワがカラーワを低位に位置づける際に利用される「殺生」の観念(4)は、次のような理由でタルナウェラでは否定されている。第一にタルナウェラの人にとってカラーワは、最高カーストであるゴイガマに匹敵する高位カーストである。ゴイガマと結婚した人は少数であるが、男女ともに自分の配偶者がゴイガマであることを表明し、暗にゴイガマとなら異カースト婚が可能であるとほのめかす。隣村のゴイガマでない異カーストの女性と結婚した男性は、ほかにも理由があったが、自分の生家の人とほとんどつきあわず、ネガティヴなニックネームがつけられている。妻はタルナウェラにやってきたことはない。第二に仏教的価値と漁撈活動とはまったく矛盾していないと断言する。住民によれば、毎月四回のポーヤの日には漁に出てはならず、ほかの仕事（織物やヤシ殻繊維業など）も休む。特に満月ポーヤの日は寺院に詣で、僧侶の法話に耳を傾け仏陀に帰依する自己を確認する。敬虔な仏教徒である彼らの漁撈という行為は仏教の教えと矛盾はしていない。子供たちが高い学歴を得て漁業以外の職に就くことを望んでいるが、それは漁撈が殺生という仏教教義に反する行為だからではなく、漁業に未来をみいだせず、安定的な経済保証のあるクリーンな職を求めているからである。

仏教と漁撈との関係は矛盾しないとしながらも、有能な漁民に与えられたニックネームはパウカーラ（罪を犯す）、マーラ（死神）などである。また地引網漁村のみならず非漁民の間でもよく耳にする言説であるが、魚を生きたまま捕獲する地引網漁民は、釣りや延縄漁民に比べると罪が軽いという。特に大型オルーで沖合に出て大型魚類を獲得し、出荷前に切り分ける行為が、より殺生に係わり罪を重くするという。ダクヌガマ村など大型オルーによる沖合漁業に従事してきた漁民に対し、「勇敢で気が荒い」というパーソナリティが付与されるが、地引網漁民に対してはこのようなパーソナリティの付与はない。このように同じ漁民でありながら地引網漁民と比較されることに関して、タルナウェラの人々の気持ちを推し量ることはできない。

サンガラ・ゲダラというニックネームの家族の男性は、満月ポーヤの日も、そしてタルナウェラ全員が漁を休む正月にも沖で漁をするという。そして彼のとってきた魚を買い上げるために浜で待ち受ける魚商もいる。この行為はサンガラ・ゲダラの人だから驚くことではない。その行為を批判しつつ誰も彼に向かって直接文句はいわない。時々この行為を許せないと警察に直訴する人がいるが、表立った混乱はない。祭りのときなどこのような日頃の鬱憤が晴らされて、刃傷沙汰になることもある。

船外機を取り付けている人は、漁を終えて帰宅するとき必ず船外機を船からはずして持ち帰る。エンジンを盗まれることを警戒しているのである。どの海村でも船外機を盗まれた、動力船が焼かれた、網が一部盗まれたという話を頻繁に聞く。そしてそれは豊漁であることへの嫌がらせや嫉みであると説明される。豊漁を嫉んだ他人によって船に邪術をかけられた話も頻繁に語られる。タルナウェラの男性は漁から帰ると淡々と水揚げをし、今回は豊漁であったなどとはいわない。魚がとれすぎると嫉んだ誰かに邪術をかけられるかもしれないし、誰かを嫉んだような表現をすると邪術をかけたと思われるかもしれない。豊漁で戻ってきたときも、「いつもぎりぎりの瀬戸際だ（アピ　コタ　ウダ）」というような表現をする。また出漁するときも（豊漁と航海安全をカタラガマ神に心の中で祈るが）、他人から豊漁でありますようになどのことばをかけられることを嫌い、また誰もそのようなことばをかけない。浜からオルーが出て行くとき、あるいはオルーを浜に揚げるとき付近にいる誰かが手伝うが誰もその日の漁については言及しない(5)。雑談からの情報収集は浜の茶店や夕方の浜で行うべきなのである。

このようにタルナウェラでは個人の自由な経済活動が保証される一方で、各人にムラの共通の価値に基づいたニックネームがつけられている。ムラの秩序から逸脱している人には要注意のレッテルが貼られているといえよう。

共同体の制裁の作用する一つの方式としてニックネームを位置づけ、集団行動の匿名性で覆い隠しながら、特定の人間の非同調性を罰する作用について論じたピット＝リヴァーズ（ピット＝リヴァーズ　一九八〇：一八九―二〇〇）の研究がある。ヨーロッパの農民社会においてニックネームの社会的コントロールが議論され、またニックネームの類型化も試みられている。肉体的特徴や共同体の中で明らかに異質な要素（職業、出身、経験、能力）がニックネームのネーミングに採用され、個人の社会的立場を表すことは他の社会でも確認されている（野口　一九八七）。しかし、タルナウェラでは少数ではあるが、特定個人に仏教的価値によるネガティヴな形でニックネームが付与されるということは、漁撈活動というある意味で特異な生活手段を選択している（あるいは選択せざるを得ない）漁民の心性を反映していると考えられる。

ニックネームに関しては第一部第三章第三節でふれたが、西岸カトリック海村を調査したスティラットが、親族名称使用の頻度が少なく、近親者以外の人には個人名やニックネームが採用されていることを報告している（Stirrat 1977 : 274）。今後は農村部などの比較研究も必要になるであろう。

《注》

（1）ペレーラ、ピーリス、フェルナンド、フォンセーカやシルヴァなどの苗字が多い。

（2）都市の若い男性の間では親友同士でマチャンが呼びかけ語として頻繁に使われる。本来、マチャンは男性からみて、姉妹の夫、妻の兄弟をさすタミル語である。タルナウェラではこの語はあまり使われない。

（3）タミル人の反政府武装集団「タミル・イーラム・解放の虎（Liberation Tigers Tami Elam ; LTTE)」は虎がシンボルとなっているので、特にタミル人を揶揄して「虎（シンハラ語でコティ）」と呼ぶ。

（4）仏教やヒンドゥー教では殺生を悪とし、とりわけ殺生に係わる仕事に従事する人々を低くみる傾向がある。この点から、漁民を儀礼的に低い階層に位置づける傾向がある。

（5）日本の漁村で報告される「儀礼的盗み（網で大量に水揚げされた魚を子供たちが少量〝くすねる〟）＝

カンダラ」に類似した習俗もみられる。

表 10　ニックネーム――個人と家族につけられたもの

	シンハラ語	意　　味	理　　由
(A) 肉体的特徴やしぐさに由来するもの	Hinnipāla	やせている(Hinni) pāla(男子名の一部)	とても太っているので皮肉ったもの
	Sendā	(巨大なもの?)	太って背が高いので
	Rabalayā	Rabala = rubber	ゴムのように丸々太っている
	Batalayā	Batala はサツマイモのこと	ブヨブヨ太りで体が弱くてサツマイモのようだ
	Koti	Koti = tiger タミル人を示す	色が黒く太っていて髪がちぢれていて顔つきも恐ろしくタミル人のようだから
	Sorta	short から転化	背が低いので
	Kotalīla	小さな(kota) līla (男子名の一部)	背が低いので
	Pendā	細い	やせているので
	Hīnkurulla	やせた(Hīn)鳥	とてもやせているので
	Werella	Ceylon Olive	werella のように小さく背が低い
	Pendā	細い	やせているので
	Polpitta	ココナツの枝から分岐した若茎	やせてガリガリでココナツの若茎のような姿をしている
	Goluwa	啞者を表す俗語	しゃべるときの発音が不明瞭なので
	Baranda	悪声	声がかすれている
	Utusīni	sudusīni より転化	舌がうまくまわらず店で砂糖を買う時 sudusīni(砂糖)と言えず utusīni と言って笑い者になった
	Komali	女	声、しゃべり方、しぐさが女性的
	Osiya	足の悪い人を表す俗語	足が悪いので
	Akeya	くる病の人を表す俗語	姿勢が悪いので
	Kaluwa	黒い	色が黒いので
	Pokirikata	ロブスター(Pokiri)の口(kata)	しゃべるときの唇の形がロブスターの口にそっくりだから
	Kakkusikata	便所(kakkusi)の口	いつも(特に女を見ると)口をポカーンと開いたままでいるのは、便所がいつも口を開いているのと同じ

	Ukuna	しらみ	不潔に見え、しらみがわいているようだから
	S.K.		県都マータラ市に S.K.Cinema Hall という映画館があり、そこにそっくりの顔をした切符売りがいる
(B)	Chīna	チーナ(中国人)	顔が中国人にそっくりだから
	Asuhatara	四ツ目	眼鏡をかけているので
○	Haraknandā	水牛(Harak)nanda(おば)	水牛のような体つきをしている
	Pissa	狂人	すぐ腹をたてて家族をどなったりして狂っているようだ
	Sāmi	神殿司祭者、師	神殿司祭者のようにゆっくりと時間をかけて話す
	Sāduwa	sādu は僧侶	もの静かでおっとりしているのが僧侶のようだ
	Tapasa	菩提樹の下の瞑想のときの静寂	とても静かでひかえめの人だから
	Andare	王朝時代の宮廷コメディアンの名	いつもひょうきんで、まるでコメディアンのようにふざけることが多いので
	Gōsa	うるさい、やかましい	アラックを飲むと大声でしゃべり騒々しくなるので
	Goriyā	けんかをする人	飲むと騒々しく荒っぽくなるので
	Gūbāldiya	排泄物を処理する人	普段からダミ声だが、大酒飲みで、まるでブリキ缶がぶつかりあうようなひどいダミ声でわめくので、ブリキバケツを清掃時にひっくり返す音を連想できる
	Kimbula	大トカゲ	いつも他人に酒をたかり、意地汚ない様が大トカゲのよう
	Pinamāmā	馬鹿な(pina)おじさん(māmā)	アラックのただ酒飲みが好きでいつも他人にたかるので
	Gānukatu-gedara	細い女の家	この家の女性はみなやせていたので
	Bulālagē gedara	太い人の家	この家族に太った人がいたので
	PodiĀttālage gedara	小さいおばあさんの家	かつて家族内に PodiĀttā(小さなおばあさん)と呼ばれる女性がいた
	Tikkalāgē-gedara	Tikka(のみのような小虫)たちの家	この家族にのみのようにすばしっこい人がいた

	Asō gedara	眼(Asō)の家	家族の中に眼の大きな人がいた
	Potta Nyāna-yalāgē gedara	片目(Potta)のNyāna(男子名の一部)たちの家	家族の中に「片目のNyāna」という人がいた
生活習慣やある出来事に由来するもの	Ledā	病人	いつも体の調子が悪いと言っては漁に出ず家でゴロゴロしているので
	Hērā	トランプのキング	トランプギャンブルのとき、すぐに「Hērā!」と言ってキングを要求するのが口ぐせなので
	Pānmāmā	パン(pān)のおじさん(māmā)	いつもJaggeryといっしょにパンを食べているので
	Darudeiya	Daruは子供 deiyaは神	非常に子だくさんなので
	Hodi	肉汁(gravy)	Hodi(魚肉汁)なしではごはんが食べられないというので
	Rālahami	長や首領などに与えられる尊敬をこめた称号	いつも人の争いをなだめようとする調停者だから
	Pachō	嘘	嘘ばかりついている
	Ginna	火	ゴシップや噂を流して歩くのが火の広がりに似ているので
	Bingkohomba	Binは地面 kohombaはmargosaインドせんだん	家の周囲にたくさんkohombaを植えたので
	Salama	Solomonから転じた	かつてSolomonという人が村にやってきたとき、その人のまねをして後から歩いたので
	Simple	英語のSimple	母と喧嘩をしたとき、母に向って学校で習った英語を使い「Simple!」と言ったのを母が村中に言いふらした
	Karatekāraya	Karate(空手)の人	以前、空手を習ったことがある
	Pichchiya	焼けた、火傷	姉のサンダルを誤って燃やしてしまい、怒った姉がその焼けたサンダルを彼の口に突込み口を火傷させたので
	Makunu Dal	くもの巣	頭が大きく多髪である彼は、以前くもの巣を頭上につけたまま気づかずにいたので

Mātalan	有名な盗賊の名	現金を家の土台の下に隠したので(銀行に預金しなかったことを批難)
Ahinsaka	お人よし、無知	かつて商人(魚を扱う)だったのに破産してしまい、今は普通の漁民に戻っている
Hatten	町名 Hatton から転化	長年 Hatton でビジネスをやっていたので
Poltel Manamālaya	ココナツオイル(poltel)の花ムコ(bridegroom)	結婚前、髪にココナツオイルをテカテカに塗っていたので
Aggalaya	Aggala はお菓子の一種	仏教の儀礼の際、お供えの Aggala をもって行くとき、こっそりとつまみ喰いをするところをみつかったので
Kalagedi Ammā	壺(kala)をもつお母さん	祭りの舞踏で「Kalagedi Ammā」と呼ばれる Pot dancing があるが、この役が非常に似合ったので
Eram Unnahe	Eran は詩 Unnahe は老人や目上の人に対する尊称	祭りのとき、詩を上手に吟じたので
Dumtel gedara	牛脂(Dumtel)の家	牛脂(Bafallow Ghee)で炊いたごはんの大好きな人が家族にいた
Nellikäle 〃 (以下、gedara は〃で示す)	Nelli は果実の一種 kälē は森	以前「Nellikälē」という人気劇画があった。そのストーリーの中に自動車が登場した。丁度同じ頃この家の前に自動車が止められていたので
Istoppuwa 〃	ベランダ(Istoppuma)家	家族の一員が若い頃、ある少女に恋をして、この少女が水浴びに行くのを、いつもベランダのところからながめていたので
Puwak Gudu 〃	Puwak Gudu は乾いてしなびたアレカナットのこと	この家には、かつて未婚の〝オールドミス〟がたくさんいたので
Tibbatu 〃	Tibbatu は小型ナス	この家族はいつも Tibbatu を茹でて食べていたので
Āracchilāge 〃	Āracchi は村長などや身分の高い人	かつて家族の1人が祭りの行列で Āracchchi の役をしたので
Mojjalāge 〃	Mojja は有名な歌手 Mohidian Beg	Mohidian Beg のようにとても歌の上手な人がいた

	の愛称	
Rojun 〃	王(Rajja)の家	家族の1人が若いとき、母親が浜辺にいる彼をRajjunと呼んだため、以来彼はみんなにRajjun → Rojunと呼ばれるようになり、家もRojun gedaraとなった
Sellam Sumanalāgē 〃	踊り(Sellam) Sumana(男子名の一部)たちの家	祭りのとき、この家のSumanaが何度も踊り、それがとても上手だったので
Nāyaka 〃	Nāyaka(リーダー)の家	以前、この家の中に、タルナウェラでリーダーシップをとるほどのしっかりした人がいた
Māyālāge 〃	Māyāはずる賢いの意味	この家族の1人は、世わたりがうまくずる賢い人だった
Kirikārayalāgē 〃	Kiriミルク、ヨーグルトの意味、Kiriの人たちの家	この家の男たちは、migrationや旅から戻るとき、必ずヨーグルトをお土産に持って帰ってきた
Aimāma 〃	Aimāmā = Abimāmは悪魔の名	この家の1人はAbimānを呼び出すことができた
Wanda 〃	産婆の家	この家の1人(女性)は産婆の役を果たしたことがあった
Āppāyalage 〃	Āppā = Hoppersの家(Hopperesは米粉でつくったパンケーキ状のもの)	この家の1人は食堂で注文するときĀppāしか注文しないので
Hat Adiyalāgē 〃	7本足の家	この家にかつて娘ばかり7人もいたので
Kosmul 〃	Jack Treeの根の家	この家の1人はJack Treeの下で生まれたので
Kumba 〃	寝ている(眠い)家	この家の人はみなまけ者で寝てばかりいる
Golā 〃	未熟なアレカナットの家	この家の人は未熟アレカナットをきんまでかんでいた
Panas 〃	50の家	この家の1人が数が数えられず数が多いと、50、500などと50に関連する数字を言ったので
Pissu 〃	狂人家	この家族がこの家に移る前、この家には何人かの狂人が住んでいた

	Machan 〃	Machan は親友への呼びかけ語	この家の１人は誰に対しても Machan と呼びかけた
	Amana 〃	馬鹿の家	この家の世帯主の両親はともに頭が悪かった
	Gudu 〃	オールドミスの家(Gudu は乾いてしなびているの意)	現世帯主の母の世代に、若いときに結婚せずかなり年をとって結婚した姉妹たちがいたので
	Siddarta 〃	Siddarta の家	この家族の１人は Ayurvedic 医療の知識があり、Siddarta oil という薬を使っていたので
	Opisara 〃	Opisara = officer から転化	家の土地を役人から買ったので
	Dōbi 〃	washerman (Dōbi)の家	この家の男で水浴びに行くとき、必ず着替えのサラマ(腰に巻く布)やタオルを肩にかけて歩いて行く人がいて、その姿が washerman caste(Dōbi)に似ていたので
	kadakāra 〃	商店主の家	この家族はかつて浜で茶店をやっていたが、高波で店の小屋がさらわれて破産してしまったので
	Kolwin Mahatteyālāgē 〃	kolwin だんなたちの家	この家の人は法律を何も知らないくせにすぐに規則や法について話したがり、みんなに笑われていた。かつて kolwin de Silva という有名な弁護士がいたので皮肉った
	Bat Mawwalāge 〃	ごはん(Bat) Mawwa(Mawdāsa という名の愛称)の家	この家族の一員 Mawdāsa はごはんを大喰いするので有名だった
	Pol Atta 〃	ココナツ葉の家	この家の女性でココナツの葉を売っている人がいた
	Suwa Aiyālāgē 〃	Suwalya 兄さんたちの家	祭りの劇の中で Suwalya という役をした人がいたので
	Benatlāgē 〃	Benat たちの家	祭りの劇の中で Benat という役をした人がいたので
	Linna	魚の名	Linna は安価な小魚であるが、この家族は Linna しかとれないので
	Kūni	小エビ(prawn)	父も息子も kūni と呼ばれている。小エビばかりとっているので

			で
○	Hālmassi	Hālmasso(乾した小魚の一種)から転化	彼女の実家はHālmassoをたくさんつくっていたので
	Rōlu Mudalāli	rōlu(英語のrole)商人	ビジネスをするのに借金を重ね、回転資金でやりくりしている魚商人
	Katteya	ずる賢い	世わたりをうまくやりながら生きているので
	Alōdaraya	Alōdarayakは不良、悪いものの意味	自分の舟についているエンジンに関して、いつも「Alōdarayak Unā(調子が悪くなった)」と不漁のときの弁解をしているので
	Gagārin	ソ連の宇宙飛行士の名	1960年代に漁船がサイクロンに巻き込まれ、はるかベンガル湾北部域で救助され、帰村することができた。遠方より戻ってきたので
漁撈、魚などに関するもの	Badarāla	魚の名	badarālaのように細くガリガリだから
	Pawkāra gedara	Paw(罪)を犯す家	この家族は漁に出ると必ず大漁をし、こうして毎日たくさんの魚を殺しているので
	Mara Aiyalāgē 〃	死神(Mara)兄さんたち	この家族はいつも魚を大漁し、まるで魚を殺す死神のような家族だから
	Kawadāt 〃	「いつでも」の家(Kawadātは「いつでも」の意味)	毎日毎日熱心に漁に出るので
(C)	Sangara 〃	SangaraはSankrantiyaの転化	漁民の間で信じられている暦に「Sankrantiyaの日」というのがある。この日は海が荒れ、天候が急変しやすいという伝承があり、漁民は出漁しないことになっている。しかし、この家族はそのような日にすら海に出ていくのである
	Alwis Silvalāgē 〃	Alwis Silvaたちの家	この家族に以前、東部の漁業基地の大魚商人であるAlwis Silvaという人とうまくコネクションをもっている人がいた
	Budu Aiyalāgē 〃	Budu(仏陀)兄さんたちの家	この家のある人の乗っていた漁船が海上で沈没したとき、海に投げ出され

			“Budu Aiyā!”(困ったときびっくりしたときに感嘆詞として“Budu”という語を使う)と言って周囲の舟に助けを求めたので
	kakulu 〃	カニの家	魚の生餌用にいつもカニを使用していたので
	Anda 〃	つぎはぎの家	舟の修理がうまく、古い舟でも、破損したすき間を上手に埋めて長く使っているので、この家の舟はつぎはぎだらけのようになっているので
	Aliwadu 〃	Aliは象の意味	舟大工で、あるとき、祭用に竹細工で象をつくったので
	Kammala 〃	鍛治屋の家	この家の人は釣り針や魚具を全部自分たちでつくったので
(D)	Pawana 〃	Pawanaは〝微風〟の意味	この家族の世帯主はPawanaという名の動力船をもっている。この名はある僧侶がつけたという

(注)○印のついているのは女性。

個人名と家族名とは必ずしも明瞭に区分されない。たとえばある人がHinnipālaというニックネームで呼ばれると、その家族にはHinnipālalāgē　gedara(Hinnipālaたちの家)というニックネームが与えられる。

これまであるニックネームで呼ばれてきた家族の成員には「～gedaraの人」「～gedaraの一番上の息子」などという名称が与えられるが、時には別のニックネームがその中の一員に与えられる。たとえばChina(B)はPawana gedara(D)の長男であり、彼の父は別のニックネームをもち、母も別のニックネームをもつ(デウンドラ生まれなのでデウンドラアッカーと呼ばれる)。このような場合、この家族の成員は「Pawana gedaraの誰々」といわれたり、本来のニックネームで呼ばれたり、言及する者によって異なって呼ばれることになる。Bとの関係が密接な人々はそのコンテキストにより「Chinalāgē」(Chīnaたちの家)と呼ぶこともありうる。

～lāgēは「～たちの」という複数所有格を表す。gedaraは抽象的な土地、敷地や建物そのものを示すことが多く、「家族」より「家」に近い。一般的な意味における家族は「pavla」を使っている(「apē gedara—私たちの家—へいらっしゃい。」「apē pavla—私たちの家族—は貧しい」など)。

第二章　地域社会と「我々の」寺

第一節　仏教とカミ信仰

仏教は、反植民地、独立、シンハラアイデンティティの統合のシンボルとして整備され、民衆の倫理観や生き方の指針を形成してきたが、同時に神々への信仰も日常生活の中で重要な部分を占めている。仏教徒として覚醒していく一方で、人々は経済不安や社会の混乱によって生じているフラストレーションが仏教や仏教徒としての存在証明で満たされないことも認識している。そこで現世御利益的カミ信仰も盛んで、有名な神社への参拝も欠かさない。また寺には、もともと神々も祀られている。特に人気のあるのがカタラガマ神で、東南部のジャングルの中に本殿がある（Obeyesekere 1977）。神々の存在は民衆を寺に引きつける原動力となり、タテマエとしての仏教に対し、ホンネのカミ信仰がスリランカ社会を基礎づけている。寺には仏陀を通して自らの人生観を確認する仏殿と神々を信愛するデーワーレ（神殿）がある。独立後さらに加速した都市への人口流出は都市の住宅難、就職難、生活難として都市大衆に苦難を強いている。加えてムラを出た人々は家族や親族の集合体であった地域社会への帰属が途絶え、心の拠り所であったムラの寺との関係も失われた。地域社会の一員として信仰心を表明するための組織化を欠いた状態にある都市民衆はやがて都市部やその周辺に個人あるいは小規模な家族単位で崇拝の場所を創造していった（澁谷　二〇〇三など）。

独立後のスリランカにおいて、国民を覚醒させるための道具として仏教と寺が重要な役割を占めるようになった。またテレビの普及で、国家と仏教、さらに栄光あるシンハラ王朝と仏教との係わりを映像を通して全国民が共有するようになった。国会開会、国家の祝賀行事などで政府要人と仏教僧侶による儀礼が放映され、国家発展と仏教とのつながりがイメージされている（Tennakoon 1988）。このようなシンハラ仏教ナショナリズムがタミル人を敵対視し、またシンハラ人同士で殺し合うＪＶＰの武装蜂起へと収斂していく過程の底に、暴力の装置としての仏教の存在があることが指摘されている（足立　一九九七：六三―九四）。人々は国民＝仏教徒として有名寺院に参拝し、またそれらの寺への道路交通網も整備され、賑わうようになった。特にシンハラ王朝最後の王都キャンディの仏歯寺や聖都アヌラーダプラなどの聖地として整備された場所は、「国家の巡礼センター」としての役割を担う聖域にまで高められた。タルナウェラの人もこれらの聖地に詣で、近くに住む親戚の家に宿泊する。仏教＝シンハラの栄光の復活神話に支えられた集合記憶'collective memory'（Nissan 1988：271）として国民統合の原動力となった場所とその地にある寺は、参拝者を集めるに至っている。また、もともと仏陀が信仰対象となっていなかった神社の境内に仏陀像を建立して、カミ信仰を仏教に吸収していこうとする動きがみられるが、このことに関しても多くのシンハラ仏教徒は抵抗なく受け入れている（Gombrich & Obeyesekere 1988）。南岸のデウィヌワラにはヴィシュヌ神の本殿がある。この境内に近年になって巨大な仏陀像の建設が進められている。ヴィシュヌ神に参拝に来るシンハラ仏教徒は、仏陀像建立のための浄財の寄付を進んで行う。タルナウェラの住民もヴィシュヌ神が祀られている境内に新たに建てられた仏陀像に何ら違和感も感じず、神々と仏陀の双方に参拝している。しかしこれら国民の崇拝を受け全国から信者を集める寺とは異なり、ムラレヴェルの寺は衰退していった。つまり国民として個人単位で集まる国民統合の仕掛けの役を担う「有名な」寺が繁栄する一方で、ムラの寺は忘れられていった。独立後、人々は個人として、仏陀や神々と向き合ってきたが、国家の仏教を基礎とする政策は衰退しつつあった地域の寺と結びつき、地域的まとまりのあるムラ意識が形成されてきた。大森元吉が強調するようにスリランカのムラは輪郭不確定な概念で、明確な構造上の実体を欠いたものであった（大森　一九八八）が、寺を基礎に境界のある程度明確な地域的実体ができつつある。

殺生と係わるということで、漁民は豊漁を仏陀に願うことはない。仏陀に向き合うときは、一仏教徒として向き合うのであり、漁民として豊漁や航海安全を願うのはカタラガマ神を中心とする神々である。漁民は、モンスーン期に移動する際、カタラガマ神への祈願を行う。かつては移動キャンプへ向かう船上で「移動先での漁業が成功すれば金・銀で船をつくり奉納します」という内容の祈願歌が歌われた（チャンダナ　一九九四：五五―五六）。

すでにシンハラ社会を宗教人類学の視点から論じた鈴木正崇の大著（一九九六）があるが、本章では、社会統合の象徴としての「ムラの寺」の役割を考察する。「私たちのムラ」意識が希薄であったタルナウェラの人々が、寺を通じて地域への帰属意識をもつに至った動向を考察する。二十世紀初頭から、主にロクウェラの人々が徐々に移動して集落を形成したタルナウェラは、輪郭と境界の不明瞭な漁家の集合体であり、利用する浜を共有することで緩やかなムラ意識をもつものの、自律性のある共同体ではない。このようなタルナウェラも政府の村落発展政策と国民形成の過程で、徐々にムラ市民としての自覚をもつような演出のシナリオができつつある。このシナリオに大きく貢献しているのがムラの寺であり、タルナウェラの人々も寺と関係をもつことで、スリランカ人であるタルナウェラ人としての自己を確認しているようであった。

しかし、一九九〇年代以降になると、高学歴化が進み、人々の意識と関心がムラの外に向くようになり、寺への情熱は再び薄れつつある。

第二節　タルナウェラと寺

ダクヌガマ村には四つの寺がある。以下は各寺の概況である。

一　R寺

ダクヌガマ村で最初に建てられたR寺は、一八一八年に高地から来訪した僧侶に寺を寄進したのが発端である。建立者は誰かわからないが、寺のある土地にはもと神祠が建っていたという。寺の記録では一八六五年に修理をしたとある。この寺のみがシャム派(1)の寺で、主に近隣に住む高位カーストであるゴイガマが参拝していた。独立後、ゴイガマが勢いを失い、カラーワが力をもつようになって寺は荒廃していった。それでも荒廃しつつある寺にしばらくは二~三人の僧侶がいたが、還俗したりほかの寺に移ったりした。寺の行く末を案じた老僧は僧侶の補充を依頼し、一九七〇年代半ばにハンバントタ県の農民の子が見習いでやってきて、結局最後はこの老僧と青年僧侶のみになった。やがて青年僧侶は大学に通うために寺を出て最後は老僧が一人になり、一九九〇年代初期には荒れ果てた寺に孤高の老僧が身の回りの世話をする老人とともに居住するのみになった。この寺の最高位の僧侶は代々、マントラ（祈祷のための呪文）を唱えることができる。マントラは一八〇〇年代より代々伝えられてきた。人々は寺に参拝するよりも、マントラを唱えてもらうことを目的に時折寺にやってきた。マントラによってビジネスの成功を得ることができ、星占いをしたり、星の進行による儀礼実施日の確定のためなどの託宣ができる。

老僧の逝去後、大学を卒業した青年僧侶が戻り、六代目の住職になった。それ以来、この寺は再び往時のにぎわいを取り戻しつつある。まず老朽化した建物を建て直すために、考古学局から二十万ルピー以上の援助を得た。新しくやってきた僧侶たちも修復の労働に参加し、現在も続行中である。寺の修理の基金は考古学局や寄進だけでなく、マントラの際の布施に大いに頼っている。若い僧侶は多くの新規事業を始めた。一九九六年からダクヌガマ東区の行政区事務所が置かれるようになったのが幸いした。一九九七年から境内を学習塾に貸しており、このお金が寺を支えている。境内に学習塾用の建物が建てられ、多くの子供が受験勉強に勤しんでいる。さらに一九九八年からは日曜学校も開始し、現在のところ僧侶の説明では約八十名ほどの子供が学んでいる。

一九九二年からポソンピンカマ（ポソン月に実施される功徳のための追善法要）(2)を開始した。当初は軌道に乗らなかったが、それは寺がゴイガマの寺であるのに、付近にゴイガマの住民が少なく組織者が現れないためであった。そこで学習塾の先生に頼んで組織をしてもらった。ダクヌガマ村の伝統ある寺が廃寺になりそうなので、ムラの人の協力を得るためにポソンピンカマをやるという名目である。ピンカマに協力する人はあまり多くなく、使えるお金はわずかしか集まらなかった。しかし、役場から千五百ルピーの援助があった。一九九二年からいよいよ荒れ果てた寺を壊し始めた。これはシュラマダーネ（共同奉仕作業）(3)で九日間で終了した。また、現在（二〇〇一年）は僧坊を建て直す作業を開始している。

二　S　寺

一八〇〇年代後半は、カラーワがモルディヴ交易を掌握し、また仏教復興が軌道に乗った時期でもある。この新しい状況下で財力をつけ、また社会的上昇を果たしたカラーワの中のワラウワ一族が私有地を寄進し、住民の多くが浄財を出し合って建設し、僧侶を招いて建てたのがS寺である。当時は高位を誇るゴイガマに対抗する新興カーストが植民地勢力と結びつき、特に海岸部では社会的・経済的上昇を果たしつつあったが、S寺も多くのカラーワが信仰していたアマラプラ派(4)である。建立の由来はすでに僧侶も知らないが、R寺の僧侶が寺に参拝に来たカラーワの人をゴイガマと別に座らせたことに反発したカラーワの有力者が寺を建てたと伝えられている。当時は小さな寺であったのが、周囲から少しずつ土地を寄進され、現在のような寺になった。この寺はロクウェラ地内にあり、ロクウェラの人々が参拝する。一九七〇年から古い寺を壊して新しく建て替える工事を始め、一九九六年に完成した。そのときにヴィシュヌ神とカタラガマ神を祀るデーワーレも建てた。寺の中にデーワーレもあったほうがいいという意見が多数を占めたからだという。またブドゥゲー（仏殿）は一九九六年に新しくオープンさせた。バナゲー（説教堂）は古く一九三一年に建てられた。以前のブドゥゲー内部には天国と地獄の仏絵が描かれていたが、新しく建て替えられてからは天国のみが描かれた。僧侶の解説では本来は地獄も描いたほうがこの世での悪を教えるのに効果的であるが、最近では在家者も知識が増え、このような絵では意味がないという。新しいブドゥゲーの内部の絵は寄進者が少しずつ絵を寄進し、各絵の下には寄進者の名が書かれている。このように在家の人々が少しずつ布施を出し合い、徐々に新しいブドゥゲーが完成しつつある。

S寺の僧侶がダクヌガマ村や周辺の寺の状況について語ってくれた。現在、ハンバントタ県内では、たとえば、ティッサマハラーマ、タンガッラ、ハンバントタ、ランナなどの町で多くの寺が閉鎖されている。S寺もそして多くの寺もピリウェナ（見習い僧がさらに仏教の知識を学ぶための仏教学校）で教え、その収入で寺を維持している。ピリウェナは政府立で僧侶の研修所だが一般人も学べる。最近もドゥルトゥペラヘラ（ドゥルトゥ月の祭礼）のための資金を十万ルピー集める予定が、集まったお金は六万五千ルピーで支出は八万五千ルピーであった。このような状況が続くと将来ペラヘラを続けることができるか心配である。浄財寄付箱にも毎月二百ルピーしか入らない。また光熱費だけで毎月千五百ルピーほどかかる。R寺はゴイガマの人々が建立したため、田を所有し、また土地も所有しており、それを店に貸して土地代が入るが、S寺はココヤシ数本しかなく、寺院運営のためのお金が不足しているという。

日曜学校は一九五〇年頃からあったが、寺の改修を始めた頃から中断し、一九八七年に再開した。S寺の僧侶の説明では、現在三百人くらいの子供が来ているというが、筆者の観察では二十～三十人の子供の姿しか目に入らなかった。政府から援助はもらわないが、五年に一回くらいYMBAが教科書を配布してくれる。

S寺の僧侶はさらに寺の寂れる要因を次のように解説した。このムラでは七～八割ほどが高学年まで進めない。十五歳くらいで漁業を始め、小銭が入ると酒を飲み寺から離れていく。この背景には漁業の不安定さという経済問題がある。また漁民はお金の使い方をもう少し学ばないといけない。お金があればラジオ付きカセットレコーダーなどを買い、お金がなくなるとそれを売り払う。寺が主催するダンサラもトラナも(後述)お金のない漁民には迷惑な行事になっている。漁船購入に多額の金が必要なのに魚の価格は低い。モンスーン期の移動のためにお金がかかる。一九九〇年代頃までは僧侶が実際にトラナを製作することができたが、今では僧侶が多忙なことと、作り方がよくわからないので専門家を雇わねばならなくなった。しかし、そのためのお金がなく、僧侶が呼びかけても予定額の四分の一も集められないのが現状である(5)。

三　T寺

一八八五年にワラウワではない有力家族が私財を寄進したのがT寺である。寄進者は一度僧侶になったが、還俗し、ウパーサカムッター（優婆塞大老。敬虔な在家信者のこと）と呼ばれた。彼は自分の土地を寺に寄進した。また、僧坊は当時ダクヌガマ村で有力な地位を築いていたムスリムの人が寄進したという。二〇〇一年は寄進者の五十九回目の命日に当たる。S寺と異なり、土地提供から寺建設まですべてを寄進者個人で行ったという。しかしタルナウウェラ住民は、T寺もS寺と同様にアマラプラ派であること、寄進者はワラウワの人ではなく、ウパーサカムッターと呼ばれる新興の金持ちであり、一九〇〇年代半ばに死亡したということ以外は職業や本名も知らず「T寺を建てたウパーサカムッター」としてのみ語り伝えられている。またこの寄進者はアヌラーダプラに巡礼し、当地より聖菩提樹の苗を持ち帰りT寺に植えたので、寺名は大菩提樹寺（ジャヤボディパンサラ）という。これを記念して毎月の満月ポーヤの日と建立者の命日である十二月二十五日には、ダクヌガマ村全域に呼びかけて菩提樹供養（ボディプージャ）を実施している。

寺は幹線道路沿いにありタルナウェラに最も近い。しかし人々は満月ポーヤの日以外にはほとんど参拝に行かない。この寺も参拝者が少ないので往時の繁栄を取り戻そうと、満月ポーヤの日の儀礼に力を入れ、布施を呼びかけている。一九八〇年代前半まで居住していたある商人家族が熱心な檀家として定期的に多額の布施や寄進をし、古びた仏殿を建て替えるところまで話が進んでいたが、この家族が破産し離村したためこの計画も流れてしまった。

現在、タルナウェラの人たちは、ボディプージャのときぐらいしかこの寺に参拝しないが、寺は日曜学校に力を入れている。日曜学校で六年間学び、ダルマチャリヤ（仏教徒としての知識と教養）を会得すると大学で奨学金を受ける資格を得る。しかし、最近は途中から塾に通う子が増え、六年まで学ぶ子は二〜三人にも満たない。また一九九七年からはモンテソーリヤ（幼稚園）も経営し、十〜二十人位の幼児が通っている。寺は僧侶を教育するプログラムを企画し、ピリウェナに入る前の二年間の僧侶研修センターの役割も担っている。サーマネラ（見習い僧）の教育センター職にあるので、この寺には月五千ルピーが支給される。現在は僧侶が常時五〜六名居住しているので五千ルピーが支給されるが、僧侶の数が減れば、支給される金額は減る。寺のサミティヤは二種類あり、ダーヤカサミティヤ（檀徒委員会）とカルナサダカサミティヤ（慈悲と信仰の委員会）がある。前者はムラにできている檀家集団であるが、後者は寺の祭りや行事などとは無関係な、寺の建物維持のための援助の主体となる組織であり、政府の機関の下部組織である。檀家集団は一応百家族ということになっているが、熱心なのは代表を務める二十家族ほどである。檀家の活動の一環として、一年に一回、寺維持のための話し合いがもたれるが、このとき各家が十二ルピーずつ持ち寄り基金を集め、一定額に達したら役所に必要な金額の一部を申請できる。税金対策として多額の寄付を出す富裕家族もある。檀家の半分以上はお金のみで参加し、また熱心に参拝に来るのは大半が年輩女性である。この寺は区の役所（旧AGA）と関係が深く、一般的に役所からの援助は貧しい寺を対象とすることが多いのに、T寺はこれまでに二回も援助があった。

四　U　寺

この寺は一八八六年にS寺建立に寄与したワラウワとは別のワラウワが建てた。この家族はS寺を建てたワラウワに対抗するためと、またT寺を寄進した新興の勢力に対抗し、ワラウワの優位性を保持するために寺の建立をはかったという。マータラ派（サッダンマ派）に属している。なおこのワラウワ一族は寺のみならず、墓地も自家用に開きその誇りを守ろうとした。U寺を建てた家族はその後全員がコロンボに転出し、やがてこの寺をタルナウェラの人々が参拝するようになった。S寺はすでにロクウェラの人々が参拝をしており、またT寺には当時、タルナウェラからの道が通じておらず（一九五六年に開通した道を通るとタルナウェラからT寺の脇を通ってバスの通る幹線道路へ出られるようになった）、タルナウェラから市場に行く途中にあるU寺に参拝するようになった。一九六五年に今の高位僧侶が就任したときからペラヘラ（サラナムカラペラヘラ）を実施していた。一九七二年にデーワーレができた。デーワーレ建立のいきさつは次のように説明されている。以前はダクヌガマ村の人はヴィシュヌ神に参拝するためにデウィヌワラまで行っていた。漁民である彼らには仏陀と同時にヴィシュヌ神を信仰したいという気持ちがあった。特に南部では六月から九月までの四ヵ月間はカタラガマ神とヴィシュヌ神の二神を強く信仰するので寺院内にこの二神が祀られるのが望ましいという。デーワーレの建立には三人が布施を出し合ったが、三人ともダクヌガマの中心で商店を経営する富裕者である。

U寺には一九八〇年からサルボーダヤの事務所が置かれている。特にサルボーダヤ・モンテソーリヤが実績がある(6)。モンテソーリヤは一九七五年からあり、一九八〇年にサルボーダヤの組織になった。日曜学校も一九六五年からあり、S寺は途中でやめたりもしたが、この寺はずっと続けている。現在は六年生が二人、五年生が三十人位である。六年生を終了してもまだ大学入試時に奨学金をもらった子はいない。毎年六年生まで残る子は四人以下である。学校や塾が忙しくなってくるので僧侶は仕方ないと思っている。最近はポーヤの日も塾があり、寺に来る子は少なくなってきた。デーワーペラヘラも一九九九年以来行ってない。僧侶によれば、この寺には漁家が多く参拝し、彼らの多くが年中移動で忙しくなったからだということである。

この寺でかつてあったサミティヤとして、一九四六年からサンガミッタサミティヤがあった。これは小規模なサミティヤでお金もかからず、子供たちだけで組織し、ベラーワ（太鼓叩き）やナトゥム（踊り手）も外から呼んだりしない。U寺からT寺の前の通り（大菩提樹通り）、ダクヌガマの浜を行進してU寺に戻る。年によって実施したりしなかったりする。

以上、四つの寺をみてきたが、四寺院のうち、どの寺に参拝するかは自由であり、シャム派、アマラプラ派、マータラ派ともに教義には差がない。その点においては、幹線道路への道が通じてからはタルナウェラから最も近いところにあるT寺に、タルナウェラの人々は参拝するはずである。しかし、タルナウェラの人々はU寺を最も好む。理由として、第一にU寺の僧侶が高等教育を受けている（大学卒業）こと、第二にかつてT寺の僧侶が布施の一部をテレビや高価な家具購入に流用しているという噂があったからだと多くの人から説明された。

富裕層は複数の寺に布施をすることが可能だが、現金収入の不安定な漁民家族は布施を出すのに一寺しか選択できない。そこで必然的にロクウェラ漁民はS寺、タルナウェラ漁民はU寺に参拝し、満月ポーヤの日にはT寺に参拝するという方式が定着していった。

ダクヌガマ村の四寺ともその開山は一八〇〇年代以降で、それ以前の寺の存在については判明していない。しかし、ダクヌガマ村は南岸にあるヴィシュヌ神殿に近接し、特にタルナウェラの土地の一部はこの神殿の所有地であったという。独立運動の高まりの中で、当初はエリート層や富裕層中心に寺の寄進や信仰が高まっていき、やがて民衆の間にも仏教が普及するにつれ、富裕層が離村する中で寺参拝が定着していったと考えられる。しかし、漁業をはじめ安定した収入が保証されない状況と、男性の長期の不在が、結果的に寺との関係を希薄なものにしてしまった。ただ、寺離れが起こりつつあるといっても仏陀への帰依の気持ちは不変であるといえよう。

第三節　漁撈活動と寺・神々

マチの人たちが夕方の散歩を兼ねて近くの寺に参拝するのと異なり、タルナウェラの人々は特別な日を除いてあまり寺に参拝しない。檀家となって寺と積極的に係わっているのは、非漁民の家族や事務職の家族、また比較的裕福な家の年輩の主婦などが多い。漁家の男性は海辺に出て、海の具合を観察したり、情報交換をし、女性は井戸端での洗濯、水浴び、飲料水の確保や夕餉の支度で忙しい。買い物に出かける道すがら寺を横目で眺めるぐらいである。時折、老人が涼しい菩提樹の木陰や仏殿内で祈りを捧げる以外には寺は閑散としている。しかし、寺はいつも整然と美しく掃き清められ、仏陀の像に捧げられる花が絶えることはない。

タルナウェラの人々が寺に行く回数は決して多くないものの、長期の旅行に出かける前や、家族にとっての特別なことがあれば、U寺に参拝し、余裕があればT寺にも参拝する。このときには、仏殿のみならず、隣に建てられているデーワーレにも参拝をし、浄財を投じる。寺に行く場合には、男性は、必ず上半身は洗濯をしたシャツに着替えて、ポーヤや特別の日には白い衣装に着替える。また、さらに重要な儀礼を実施する場合には、僧侶を家に招きピリット（護呪儀礼）を実施してもらい、布施として食事や布、また年若い僧侶などには文房具などを贈る。雨安居（七月～十月の三ヵ月間）以外は、人気のあるS寺やU寺の僧侶は頻繁にどこかの家族に招かれ、ピリットを行い、布施としてご馳走を供与される。葬式には埋葬前あるいは火葬前に僧侶によってピリットが行われる。理想としては家族成員全員の通過儀礼や祝い事にピリットを行うのが望ましいが、経済的には不可能でもある。追善供養のピリット以外は、特に経済的に余裕がある場合を除いて省略されることも多い。

第二節で述べたように寺離れが起こりつつあり、寺に参拝に行く回数は多くないが、タルナウェラの全家庭には仏陀と神々が祀られ、朝晩に主婦か年輩男性が参拝する。このようにタルナウェラの家族は仏教徒としての日常を送っているが、同時に彼らの生活の中には様々なカミ観念が交錯している。一例をあげると、妊娠中に安産祈願儀礼として僧侶を招いてピリット儀礼を実施する場合もあるが、多くはギーガニマハッティヤ（呪術師）を招き、パッティニ女神に安産祈願をする。そもそもピリット儀礼も出家した僧侶のもつ浄性を利用した護呪儀礼であり、家族を災厄から守るのは僧侶であっても、呪術師であってもさしつかえない。むしろ、タルナウェラ住民の日常を具体的に眺めると、仏陀と様々なカミや悪霊との関係性を巧みに操りながら生きる人々の合理性がみえてくる。ダクヌガマ村内とその周辺には多くの呪術師、悪霊祓い師が居住し、ときに呪術の使用を依頼する。寺内にあるデーワーレ祭祀を行うカプラーラ（祭祀者）とは特別な場合しか関係をもたないが、近くのムラに住むギーガニマハッティヤやカッタディヤ、ヤカドゥラなどと呼ばれる呪術師や悪霊祓い師に家庭内や仕事上の問題解決を依頼する。具体的には、病気治療、嫉妬によってかけられた邪術祓い、占星術などである。彼らは多くの場合、普段は農業などをしながら依頼を受けると儀礼を行うが、専業にしている人もいる。ムラの人々も、病気の具合により相手を選ぶ。たとえば、軽い頭痛や腹痛などは、呪文を唱える専門家であるヤカドゥラに簡単な儀礼を依頼し、慢性的痛みや精神的苦痛などには病院にも行くが、危機的状況を打破するために特別にカッタディヤのもとを訪れ、必要に応じてトヴィルなど悪霊祓い儀礼の実施を依頼する(7)。

タルナウェラの人々は特に邪術をかけられることを恐れている。大漁をしても不漁のように装う。さもないと嫉妬による邪術がかけられる。また、他人の大漁に対してあまり誉め過ぎたり羨んだりする表現は慎む。その人が次に不漁になったとき邪術をかけたと思われるからである。絶えず漁業や市場の状況に関して情報獲得に集中し、他人の漁業に関して注意を怠ることはないものの、直接自分自身のみならず他人の漁業の成功・不成功に関する言及はさける。実際のところ、大漁、漁業による収益に関する成功は本人の努力もさることながら、運によるものであるという観念が存在する。また、独立性の高い漁撈活動であることから、漁民間に熾烈な緊張関係があり、それが不漁の際の原因追及と現状打破に向けての方法に反映している。

漁撈活動のみならず、日常生活においても他家との緊張関係があり、それは噂とその否定という形で顕在化する。窃盗の噂をたてたり、たてられたりすることも多く、無罪を証明するために、あるいは他人の嫉みによる邪術を解くための儀礼もある。ある家の貴金属が保管場所からなくなり、隣人が盗んだとの噂がたつようになり、その家の人の耳に入った。憤慨したその家の兄弟姉妹たちは家の前庭に、貴金属が紛失した家の方向に向けて小さな祭壇（パハンパラ）をつくり、三日間供え物をして祈った。タルナウェラでは窃盗の噂はよく聞く。若い女性の間では新色の口紅、化粧品などがよく紛失し、紛失した家は特に普段から不仲の家の成員を疑う。男性の間では船外機が夜陰に乗じて盗まれるので、漁が終わり家路につくとき、船外機を船からはずして自宅へ持ち帰る。

南部各地では嫉妬による邪術、嫉妬による窃盗、嫉妬による船への放火や漁網の損壊などの噂やニュースに事欠かない。社会の不均衡を邪術のせいで合理化しようとする観念がある(8)。証拠が明白でなく、しかも隣人との直接的対決をさける傾向があるため、噂はときに鮮烈であり、噂の対象となった場合は無罪を示す行為をカミに向かって行うことで、ムラ内の人間関係のネットワークの断絶をさけ、人々の共感を得なければならない仏陀と向き合うときもカミに願うときも、その儀礼単位は個人的であり家族単位である。もちろん大規模な儀礼、たとえばトヴィルや初潮儀礼では、〈ムラ全員が家族、親族である〉というタテマエどおり、近親者のみならず多くのタルナウェラ住人が集まり手伝う。しかし、近親者以外はむしろ儀礼の娯楽性を求めて集まると考えるのが妥当である。例外は後述の不漁が続いたときの悪霊祓いで、共同体全員が参加するというガラートヴィルである。

一方でこのような個人や家族の独立性が高く、各家族間の緊張関係と協調関係が複雑に絡み合ったタルナウェラで、行政単位としてのまとまりを志向する上からの働きかけがみられるようになってきた。それは漁協の組織化による漁業発展を目的とし、また国民の生活向上をはかるためにムラの住民組織を強化させる政策によるものである。この政策はまた、近年になってから弱体化しているムラの寺の生き残り作戦とタイアップし、新たな動きとなって顕在化している。サムルディ計画の援助対象者の集会で菩提樹供養を実施するなどは、仏教を中心にまとまろうとする国民の意識を利用したものである。このように独立性が高く、しかも各家族間が緊張関係にあるようなタルナウェラにおいてはU寺がムラ統合に向けて積極的役割を果たしているが、同時に寺間の争いの要因になっていることを次節で考察する。

第四節　寺の祭礼とダンサラ

T寺が満月ポーヤの日に行うピリット儀礼に人々が参拝することはすでに述べたが、これは各個人の自由意志である。このような個人単位でなく、寺が檀家会を組織して行う祭りがU寺主催のデーワーペラヘラであり、タルナウェラ住民が役場と寺の助言によって行うダンサラ（施しをすること、無料接待）である。タルナウェラの家族がダンサラへの参加を通して擬似的に一つにまとまる。

一　デーワーペラヘラ

U寺には以前はデーワーレはなく神々は仏殿の中に祀られていた。寺は参拝者を獲得するためにデーワーレを建立するよう村人に働きかけ、一九七二年に完成した。それ以降タルナウェラの人は以前よりも熱心に寺参拝を行うようになったという。かつてS寺とU寺は互いに檀家獲得で争っており、同時期に両寺でペラヘラが行われていた。S寺はドゥルトゥペラヘラ、U寺はサラナムカラペラヘラといったが、ペラヘラの時期がかち合い、結局U寺はこの時期のペラヘラをあきらめ、一九七七年より別時期にペラヘラを行うことにした。こうして始まったのがデーワーペラヘラである。

ペラヘラの二人の組織者は漁民ではなく、またダクヌガマ村生まれでもない。一人はダクヌガマ村の東の村に生まれ、ダクヌガマ村の妻の家に住み、内陸の町の学校で英語教師をしている。もう一人はダクヌガマ村の西の村で生まれ、その村にある農政事務所で公務員をしており、やはり結婚後はダクヌガマ村の妻の家に住んでいる。この二人がタルナウェラの有志に働きかけてペラヘラの実施を軌道に乗せた。祭礼前夜の盛大なU寺のバナゲーでのピリット儀礼に続き、当日の朝、ヴィシュヌ神とカタラガマ神を祀るカプラーラによる儀礼が行われ、U寺から幹線道路を通りタルナウェラまでの盛大なペラヘラが繰り広げられる。タルナウェラの各家庭からは寺に布施の一つとしてハールキリ（カルダモンなどのスパイスを入れてココナツミルクでつくるお粥）が納められるが、このとき寺内の調理場で大量のハールキリを用意し布施を行うことが富裕層に期待されている。ムダラーリ、動力船所有者などが敬虔な仏教徒でしかも気前のいいことを誇示するため、毎年順番に布施を行い乗組員たちが手伝う。またこの日は、少年たちが踊りながら行列を先導する。一九八五年現在、三～七年生までの少年たち二十五人（一つの家族から兄弟が出演するので、参加家族数は二十一）が踊りの稽古をしていた。これら二十一家族のうち、漁民家族は十三で、そのうちタルナウェラの家族は五で、残りはロクウェラに住んでいる。そのほかの家族の職業は、農業一、日雇い二、魚商一、パン製造一、バス運転手一、ビジネス二である。当日は他村から招いた踊り手（トヴィルの踊り手である）を先頭に、各年齢集団ごとにグループをつくった少年たちが寺への奉納の踊りをしながら道を練り歩く。少年たちにタルナウェラ出身者はまだ少ないものの、寺は今後増加することを期待している。U寺のピリット儀礼に参加し、布施を出し、ペラヘラを見物する人々はタルナウェラの寺であるU寺がムラの繁栄と幸福を招くために開催する祭りを通してタルナウェラの一員としての自己を確認する。しかし先述のように、高学歴を求める少年たちは寺よりも塾を選択し、男性は漁業活動が忙しく、一九九九年を最後に実施していない。

僧侶もタルナウェラの人もこのことに関して、たまたま実施しない年が続いているだけで、将来実施するかもしれないと語った。

二　ダンサラ

仏教徒にとって最も重要な時期の一つであるウェサック月（太陽暦で五月）の満月の日前後は大規模な祝祭典が華やかに開催される。ウェサックの祭典ではロクウェラとタルナウェラとの対抗関係が顕在化する。この時期にはスリランカ各地で仏典にちなんだ様々な催しが開かれるが、ダクヌガマ村のメインイヴェントは、ロクウェラのトラナ、タルナウェラのダンサラである。トラナは仏陀の教え、一生、ジャータカ物語を絵巻風に描いた大きな絵（トラナ）を広場に掲げて祭る行事である。夜になると、絵に無数のイルミネーションがちりばめられ、その下では夜通しショーが繰り広げられる。

新年（四月）から八月にかけてはカタラガマへの巡礼が増加するが、ダクヌガマ村はカタラガマへ向かう幹線道に位置する。タルナウェラの人々はムラから数百メートル離れた幹線道で、軽食や飲み物を巡礼者に振る舞う。タルナウェラでダンサラが開始されたのは一九四七年のことである。同じ頃にロクウェラでもダンサラを組織したが継続せず、やがてダンサラはタルナウェラ、トラナはロクウェラという分担が定着していったという。

ダンサラは、役所とU寺の後援でタルナウェラの人々によるダンサラサミティヤが毎年組織されることから始まる。この委員会の結成には漁協が大きく関与している。つまり漁協を通して漁民を組織化させようとする動きが、寺の関与によって促進されている。委員会の組織化にあたり漁業協同組合の幹部が水産省の後押しで積極的な役割を果たしている。漁協の組合長や幹部が事実上の組織者で組合長は委員会徴集の権限をもつ。毎年翌年度の役員が選出されるが、だいたい同じ顔ぶれの約十人ほどの中から選ばれる。組合長が新年の日に徴集をかけるが、場所や時間は浜近くの集会場（シャーラーヴァ：水揚げ場ごとに漁民の休憩所、漁具の補修所として建てられたが、集会所の役割も果たしている）や店屋、バス停、四つ角などにお知らせとして貼り出される。新年の日に集会場に集まりその年のダンサラの詳細について討議される。全員が集まって決める合議制がとられているが、百二十六世帯のうち集まるのは約五十名ほどである。委員会はタルナウヴェラ住民つまりダクヌガマ西区漁協の会員が加盟していることになっており、会合に出席するのは誰でもいい。ときには一家族から二人が出席する場合もある。ほとんどが二十代後半から五十代までの男性で、女性は数名ほどが集会場の後ろのほうに固まっている。

ダンサラで最も重要なのは募金活動である。集金開始日を決定し、予定日までの目標額、各自が持ち寄る品々や食料の内訳と総量についての予定が立てられる。集金した資金はダンサラに使用され、また残金を次年度のために一定額確保しておかなければならない。残金は一部は次年度ダンサラ用に預金されるが、残りは福祉協会が全家庭に分配する。また、ダンサラで使用する砂糖、飲料の空き瓶、ポリタンク（ジュースなどの飲料を入れる）などが残るのでオークションで買い取られ、この売上金も次年度費用にまわされる。預金は毎年のダンサラに使用する資金になるだけでなく、委員会成員の貸付

表 11　1985 年度ダンサラ決算

支出内訳(単位ルピー)	Rs ct
ジュース粉末	1,325.00
ラウドスピーカーセット レンタル料金	560.00
ドドル*37.5 kg 購入	1,125.00
ノートと鉛筆	45.00
紙 5 枚	2.00
ペンキ、目印用旗布	21.00
針、糸	17.50
旗 2 組	15.00
セロファン 4 ヤード、安全ピン	12.50
紐	9.00
煙草、きんまの葉とびんろうじゅの実**	94.50
ガソリン	50.00
電話代 1 通話分	1.50
飲料 (コーラ類)、塩	8.50
ビスケット 4 缶	202.00
バナナ	118.00
スピーカー操作係への紅茶代	12.00
計	3,618.50

収入内訳	
ダンサラ終了後、余ったきんまの葉の売上金	8.00
空瓶の売上金 22 本分	171.00
砂糖の売上金 1/12 kg 分	20.00
行政と個人による布施	1,165.00
1984 年度配当金の貯蓄総計	7,200.00
1984 年度繰越金利息計	2,160.00
計	10,724.00

(注) Rs＝ルピー　ct＝セント（1 ルピー＝100 セント）
収入－支出：10724.00－3618.50＝7105.50
7105 Rs から一部を全家庭に配当、配当金はそのまま貯蓄を続けて利息を増やすか、否かに関しては各家庭の自由選択にする。

配当金の額などの内容の詳細については未調査。

*：ドドルは軽食用のスナック菓子、他のスナック食と異なり家庭で料理しにくいため、店屋で購入した。

**：儀礼的に客にすすめる。

金としても使われる。ウェサック満月の約三週間前から募金活動が開始され、持ち寄る軽食を調理する分担も決められ、家庭の主婦は当日までに割り当てられた軽食を用意しなければならない。

当日、吉兆時までにすべてが用意され、役場からの代表者、マータラ県選出国会議員などが挨拶をし、テープカットによる開会式を行うと二日間にわたるダンサラが始まる。接待は概ね巡礼の車の列が途絶える日暮れまで行われ、タルナウェラの男性の大半が交替で接待をする。旗を振って車を呼び止め、布施を受けるように依頼し、また止められた車に乗っていた人々もありがたい無料接待に感謝し軽食と飲み物をいただき、再びカタラガマへと向かうのである。異人を歓待することでムラの内と外との境界がなくなり、同時に「国民」であり仏教徒である「我々タルナウェラ人」が意識される。

一九八五年のウェサックダンサラの収支内訳は表11に示したが、差し引き七千百五ルピー五十セント（当時の日本円で七万千五十円）となり、寄付の詳細は軽食持参者百六十九名、募金寄付者九十名である。計二百五十九名のうち、一家族から数名が寄付を出している場合も若干例あり、また寄付金を出している人の約半数はロクウェラの商人、市場の店経営者などで占められている。実際は、寄付と軽食を供出した人の中には名簿に名前を書かなかった人もおり、三百名近くが寄付ないし軽食を供出していると思われる。誰もが顔なじみのタルナウェラでは特別な理由がない限り協力を拒否することは不可能であり、またダクヌガマ村全体でも富裕者層や富裕であると意識している人々は募金に応じなければならない。しかしながらウェサックダンサラの精神的支えは、タルナウェラばかりでなくスリランカの国民意識に目覚めた人々のまとまりと共通のものである。

約一ヵ月後、タルナウェラの全家庭に一世帯あたり十ルピー程度の配当金が配られ、これをもってダンサラ委員会は解散し、翌年度の新役員が選出される。同じ日に開催されているロクウェラのトラナは、夜になるとイルミネーションが輝きその下でショーが開かれるので、タルナウェラの人々はこぞって見物に出かける。ロクウェラの人々を警戒しながらウェサックの夜を堪能するのである。トラナには、タルナウェラの魚商や動力船所有者でロクウェラでも自己の存在をアピールしたい者は布施を出す。ときにトラナのイルミネーション点火セレモニーにタルナウェラの有力者も招待されるが、この場合には多額の布施を寄付し気前のいいところを示さなければならない。

ジャヤシンニョムダラーリ（第一部第四章第二節参照）は、最盛期の一九八〇年代半ばから一九九〇年代初頭までほぼ毎年多額の布施を寄付し、点火セレモニーに招待されていた。

行政と寺がダクヌガマ村の統合を目的として企画した催しは、結果的に両ムラ別個の開催ということになったが、少なくともタルナウェラの人々の間にタルナウェラアイデンティティが生まれる要因になった。また互助的組織も合わせもつダンサラ委員会発足により、一定の地域的枠組みの中での家族の集合体であったものが一つにまとまっていくきっかけになったといえる。それはその後も解体と再編成を繰り返しながらも存在し続ける漁協の組織化の基盤を提供することになった。

そのほかの企画の多くはとん挫しており、新年祝賀の催しも開催地がロクウェラ地内であり、企画者がすべてロクウェラの大商人、ダクヌガマ村在住のホワイトカラー層に占められており、タルナウェラ住民はほとんど参加していない。見物に行った若者も酒の酔いも手伝って最後にはロクウェラ住民との間にいざこざを起こすのが通例になってしまった。タルナウェラとしてのまとまりの強化は一方でタルナウェラの孤立感を深め、その意味においてタルナウェラアイデンティティがネガティブな形で顕在化する場面も起こるようになった。

タルナウェラの人々はその信仰体系を様々な場面に応じて使い分けている。最も生活に密着した漁―不漁という変動の激しい日常的場面で、邪術・悪霊など寺や神社での祭祀の対象にならないものを意識する。そしてそれらとの関係のあり方を指南する呪術師（邪術・悪霊祓い師）が存在する。慢性化した病気、近代医学でも治療不可能な心身症的症状、あるいは危機的状況がムラに襲いかかるときにはより複雑な悪霊との係わりが関心事になる。

また通過儀礼などの人生における節目や重要場面には神々が信仰対象になるとともに、ピリット儀礼による呪的保護を仏教僧侶に求める。満月ポーヤの日や仏教暦の特別な日には深遠で倫理的な高い理想への到達を求めて仏陀への帰依を確認するが、同時に僧侶のもつ力にも頼るのである。

第五節　タルナウェラの漁民とガラートヴィル

漁撈に生活の多くを依存しているタルナウェラの人々は、不漁が続くと状況転換を求めるために儀礼を実施する。トヴィルは各家庭で病人が出たときに実施するが、不漁を感じた個人でも実施する。一般にムラ単位で行うのがガラートヴィルである。祭りや長時間に及ぶ儀礼の最後に行うのがガラートヴィル（ガラー・ヤカーという悪霊を登上させて行う儀礼）であるが、タルナウェラでは、ガラートヴィルのみを独立させて行う。ガッラ近辺の漁民も他の儀礼と関連させずにガラートヴィルのみを行う（Kapferer 1983：251-252・鈴木一九九六：五一七）。有志が音頭をとり基金を集め、浜で行う。この儀礼は行政の支援を受けて寺が実施するものではなく、共同体成員が自発的に実施する儀礼である。一般に不漁は、他人に嫉妬による邪術をかけられた結果と考えられており、邪霊祓いのためにヤカドゥラ（呪術師）に依頼して用意した聖水を船の数ヵ所にふりそそぐ(9)。

どの船にも不漁が続き、さらにムラに病人が続出すると禍を抜うため、誰からともなくガラートヴィルをやろうという話が出てくる。オルーの所有者がお金を出し合ってガラートヴィルをやり、その結果再び浜に魚が寄ってくる。個人に災いをもたらす様々な悪霊と異なり、地域全体に災いをもたらす悪霊がガラー・ヤカーである。この悪霊を祓うには、集団でトヴィルを実施する必要がある。これがガラートヴィルである。ダクヌガマ村の近隣に住むカッタディヤによれば、近年は昔ほど大がかりなガラートヴィルはなくなったという。それは金銭的な問題ではなく、組織者がいないからだという。本来ガラートヴィルのような大がかりなトヴィルは組織者が必要なのだが、現在多くの海村でそういう徳のある人が少なくなり、漁民の多くがムラを離れる期間が長くなって、人々がそろわないからである。しかし絶えず漁民が出入りする大きな漁港になると、多数の漁船が係留され、規模が大きくなり過ぎ、また様々なムラから集まっているのでトヴィルは組織しにくい。タルナウェラのような小規模な浜のほうが、住民が顔なじみでもあり組織しやすいのだともいう。ガラートヴィルはもともとオルーのような小型漁船の所有者がお金やものを出し合って実施するのが一般的であった。タルナウェラの漁民によれば、ガラートヴィルは一回実施すると三年間の効果がある。つまり、実施して豊漁になっても、三年後にはまた魚がとれなくなるので、やらざるを得ないのである。魚がとれなくなるのと同時に、ムラで「カミの病（デウィヤンゲー　レダ）」といわれる病が流行し出す。具体的には、かつては水疱瘡や天然痘のような伝染病であり、現在では住民の多くが腹をこわしたり眼病を患ったりするような流行性の病気である。このような流行病と不漁を認識すると、誰からともなくあれから三年たったのでそろそろやったほうがいい、という話が出てくるという。病人の誰かが代表になってこの人が悪霊祓いを受けるが、三年後にこの人が夢をみるという。ここでムラの人全員が認める組織者がいれば順調に進むが、組織者を自発的に志願する人は昔ほど多くはないという。

現在、一番重要な役は会計である。しっかりしていて、ムラ人の人望が厚く、しかもよく動く若い人がいい。

ガラートヴィルの準備は現金、米、パニ（ヤシの花序からとった蜜）など、個々の家族で供出できるものを出す。現金を供出する漁民のほとんどは動力船所有者である。二〇〇一年には相場はほぼ決まっており、タンクボート所有者は千ルピー、小型漁船（一・八フィートの小型動力船）所有者は五百ルピー、オルー所有者は二百五十ルピーとなっている。お金の使い道で大事なのはトヴィルの踊り手を雇うことである。組織者や会計は安く引き受けてくれるトヴィルの踊り手（カッタディヤ）を求めて、近隣の村々を訪問する。結局、多くの場合、タルナウェラ周辺のムラに住むカッタディヤと話がつく。各家庭の悪霊祓いの儀礼にしばしば招かれているので気心が知れているからである。

浜にテントを張り煮炊きの場をつくり、ハールキリ、米、野菜、バナナなどを用意し、男たちのみで調理する（シンハラの伝統でこの際も女性は不参加であるし、儀礼実施中はその場面を見ないほうがいい）。トゥイルの踊り手と男たち全員で浜で共食する。共食後、余った食料は分け合って家にもって帰る。また多額の現金を寄付してくれた家には鍋に余ったものを入れてもっていく。

ガラートヴィルを行った後は、一日半が過ぎるまで浜に近づかないことが望ましい。一日半経つとアイル（ガラートヴィルを実演するためにつくった祭壇）を取りはずし、再び浜から海に出る。昔、このアイルの上でふざけて踊ってその後病気になった人がいたので、再度ガラートヴィルを演じたことがあった。

《注》

（1）スリランカ仏教はシャム派、アマラプラ派、マータラ派（サッダンマ派）に分かれる。シャム派は主にゴイガマが信仰している。アマラプラ派やマータラ派はゴイガマの優位に対抗して植民地時代末期に非ゴイガマの新興カーストによって支持された。
（2）各月の満月の日に功徳を積む行為（ピンカマ）を行うことが望ましい仏教徒の姿である。特定月の満月の日のピンカマに力を入れている寺は多い。
（3）共同で分かち合いながら覚醒するという意味である。注（6）参照

（4）注（1）参照

（5）ムラ人の話では、この僧侶が修行中に、彼を好きになった女性が自殺未遂を起こしたことと、この寺の僧侶が第三者をたてて高利貸しをしているらしいという噂があるので、寺の人気がなくなったという。

（6）サルボーダヤ（正式名はLanka Jātika Sarvōdaya Shramadāna Sangamaya）は、一九五八年に行ったボランティア活動をきっかけにA・T・アリヤラートネ氏と彼を支援するボランティアワーカーが結成した政府公認のボランティア団体である。仏教的価値とシュラマダーネ（労働の奉仕）による個人や社会の覚醒（サルボーダヤの本来の意味がすべてのものの覚醒である）を基礎に参加型開発を進めようとする運動である。タミル人の多い地域を除いて全土に広がる組織に成長している。また、僧侶と教団（寺）が地域発展のためのサルボーダヤ訓練プログラムに参加している。ダクヌガマ村ではサルボーダヤ・シュラマダーネ・サミティヤ（シュラマダーネの実践計画）とサルボーダヤ・サンワルダナ・サミティヤ（サルボーダヤの発展委員会）、そしてモンテソーリヤ（幼稚園）の三委員会が組織されている。サルボーダヤ運動についてはジョアンナ・メーシー（一九八四）が詳細に紹介しており、またこの運動の実態と限界については鈴木晋介（一九九九）参照。

（7）船の初おろしも自分たちで神々に祈りを捧げるが、儀礼実行を聖職者に委ねるカトリック漁民とは異なる。

（8）赤坊や幼児の病気も誰か特定できない他人の邪術に原因を求める。ある家族の二人の幼児がともに皮膚病にかかったが、母と祖母は幼児が可愛くお利口なので、誰かの嫉妬による邪術のせいでかかったと筆者に説明をした。

(9) ヤカドゥラの数は話者によって異なる。また女性のヤカドゥラもいる。ある女性のヤカドゥラは聖水のつくり方を〈兄(FBS)〉から教わった。父が漁民なので父の友人からよく頼まれる。また、頭痛や風邪の症状が出た人にも頼まれる。邪術をかけられて不漁になった場合はタンビリ(キングココナツの汁)からつくった聖水を使う。聖水つくりは一回につき五ルピー(一九八五年)で請け負う。

第三章　ムラと寺のこれから

第一節　「我々の」寺のこれから

タルナウェラの人々はカタラガマ神の本殿によく参拝する。それは信仰と娯楽を兼ねているからである。バスで二時間ほどでカタラガマ本殿に到着し、またカタラガマ社のあるハンバントタ県には親戚も多く、親戚を訪問しがてら参拝する楽しみがある。功徳を積む行為（ピンカマ）の一つとして、カタラガマ境内そばの乞食たちにダーネ（寄付）をすることも好まれている。あるマールムダラーリは、コロンボに魚を運ぶトラックに家族、親族と調理器具や材料を積み込んで、カタラガマの境内近くの大樹の下で煮炊きをし、集まってきた大勢の乞食に食料を配った。その後、境内前を流れるマニク川で沐浴し、全員でカタラガマに参拝して付近の聖地もまわり、近辺に住む親戚宅をまわって家路についた。毎年ではないが、親の命日、あるいは金銭的に余裕のある年に娯楽を兼ねて実施する。家族、親族が集まり、涼しい木陰で食事の支度をしたり、みんなで参拝する楽しみを共有している。

カタラガマ例大祭には全国から巡礼が集まり、特にカタラガマ神との一体感を求めて様々な興味深い儀礼を目の前で繰り広げるバクティ（神への信愛）信者の姿を眺めて楽しみ、雑踏や祭りのざわめきを味わうことで、単調な日常に刺激が与えられることになる。近隣村にあるヴィシュヌ神の本殿にも、頻繁に出かける。新年からエサラ月までの間（太陽暦の四月中旬から八月中旬頃まで）、近隣のどこかで必ず祭りがあるので見物に出かけ、そしてカタラガマ神やヴィシュヌ神に拝し、門前市でのショッピングを楽しむ。人込みの中で偶然タルナウェラ出身者に出会い、「異郷」でのタルナウェラアイデンティティを確認する。そこにはオベーセーカラが論じているような都市民衆のフラストレーションの発露形態はみいだせない（Obeyesekere 1977）。都市と同じように、ときには都市以上に経済的緊張度は高いが、それでもムラにいる限り、親族が身近におり孤独に陥ることはない。漁撈活動における個人間のしのぎを削る緊張関係はあっても、外の世界でタルナウェラ出身者に会うことは喜ばしいことである。

十九〜二十世紀初頭に力をつけたカラーワが建てた寺は、パトロンを獲得し檀家を増やすための戦略が必要となっている。かつてその存立を可能にしていたエリートは村外に去り独立後の新興商人層の支持を取り付けたものの、さらに多くの人々の浄財や布施行為を獲得しなければならない。このため、学歴の高い僧侶を招いたり、立派な神殿を建てて参拝者を引き付けたり、新しい魅力のある行事や催しを考案しなければならない。杉本良雄が指摘するように「国家」を正当化するに不可欠な仏教は「王亡き王国の宗教」としての地位を獲得したが（杉本 一九八六、一九八八：三〇三）、各寺院は競争に勝ち抜くために努力を続けなければならず、「国民」の統合化を進める政府や行政との連携も必要となる。檀家獲得をめざす寺側の思惑と住民統合化をめざす行政の思惑とが一致し、「我々タルナウェラ人」意識は醸成されつつある。そして人々の参加は決して積極的とはいえないが、漁協の組織化も少しずつではあるが進み、実際にＦＲＰオルーの支給者は増えている。

ロクウェラには有力な富裕魚商が数名おり、複数の富裕層を頂点とするいくつかのグループがあるものの、グループ間の熾烈な競争はみられない。それは動力船隻数の多さと広い浜により、水揚げ量も多く複数の大規模な魚商が必要だからである。しかし、タルナウェラには魚商はいても多数の漁民を傘下におさめるほどの経済力や権威はなく、脆弱な資金での運営ですぐに破産してしまう。一九九〇年代末以降、タルナウェラで動力船を所有している人は、タルナウェラの魚商に委託せず、自分で魚の販売をするか、近親者に依頼するか、直接コロンボに輸送している。結局タルナウェラで魚商はオルーやモーターボートの魚しか扱えない。ムダラーリといっても結局はコロンボムダラーリや大規模な卸商の下請けという段階でとどまったままである。ムラは寺を中心に精神的一体化は育ちつつあるが、生産活動においては個人や家族の独立性はますます高まっている。漁協が魚流通にも介入しない限り、この状況は変わらないであろう。

これからもＵ寺が、特に熱心な信徒と協力関係をもちながら、タルナウェラ住民の精神的支柱としてその統合化を促進して行くと考えられる。仏教や寺と関係のある儀礼や祭礼では表立った反対はなく、全員の総意という暗黙の了解があり、この中で非協力の態度に出ることは困難である。こうして仏教と寺は、タルナウェラ住民を、行政のエリートによって強制的に統合するのではなく、自発的な行為による統合へと向かわせている。またその統合はロクウェラに対抗することによって拍車がかかっているといえよう。

寺とタルナウェラとの関係は良好であり、ダーネやピンカマも頻繁に行われている。特にピリット儀礼は重視されている。家族員の人生の節目や新たな旅立ちなどに僧侶にピリット儀礼を依頼する。このように家族レヴェルでは仏教との係わりを重視し、ムラの人々も進んで手伝いに出かける。しかし、さらに詳細にみていくと、特に一九九〇年代以降は少しずつ寺から乖離する傾向もみえてくる。それは寺側の要求がかなりの金銭を伴うものになってきたことにも遠因があろう。寺主催の儀礼や行事に参加する人々の数は、減少傾向にある。現在、四つの寺がそれぞれ生き残りをかけて、サミティヤを組織しようとしているが、そのため会の数が多過ぎ、以前よりも行事の数が増えている。これらを積極的にサポートしていた多くの非漁民家族は若い世代が都会に出ており、必ずしも以前のように組織者になってくれない。S寺の僧侶が述べたダンサラもトラナも金銭的余裕のない漁民には迷惑になっているという言説に現れているように、また物価の値上がりや人件費の高騰が寺主催の祭祀を困難なものにしているように、近年の物価と人件費高騰や高等教育熱の高まり、拝金主義的傾向が少しずつムラの寺を圧迫しているといえよう。

さらに住民の中には面と向かっていわないが、寺よりもむしろ僧侶に懐疑的な人もいる。それは、一部の僧侶が近年になって政治的発言を繰り返したり、寺から大学に通っているときに女子学生と恋愛事件を引き起こしたなどの噂があるからである。筆者に熱心にスリランカ仏教の現在について説明をしてくれていた僧侶のそばで殊勝に話を聴いていた人があとでこっそりと、かの僧侶の恋愛沙汰についての耳打ちをしたこともあった。また、ダーネにテレビなどを要求する僧侶もいるという。ある寺の僧侶には、愛人がいるとの噂もあったり、別の僧侶は裏で高利貸しをしているといわれている。また、金銭的トラブルに巻き込まれた僧侶もいる。このように出家した僧侶に関する世俗的な噂が絶えることはない。

ただこのことが、必ずしも仏教離れに直接つながってはいない。むしろ、毎日の暮らしに追われ、寺との定期的な関係を持続するのが困難になっていると考えたほうがいいだろう。寺との関係は、より個人的なものになりつつあるともいえる。人々は僧侶の世俗的な行動に対して批判的であっても、その僧侶が唱えるマントラを信頼するなど僧侶の聖的力は利用しようとしている。

右で述べた物価の値上がりは、たとえば、祭りでベラーワを雇うと一九九〇年代前半までは一人当たり一日三百ルピーであったのが、近年では五百ルピー要求される。またペラヘラに不可欠な象も以前は無料であったという。現在は象ムダラーリは無料で象の貸し出しをしなくなった。象使いに一万ルピー、象の餌代として一万ルピーを要求するという。近年リゾート地にオープンした高級ホテルが観光客の見せ物用に常時象を使うようになり、月四万五千ルピーを象ムダラーリに支払っているという。また象使いや象の餌代としても多額の金を支払っているという。かつてデウィヌワラで祭り用に飼われていた象も外国人観光客のためにホテルに出張することが多くなり、遠方のホテルに象たちが出稼ぎに行ってしまうと、重要な例大祭のときでさえも戻ってこないという。

かつて経済的にバックアップし、パトロンとなっていた有力者層は村外に去った。タルナウェラには有力な商人層も形成されておらず、有力者を核としてまとまっていくような傾向はみられない。そこでU寺が熱心な信徒と協力関係をもちながら、タルナウェラ住民の精神的支柱としてその統合を促進していこうとしていたが、S寺との対抗意識によりタルナウェラより広範囲な、ロクウェラも含むダクヌガマ村全域で檀家を獲得しようとして、むしろ弱体化してしまった。タルナウェラ住民の意向がU寺を核にまとまろうとするものであるのに対し、U寺の意向はS寺との対抗であったためである。

第二節　タルナウェラのこれから

タルナウェラは独立性の高いパウラ（家族）の集合体であり、流動的で確固たるリーダーのいない統合性を欠いたムラ（ガマ）で、それが社会的実体として顕在化してくるのは、対ロクウェラや対非漁民という場合に限られていた。しかし、ムラの外へ出ると、ダクヌガマ村出身としてのアイデンティティをもつ。シンハラの親族名称体系には血族と姻族との明確な区別がないが、血縁関係と姻戚関係の双方の意味を含むことばとしてネーカム（関係）という語がある。血縁関係のネーカムは血族としての感情に支えられたもので、困窮者への援助や協力奉仕などで人々の行動に方向性を与える。姻戚関係のネーカムは、連鎖をたどり行動選択の範囲を広げ、成功のチャンスを摑む可能性を与えるものである。個人は血縁関係のネーカムと姻戚関係のネーカムの双方に責任をもちながら、多重に連鎖するネーカムの中から有利なネーカムを選択する。こうしてタルナウェラ内にとどまらず、タルナウェラ外へと個人の連鎖は広範囲にわたり拡大している。タルナウェラの男性の行動規範は、協力してともに上昇するよりも、むしろ誰か有利な立場にある人と強力なコネを成立させ、それを足がかりにして上昇しようというものである。このため、ネーカムを駆使して成立した人間関係も流動的である。

タルナウウェラ住民が、あるグループとしてのまとまりを認識する際に使用することばでカッティヤ（カラーワの人々）ということばがある。文字どおりの意味は「人々」の意味で、たとえば「カラーワカッティヤ（カラーワの人々）」や「アペーカッティヤ（我々の人々、つまり我々カラーワの人々の意味）」と呼んで一体感をもつときに使われる。また、ロクウェラとの対抗関係を強調して、「ロクウェラカッティヤ」「タルナウエラカッティヤ」という用い方や、都市エリートや世間ずれした都会人への警戒心から「コロンボカッティヤ」などという使い方もある。しかし、ムラの中でもいくつかの有力者を核としてできあがりつつある、ひとまとまりの親族集団にもこのことばを用いる。たとえば、第一部第四章で述べたジャヤシンニョのワーサガマはH・A・Pの3つの頭文字で表すが、ジャヤシンニョがムダラーリとして勢力をもっていた頃、同じH・A・Pのワーサガマを共有する人々や、ジャヤシンニョの姻戚関係者が彼を中心にまとまっていた。動力船を所有し、水揚げ分はジャヤシンニョが〈弟〉のジナダーサの協力で売りさばいていた。漁協の会合はジャヤシンニョ宅で開かれ、漁協の要職のいくつかを彼らが担い、また有力者として寺の檀家代表、祭祀の組織者、役所との交渉など様々な役割を分担していた。役人もムラを訪れる際はジャヤシンニョを窓口にしていた。この当時はH・A・Pカッティヤの人々は、ムラの中でも一目置かれる存在であった。ジャヤシンニョを中心とするカッティヤがムラの中でさらに強力な派閥集団になる前に、ジャヤシンニョのビジネスは破綻を迎えてしまった。かといってジャヤシンニョを中心としていたH・A・Pカッティヤが崩壊してしまったわけではない。かつてジャヤシンニョをとりまいていた〈弟〉たちやその息子たちが依然として漁協で要職を占めている。H・A・Pカッティヤとは別に、強烈な個性と実行力で一九八〇年代後半からめきめきと力をつけてきた男性が漁協の会計をしていたが、漁協の資金を着服しているという噂が絶えなかった。大柄で声も大きく独特の風貌の彼を、面と向かって批判できる人はいない。この男性はイディワラ漁民銀行設立の際も、漁業とは直接関係のない妻の妹を会計職に推薦したりしたので、ムラの人の多くは反感をもっており、彼への対抗意識から、どちらかといえば寡黙だがまじめに漁業に従事しているH・A・Pカッティヤの人たちに共感をもつ人が多い。また、ピータームダラーリの妻がジャヤシンニョムダラーリ弱体後に、漁協やムラ行政で積極的に行動するようになっている。まだ、新たに核となる人はいないが、タルナウェラの家族は今後も再び新たにまとまっていく可能性がある。

スリランカの海洋資源はもともと誰にでも開かれたものであった。漁業をしたい者は、船と漁具をそろえることができるならば、誰でも自由に漁業をすることができた。このことがスリランカの沿岸部に住む人々の自由な経済活動を補償していた。しかし、だからといって、沿岸部に居住する人々が勝手に海洋資源にアクセスしていたわけではない。植民地時代から数々の漁業に関する法の整備が行われてきた。しかしその目的は漁業行為そのものであるよりも、漁具や漁船の免許に関するものであった。漁具の使用場所、使用時期、漁具の種類などが取り決められていたが、それらは農業と同様に村出身の村長（かつてはヴィダーネアーラッチと呼ばれた）の手に委ねられていた。地引網漁が漁獲の大半を占めていた時代は、ムラに複数ある地引網の操業場所、操業順とローテーションなどが細かく決められていたが、沿岸漁業ないしは沖合漁業を行っている海村では漁業に関する法はほとんど存在しなかった。タルナウェラで慣習法として長く存在していたのは、湾内での漁業の取り決めである。釣り漁は早朝六時から十時まで、十時から十四時まではアタングワ（刺し網漁の一種）、十四時から十八時までは投網、十八時以降から翌朝六時までは小型延縄（long line）と決まっていた。また湾内に回遊してくる魚種をとる時間帯も決めてある。以前、村長の権限が大きかったときは、規則を破る人がいると村長のところに行ったが、村長職がなくなり、村外に住む行政区長が統括するようになってからは訴える場がなくなった。しかし、先述のH・A・Pカッティヤの何人かが自然発生的に調停役となっている。

現在、海洋資源の管理を中心に法の整備が進められつつあるが、沿岸での小規模な漁業を中心に行いながら一年の大半を出稼ぎに費やしているタルナウェラのような海村での法の整備は進んでいない。逆に大きな漁港では他地区からの移動を規制するような動きが出ており、特にオルーや動力船を伴っての移動は、浜に他地区の船を係留することになるということで禁止の方向で検討されている。漁業権や漁場管理の整備によってタルナウェラの一体化も進むであろう。タルナウェラの男性がチャンスを求めて飛翔しようとする傾向は不変であり、この点でタルナウェラの女性はこれまでと同様に家事と家計の責任者としての役割を果たす方法を模索し続けるであろう。しかしながら、彼女たちの伝統的な労働の場が奪われつつある現在、その道は以前にも増して厳しいものである。

表 12　タルナウェラの漁船所有者の変遷

世帯番号	1985年頃（誰の船に乗るか/その他の説明）	1990年前後～1995年頃	2000年頃
1	無（yZH、世帯番号[60]の船）	転出	
2	無（友人の B）	転出	
3	帆付き大型オルーと網	帆付き大型オルー	モーターボート
4	オルー	転出	二男魚商
5	無（魚商）	無　魚商	魚商
6	オルー 3	末子以外は T 転出	?
7*	無（魚商）（夫は1983年35歳で死亡）	無	T 転出
8	無（FFS の動力船）	無	無
9	無（T で B に）	新ダクヌガマへ	無（新ダクヌガマ）
10	オルー（網はないので流し釣り）	無	無　G
11	無（MB の B か MFZS（バーッパ）の B）	無	無（子供は漁民やバス運転手　G）
12	小型帆付きオルーと大型オルー		娘の夫が G
13	オルー 2、船外機付きオルー、刺し網		B
14	オルー、網無し	T 転出　息子は新ダクヌガマ	世帯主T　息子オルー
15	無（友人の B）		世帯主は自殺　新ダクヌガマ
16	オルー	FRPオルー（妻は中東）	B（新ダクヌガマ）
17	無（かつて魚商　同居の息子は村外で漁船に）	店屋経営　二男は新ダクヌガマ	娘の娘 G
18*	無（夫は1984年65歳で死亡　息子は友人のオルーに乗る）	無	無
19	オルー（以前Bを所有していたが売却　Tに大型オルー）	オルー、T に大型オルー	オルー、T に大型オルー
20	無（2年前までオルー所有、時折 MBWB（マーマ）のオルー）	無	無
21	無（友人のオルー）	無（妻は中東へ）	新ダクヌガマ（妻は中東）
22	オルー 6、船外機付きオルー、B　M	B　M	B　M
23	無（友人の B）	無	無
24	無（以前は WyB の B）	無	無
25*	無（夫は数年前に65歳で死亡）	無	無

26	オルー6、ヴァン、三輪車　M	M	M
27	オルー	オルー	オルー　G
28	無（友人のB）	FRP	非漁民
29	無（友人のB）	夫のみTへ	出漁中行方不明
30	オルー	FRP	無（二男のみ漁業）
31	オルー（時々父のBに乗る）	FRP購入後売却	B
32*	無（夫は1966年に42歳で死亡　次女の夫が西隣村で漁船に乗る）	無	無
33	無（FyBDH（マッシナ）の動力船）	無	無（新ダクヌガマ　G）
34	オルー	FRP	FRP
35	B	コロンボで漁業	コロンボで漁業
36	B、オルー10　M	M　B	すべて売却
36-1	オルーと網（[36]のFBDSが同居　時にFB（バーッパ）の息子のB）	転出	
37	無　同居のDHも無（遠縁のオルー、DHは遠縁のB）	無	無
38	オルー	オルー	オルー
39	オルー4、網、B、FRP支給　M	M廃業　B所有　FRP売却	すべて売却（息子がモーターボート購入）
40	オルー（自分のは古いのでWFBSのオルーを借りる）	無	FRP
41	B、オルー2、モーターボート	B	B3　M
42*	無（夫は1983年43歳で死亡）	無	長男と二女がG
43	B	B	B
44	無（本人、長男ともに友人のオルー）	無	無
45	無（DHがDHeZHのB）	無	無
46	オルー（ロクウェラでBに乗る）	夫のみTへ	G
47	オルー2	オルー2	オルー（1人は軍隊）
48	無（ピータームダラーリのオルー）	無	無（息子はビジネス）
49	無（子供の仕送り）	無	子供は全員娘
50	無（ムラ内のMのBかオルー）	FRP売却（Tへ）	Tから戻る　G　息子M
51	オルー	新ダクヌガマへ	オルー

52	無（1981年まで網のみ所有、売却　ジャヤシンニョムダラーリのオルー）	無	無
53	無（ジャヤシンニョムダラーリのオルー）	FRP	FRP
54	無（WFZH のオルー）	無	娘のみ居住
55	オルー（時にジャヤシンニョムダラーリの船借りる）	オルー	無（息子は T で魚商）
56	無（友人の B）	無	無
57	無（ジャヤシンニョムダラーリのオルー）	無（世帯主死亡）	無（息子漁民）
58	無（特に決まっていない）	世帯主は T へ	娘のみ居住
59	無（時々変わるがムラ内 M（WMyZS にあたる人）のオルー）	無	無
60*	無（夫は数年前に53歳で死亡　息子がジャヤシンニョムダラーリ（WMBS にあたる）のオルー）	新ダクヌガマ　無	無
61	B	1991年 T 転出　B	1990年代中頃 T から戻る　B 売却　漁業
62	オルー、長男もオルー所有	B	B
63	オルー 4 、網 3	オルーと網	オルーと網
64	無（WF の B）	無（［1］に引っ越し）	無（妻は中東へ）
65	船外機付きオルー、FRP、網 2	B	B
66	無(他村出身)（WyBのオルー、あるいは WFMBS の B）	FRP	FRP（長男は軍隊で死亡）
67	B	B	B
68	無（他村の人の船外機付きオルーを借りる）	無	無（新ダクヌガマ）
69	無（色々な人のオルー）	無	無
70	オルー	オルー	オルー
71	オルー	オルー	オルー
72	B、船外機付きオルー	B、船外機付きオルー	B売却、エンジンボート
73	オルー	オルー（FRP 売却）	息子全員死亡
74	オルー 2　M	M　船外機付きオルー（息子は村外で M）	M 廃業（息子は村外で M）

75	無（かつて所有していたが破損 息子たちは他人のオルー、弟のBに乗る（弟の妻は、［75］の妻の妹））	無	無
76	無（弟のオルー）	無（息子の一人は軍隊に殺された）	無　G
77	無（Tにいる姉所有のオルー（収益の10%を姉に））	無	無（妻は中東）
78	無（友人のB）	1990年出漁中死亡	息子はコロンボで魚商
79	オルー	新ダクヌガマ　FRP	FRP　G（息子の一人Tへ）
80	無（FZSのオルーを借りる）	無	新ダクヌガマ　無　G
81	無（友人のB）	FRP	FRP
82	無（1980年まで動力船所有していたが売却　兄の帆付きオルー）	無（息子の一人Tで操業中に軍隊に殺された）	G
83	B	B	Tで動力船焼かれた　G
84	無（昔はオルー所有、今は引退）	雑貨店経営	店廃業　漁業、無
85	無（友人のB）	無	B
86	無（友人のB）	無	無
87	無（B破損して使用不可、友人のB）	世帯主死亡（息子の一人は軍隊に殺された）	無
88	FRP	FRP	FRP
89	無（友人のオルー）	無	無
90	無（友人のオルー）	無（世帯主死亡）	無
91	無（以前はオルー4、小型オルー14　息子の一人は魚商）	無　（息子は漁民）	無
92	無（遠縁（関係は不明）のジャヤシンニョムダラーリのオルー）	無	無
93	無（父はオルー7所有、すべて売却）	無	無
94	FRP（ハラーワタ出身　WeB WyB妻のマッシナと乗る）	FRP	FRP（ベールワラから出漁中インドに拿捕され抑留中　G）
95	無（1985年にTに転出、ピータームダラーリのオルー）	T	T
96	オルー（時にロクウェラのB）	FRP	FRP

97*	無（夫は1982年64歳で死亡　オルー9は夫死亡後売却　同居の息子は銀行マン）	息子は非漁民に	非漁民家族
98	無（友人のオルー、時々友人のB）	無	無
99	無（ほとんどTで漁船に乗る、タルナウェラにいるときは1人で伊勢エビをとる）	新ダクヌガマ	新ダクヌガマ　G
100	無（ロクウェラのB）	JVP活動で逮捕	無
101	オルー1、帆付きオルー1（以前B3所有、内1はTでサイクロンで破損、残り2は老朽化で使用不可に）	無	息子転出、非漁民
102	オルー	オルー	世帯主死亡、子供は非漁民
103	無（オルー2は売却、息子は非漁民）	Tへ転出	T
104	オルー	オルー（末子以外転出）	非漁民
105	オルー（息子が1982年購入）（かつてオルー4所有、それぞれ、破損、老朽化、300Rsで売却、400Rsで売却　息子はそれ以前、船外機付きオルー所有、エンジン破損で1980年に売却　その後ムラ内Mのオルー）	長男、二男は新ダクヌガマへ　Mに	新ダクヌガマでMと漁業
106	無（ジャヤシンニョムダラーリ WFFBSSのオルー）	無（息子はJVP嫌疑で殺された）	無
107	無（友人のB）	世帯主死亡	息子M
108	オルー（妻の実家に滞在）	夫のみTで仕事	全員Tへ転出
109	オルー2（2艘とも修理が必要で考慮中）、網（現在オルーが使用できないので友人のBに乗る）	無（妻は1989年爆死）	無
110	無　魚商（以前はオルー7、4売却、3破損、薪用に使用　息子はキャンディで野菜商）	無	非漁民
111	無（死亡　長男：ロクウェラでB、次男：ロクウェラに住むWBSのB）	無	娘のみ居住
112	無（eZHは魚商、レース製造）	無（レース製造）	無（レース製造中止）

113	無（長女の家族と同居　長女の夫は私営バス運転手）	無	無　G
114	無（友人のオルー）	無	無
115	無（かつては茶屋経営　息子たちは漁民で様々な人の船に乗る）	無	無
116	無（長女の家族と同居、長女の夫は野菜商、かつて帆付きオルー1、小型オルー1所有していたがともに破損）	世帯主死亡後全員Tへ	T
117	無（yBのB）	世帯主Tで仕事、妻は中東	無
118	無（船大工　息子はジャヤシンニョムダラーリのオルーなど）	無	無
119	オルー1（主に弟が使用、本人は友人のB）	無（主に弟が使用、本人は友人のBに）	G　M　息子の一人はTで操業中に行方不明に
120	オルー、網	世帯主と息子はTで仕事、妻は中東	息子の一人はTでテロの犠牲
121	無（以前はオルー3、すべて売却　時々ムラ内MのB）	無（新ダクヌガマへ）	無（新ダクヌガマ）
122	無（以前はオルー7　1982年に最後のオルー1艘を3000Rsで売却）	無（息子はTでテロの犠牲に）	無
123	無（ロクウェラの人のB）	無	無
124	無（ジャヤシンニョムダラーリのオルーかロクウェラのB）	無	無　G
125	無（以前オルー所有、売却）	無	キャンディに転出
126	無（WFのB）	無	B（息子全員非漁民）

(注)・＊印は女性が世帯主（[111] は筆者がタルナウェラを訪ねる直前に亡くなった）。
・漁船所有の有無は、所有していても乗船可能かどうかが不明な場合もあり、修理すれば乗船可、ほとんど修理不可能な場合など、様々な状況が考えられるが、話者の回答を中心に集計している。

M：ムダラーリ　G：家族員がガーメントファクトリーで雇用されている
B：3.5トンボート　FRP：FRP加工オルー　T：トゥリコーナマレイ
新ダクヌガマ：新ダクヌガマへ転出

補論　食生活の変遷と女性

本論では、冷蔵庫の普及や食品流通網の整備とともに進む食や食に関する情報のグローバル化が、女性の関与する調理の場面や食生活に与える影響について考察する。

南アジアの食文化は、スパイス・香草を多様に加えた調理方法と辛み・香りの点から共通性・普遍性が指摘されている。しかし、使用されるスパイス・香草類の種類と配合方法は調理される食材と同様に地域によって異なり、また調理方法や食に関する価値体系も時代とともに変化している。変化の要因となるものは、グローバル化による新たな食材・調理方法・食事方法や情報の導入と、調理者をとりまく社会環境の変化である。

食と儀礼的価値が密接に結びついている南アジア社会では、社会の諸要素が変化しても、食に関する基本観念は変化しにくいと考えられる。これは、たとえば、近年のヒンドゥー教徒と牛肉、イスラム教徒と豚肉などをめぐる確執からも明らかである。日本滞在の南アジア出身者の多くが自文化の食の枠組みを大きく逸脱しないことからもうかがえる(1)。これは慣れ親しんだ味への拘泥、つまり味覚の保守性ともいえるが、単に「味」「味覚」だけではない、食と社会的価値体系との係わりの不変性とも理解できよう。このことと関連して、女性の役割を「家庭」「家事」の領域に位置づける原則も容易には変化しないものと思われる。

スリランカにおいては、一九八〇年代以降の開放経済政策に伴い、多岐にわたる外国商品が流通し、特に都市部においては耐久消費財や家電製品の普及が著しく、近年では自家用車の保有台数も増加してきた。また工場での若年女性の雇用をはじめ、自立支援を目的とする開発プロジェクトへの採用など女性の雇用拡大は著しく、高等教育の浸透により家事労働の場面や女性の行動に対する認識も徐々に変わってきた。これらのことをふまえて、ジェンダーと食との関係性の変化や、伝統的価値体系の変化が食生活の場面にどのような影響を与えているかを考察することは、南アジアの食文化のみならず当該地域の基層文化の研究に重要な示唆を与えるものと思われる。

本論ではスリランカの豊かな食文化の中で、特に調理と保存食、さらに食の儀礼的意味を考察する。これらは女性と食との係わりにおいて重要な意味をもっていることに加えて、近年大きな変化がみられる領域である。またこれはタルナウェラのような海村が供給してきた海産物やその加工品にも影響を与え、新たな職種の増加で「漁民」というカテゴリーの人々に対する意識の変化にも係わると考えられる。

第一節　食生活と女性の家事労働

スリランカ料理の特徴はココヤシとカツオブシに似たウンバラカダの多用である。食材はココナッツオイルで炒めるだけでなく、胚乳部分をえぐり出して削ったもの、さらにそれを絞ったポルキリ（ココナツミルク）が調理に不可欠である。胚乳部分はヒラマナヤ（削り器、図12-①）でえぐり出す。さらに多種多様なスパイスをすりつぶしたり細かく搗く作業が必要である。スパイス類はミリスガラ（石製のすりつぶし器、図12-②）とヴァンゲディヤ（木の臼、図12-③）ですりつぶされ、調理の際にポルキリとともに食材に加えられる。これらのスパイス類を調理の際に利用することは、調理に多くの時間がかかることを意味する。また、朝食にはアッパー（hoppers）やインディアッパー（string hoppers）をはじめとする粉食も多く料理され、これらは多くの場合、前夜からの準備が必要なものである(2)。水の確保や火起こしを含め、食事の支度にはかなりの時間を必要とした。女性の家事労働に費やす時間は、食事の支度だけでなく水の確保に要する時間とも関係がある。一日に数回の井戸との往復に加え、洗濯などに女性は多くの時間を割かねばならない。保存可能な食材は値段の安いときにまとめ買いをする。また、つけで買うためには行きつけの店の店主と懇意にならねばならない。冷蔵庫がないときは毎日市場へ出かける必要があった。今でも、冷蔵庫をもっているのは都市部の中産階級のみで、タルナウェラでは、一部の魚商を除いて所有する家庭はない。また海村では定期収入が期待できない。不漁の日があったり、南西モンスーンの時期には長期間収入がなかったりする。そのときには保存食を調理して、家族の健康を維持するために主婦は工夫を凝らす。またジャーディの製造は長らく海村の主婦の現金獲得手段の一つであった。

スリランカでは、アーユルヴェーダ（インド伝統医学・栄養学）の観念が食生活にも影響を与えている。食事は「熱い」「冷たい」「ニュートラル」の三つのカテゴリーの食材がバランスよく配分されるよう

図 12-①

ココヤシの胚乳をヒラマナヤで削る作業

卓上で使う削り器で胚乳を削る作業

ヒラマナヤ（右図は調理台に据えて使用するココナツグラインダー）

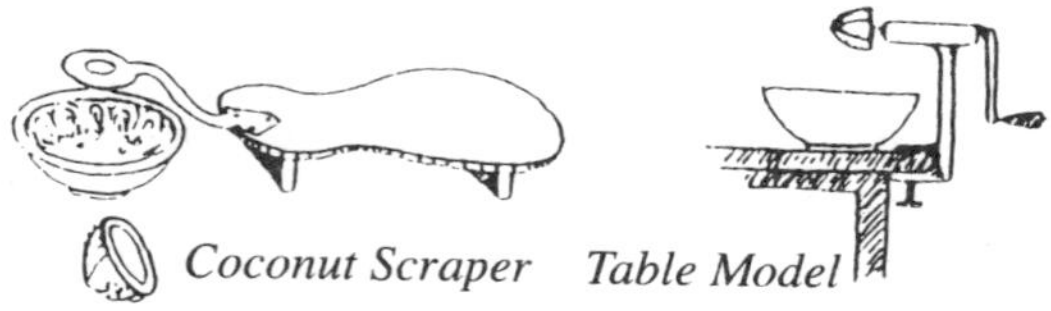

Alles（1997）より

図 12-②

ミリスガラ

Alles（1997）より

ミリスガラでスパイスを挽く作業

図 12−③

ヴァンゲディヤでスパイスを搗く作業
シビル・ウェッタシンハ（1994）より

図 12−④

粉を挽く作業
足で包丁の柄を押さえて切る。
床に直接土鍋を置いている。

シビル・ウェッタシンハ（1994）より

台所で準備中の料理

に調理するのが望ましいとされる。また、南アジア一般と共通するものとして、イスラム教徒を除き牛食の禁忌があり、カトリック教徒を除いて、多くの仏教徒やヒンドゥー教徒は肉食を禁忌の対象としてきた(3)。しかしながら二十世紀に入ると、動物性蛋白質摂取の気運が高まり、まず魚肉が、続いて鶏肉の摂取が奨励され浸透していった。現在では、一部の特に年輩の敬虔な仏教徒やヒンドゥー教徒を除いて、ほとんどの国民が、魚と鶏肉、さらに豚肉（イスラム教徒は食べない）を食し、近年では後に述べるように仏教徒の間で牛肉を食する家族も徐々に増加している。海岸部では魚肉が重要な蛋白源であったが、モンスーンの影響で半年間は不漁となり、その期間は保存食としてつくられたジャーディや乾燥魚が食された。現在では漁船の機械化や流通網の整備で都市部の消費者は、一年中新鮮な海水魚を購入することができるようになった。

食の儀礼的側面として指摘できる点は、外食のもつ意味であり、また調理する人の儀礼的地位であり、調理者としての女性への儀礼的意味づけである。食は妻であり母である女性が調理し家族に供すべきものである。調理者である女性が調理場や台所で食をすませるのとは対照的に、子供を除く男性成員は居間などで食し、食事の場面における男女の分離がみられる。大規模な初潮儀礼や婚姻儀礼などの諸儀礼(4)に多くの親族や客人を招いて共食するものの、日常の生活では家族内のみにて食するのが当然である。もちろん親しい親戚や友人が旅の途中に立ち寄り食事をご馳走になるのは何ら問題はない。しかし、食堂は不特定多数の調理者が係わり、旅行中や妻が不在などの特別な場合を除いてあまり歓迎されるものではなかった。客人を伴って外食をすることもあまり歓迎されなかった(5)。

女性の公の場からの隔離の観念により、食堂の給仕役は男性である。女性が不特定多数の他人に給仕をする行為は好まれない。家庭で行われる儀礼の祝宴で客人を招き、実際に客に食事を振る舞うのは男性であり（台所で調理するのは女性であるが）、聖地巡礼者への無料接待（第二部参照）も男性が行う(6)。

南アジアの女性の生き方に関する共通のイデオロギーは、女性は妻になり母になることと、夫のもたらす収入で家庭を巧みに管理していく能力をもつことである。スリランカにおいても、女性がその所与の役割を果たすこと、つまり、出産、育児、家事そして調理を巧みにこなすことこそが、女性に与えられた最大の役割であり、それは職業をもつことよりもはるかに重要なことであるといわれていた（Gamburd 2000 : 194）。開放経済政策に転じる一九八〇年代までは、女性の労働はほぼ家庭内に限られていた。しかし、英国植民地体制下で確立した階層構造を独立後も維持し続けていたスリランカでは、富裕層の中には管理職など高位のポストに就く女性もいた。この階層の女性は高所得を得ており、家族で余暇を楽しむ余裕もあった。彼女たちが一日の一定時間を家庭外で過ごし高収入を得ることを可能にしていたのが、農村や低所得者層の女性たちによる家事労働であった。クッシヤアンマー（直訳は「台所のお母さん」でハウスメイドの意味）が井戸水を汲み、ご飯を炊いたり、アッパーやインディアッパーなど手のかかる朝食の支度をしている間に主婦は出勤の支度をすることができた。帰宅後も食事がほぼ支度され、妻は調理場でなく居間で夫や子供たちと食卓を囲むことができた。メイド夫婦は宅地内の別棟や一室に住み、男性の仕事は家の保安や客人の取り次ぎ、庭の手入れあるいは車の整備と運転などであった。ハウスメイドは縁故で雇い入れた。都市の中産階級以上の高学歴の女性の雇用と長時間にわたる家事労働からの解放を支えていたのが地方出身の低所得者層の女性であった。

農村や海村においては、子供の数が多いことはそれだけ労働人口が多いことを意味し、そのことは家族の豊かさを表していた。既婚女性が調理、子供の世話、水汲み、買い物、薪集め、洗濯、掃除、家事の合間につくった生産物の販売、夫の仕事の手伝いなど様々な労働を遂行するには、家庭内に多くの成員が必要であり、家族成員による分業体制の充実が家庭経営の成功の鍵を握っていたともいえよう。子供の数が多い家庭では、ときに子供の一人をハウスメイドとして都市の家族に預けることもあった(7)。女性の労働である家事には家庭管理すべてにわたるものが含まれ、それは夫のもたらす収入から家族全員の福利厚生すべてに責任をもつことであった。主婦がこのような雑多な家事を行いながら、ときにはある程度の収入を得ることができたのは、年長の子の手伝いと、村内婚により母や実家の親族からの援助が可能であったからである。

第二節　新経済政策と女性の労働

スリランカの社会・経済構造が大きく変貌するきっかけは一九七七年の開放経済政策にあるとされている。当初は比較的緩慢であった経済自由化の動きは一九八〇年代後半のＪＶＰによる争乱の終焉とともに加速し、多くの国営・公営企業や事業体が民営化されていった。経済自由化政策とともに、国内数ヵ所に自由貿易地帯がつくられ、製品の輸出促進を目的とした多国籍企業による各種工場の誘致が行われた。これらの工場で雇用される従業員の九割近くが女性である（Jayatilaka 1998）。また、一九九二～九三年にかけて、政府は全国に二百の輸出用衣類のガーメントファクトリーの建設を計画し、徐々に実行に移されている。

政策のもう一つの影響は女性の中東出稼ぎである。国外への出稼ぎが開始されたのは一九五〇年代からであるが、当初は数も多くなく、教師、医者、専門技術者などいわゆる頭脳流出の形であった。中東出稼ぎ者が急増するのは石油価格が上昇した一九七〇年代であり、中東産油国での様々な領域の労働を担うようになっていった。とりわけ顕著なのが女性のハウスメイドとしての出稼ぎの急増である。一九七〇年代までは中東地域出稼ぎの男女比がほぼ同率であったのが、一九八〇年代になると、急激に女性の比率が増し、一九九〇年代になると女性が七割強を占めるようになった（Jayatilaka 1998 : 9）が、それに伴う問題も増加している(8)（Cumaranatunga 1990）。一九九六年の統計では労働年齢（十五～六十四歳）の女性のうち八・九パーセントが中東出稼ぎをしている（Gamburd 2000 : 39・Department of Census and Statistics 1997）。特にコロンボ近郊や南西岸から南岸にかけての都市化の進んだ地域で多い。一九九〇年のイラクのクウェート侵攻時には賃金不払いのまま帰国せざるを得なかったケースなどが続出し、一時下火になったものの、現在も中東出稼ぎをめざす女性は多い(9)。

ガーメントファクトリーと自由貿易地帯の工場で雇用される女性の大半は、未婚の十代～二十代前半の女性である。彼女たちの就業目的の一つは、家計の補助であり、結婚資金を貯めることである。多くが結婚とともにやめていく。結婚による解雇は原則としてないが、結婚後は家事に専念し、やがては母になることが期待される文化を基礎にもつスリランカ社会では、結婚後の家の外での長時間労働は不可能ともいえよう。

これに対し、中東でハウスメイドとして働く女性の大部分が複数の子供のいる二十代後半~四十代前半の既婚女性である。彼女たちが中東に出発した後、残された夫と子供から成る家族は、多くの場合、妻の実家に日常生活を頼ることが多い。

グローバル化の影響は観光産業も刺激した。内陸部の仏教遺跡や自然動物保護区のツアーに加えて、海岸部に数多くのリゾートホテルが建設された。観光客のガイドや運転手などは男性の仕事であるが、外国人観光客に土産物やジュース類を売ったり、ホテル内や周辺のレストランのウェイトレスなど、サービス部門での若い女性の雇用が増えている。最近は自国民も対象とするレストラン・食堂が幹線道路沿いに増え、若い女性がそろいの制服を着て明るいホールで給仕をするという、従来のスリランカではみられなかった光景を目にすることが多くなってきた。中産階級の成熟と女性の家庭外労働の普及、人口移動と給仕者のカーストへの無関心、欧米資本のファストフード店の開店などとともに、外食をする機会が増えたことが、女性が給仕職に進出する環境を整えていったと考えられる。しかし、概してこれらのレストランは一般スリランカ人が頻繁に入るには値段が高く、依然として敷居の高い場所でもある。

都市では、以前は昼食時に自宅に戻ったり、弁当をもってきてオフィスで食事をとるのが一般的であったが、町や交通の要所に食堂が増えたため、昼食を外食ですます人も増えている。また、巡礼地や巡礼道の交通の要所にも食堂が増えてきた。かつて巡礼者は食材や調理器具も携えて移動し、食事の支度も自分たちで行ったが、近年はこのようなゆっくりと時間をかけた巡礼よりも、乗り物で目的地に赴く人が増えてきた。自炊用の巡礼宿でなく、食事つきの旅館に泊まる人も増えている。巡礼のみならずレジャーとしての旅行も増え、幹線道路沿いに開店した食堂に立ち寄る機会が増えた。誰でも入れる比較的安価な値段の食堂では男性の給仕が一般的である。

ガーメントファクトリーをはじめ多くの工場での雇用は、賃金体系や労働時間からいえば、女性労働の搾取という認識も妥当であるが、若い女性たちは退屈な家庭内から外に出られる自由を享受している（Jayatilaka 1998 : 73–74）。高学歴化と雇用機会の増大はハウスメイドの減少となって現れた。現在、若い女性はハウスメイドの仕事を家の中でしか働けない「恥ずかしい」仕事と感じている。しかし、中東での仕事の大半はハウスメイドである。この点に関しては、スリランカに比べて高額の収入があること、契約による仕事であること、労働の結果が家族のためになる収入であること、つまり家族の幸福に責任をもつ妻としての評価につながるものと考え、子育てを終えた妻の次へのステップとして、彼女たちは自らの行動に一定の評価を与えている。

女性の家庭外賃労働への進出は都市中産階級の主婦層に新たな課題を押しつけている。現在のスリランカでは高賃金を申し出ても、新たにハウスメイドを探すのは容易でない。家事労働者を確保できない主婦自らが設備の整った近代的な台所に立つ時代が到来したのである(10)。冷蔵庫を所有したり、一部ではあるが休日に車で食材のまとめ買いもできるため、職場から帰宅後の食事の準備も容易になった。保存食に関しては、漁業振興策の結果、常に新鮮な海水魚が手に入るようになり、かつて多くの家庭で購入していたジャーディは店先から姿を消した。

ハウスメイドの確保が不可能であっても、妻方居住や近くに住む母が家事を助けることで過重労働を免れることはできるが、家事援助をしてくれる母や親族が近くにいない若い主婦は、仕事をしながら家事労働、特に毎日の食事の支度をしなければならない。しかしながら、伝統的価値である、女性の公的場面からの「隔離」の原則は維持され、都市では概ね男性が食事の材料を購入する役割を担当する。夕暮れ時にマーケットタウンの市場で食材を買う男性の姿が目立つ。中産階級では、妻が雑踏の中で買い物をするのは夫の恥でもある。

第三節　食と調理に関する実態調査

現在の食について、コロンボとその近郊の中産階級、タルナウェラの家族と周辺の非漁民家族、内陸部入植地の農民家族を中心に実態をみていく。主に調理時間と食に関する意識の観点から次の三点を中心に考察する。①調理の準備に関する変化、②食に関する伝統的栄養観や食の儀礼的意味、③食の保存と「伝統」食、特にジャーディに関する知識である。家族構成員とその年齢は二〇〇一年現在のものである。なお、内陸部入植地のデータ収集は立教大学講師執行一利氏によって実施された。

また、食と儀礼との関係では食とシンボリズム、聖職者の食などの考慮も必要であるが（澁谷　一九九五・蟹沢 二〇〇〇)、女性の関与する日常食の場面のみを対象にする。

一　コロンボの家族

コロンボのような都市部ではすでに一九六〇年代から少子化が進みつつある。特に中産層では子供の数が二人ないしは三人という夫婦が多い。

【事例一】カトリック教徒夫婦。夫婦のみの世帯。

夫六十代前半・妻五十代後半、夫はもと公務員で、退職後は妻の実家が経営する会社の経理などをしたりしたが、現在は家にいる。息子二人、娘一人、息子は二人とも海外に出稼ぎ中、一人娘は結婚してコロンボ市内に居住。

①娘は勉強で忙しかったので、仕事をもつ妻はほとんど一人で食事の支度をしていた。一九七〇年代後半からスパイス用電動式ミルや、卓上で使用するココナツ削り器を使用していた。かつて冷蔵庫がなかった頃は、毎朝、朝食の支度と同時に夕食の支度をしておき、帰宅してから米を炊いた。妻は近くの自分の兄が経営する事務所で働いていたので勤務時間に融通がきいた。スパイスは値の安いときにマーケットで買ってきて自宅で乾燥させ、電動式ミルで挽く。子供が家にいた頃は時折工場(持ち込んだスパイスを粉末に挽いてくれたり、挽いたスパイスを販売している)にもっていって挽いてもらったが、夫婦二人だけになると、必要な分だけ自宅で挽くので充分である。ミリスガラはよく使うが、ヒラマナヤは使わない。ヴァンゲディヤは時折使う。カリー(おかず)の種類によってはミリスガラでスパ

イスを挽いたほうがおいしい。

現在夫は退職したが、妻が働いており、ほぼ一週間に一回の頻度で魚の値が安い頃をみはからって、夫がバスで中央市場に行き魚を購入し、妻が切り身にして茹でて冷蔵庫で保冷しておく。この保冷しておいた切り身を毎夕食時にスパイスで調理する。

近年出回るようになったテイクアウト用のおかずは、不潔な感じがするので買わない。これらの調理場で働く人々がおしゃべりをしたり、ラジオをかけながらつくるので唾が飛んだり、髪の毛が入ったりして汚い感じがする。夫婦二人であるが毎食妻が調理をする。妻は朝の食事の支度の際に、夫の昼食と自分の弁当を用意する。

②カトリック教徒は肉に関する禁食の概念はないので、どの肉も頻繁に食していた。子供が育ち盛りの頃は肉類が毎日の食卓に上ったが、特に安い牛肉をよく食べた。親戚が集まるパーティでは牛、豚、鶏、羊などすべての肉が調理され、魚を食べないこともあった。しかし、子供が家を出て夫婦二人のみになり、近年は年齢を考えると牛肉は体に重く、あまりよくないので努めて白身の魚を食べるようにしている。また、魚もカツオ類は「熱い」食べ物で血によくない。浜近くでとれるサーラヨ(イワシの種類)などが血にいいので食べるようにしている。アーユルヴェーダについては、このように血にいいものか悪いものかを考えることと、「熱い」ものをなるべく調理しないようにするぐらいであり、それ以外のことはあまり考慮しない。

③今は冷蔵庫で保存できるのでジャーディのような保存食は食べない。もともと、魚よりも肉をよ

く食べていた。

【事例二】二〇〇〇年に結婚した新婚夫婦。夫は仏教徒で妻はカトリック。

夫は三十代前半、妻は二十代前半。夫婦ともに私営の企業で安定した地位を得ており、自家用車を所有している。夫が自家用車を運転して、妻を職場まで送ってから自分の職場へ向かう。結婚後コロンボ郊外に新居を借りて住んでいる。

①妻の母は時折多めにスパイスをブレンドし、妻に届ける。夫の母もコロンボ市内に住み、同様にブレンドしたスパイスや、帰宅後火を通せばいいようにしたカリーを届ける。夫婦の新居にはヒラマナヤはあるが、ヴァンゲディヤもミリスガラもない。妻はこれらのものを使ってスパイス類を挽くことはできないという。結婚時に、自宅で挽いてブレンドするための電動式ミルを購入したが、まだ使ったことはない。忙しくミルで挽く時間がない。親や夫の親から分けてもらうか、パックに入ったスパイス粉を買う。パック入りスパイスも人によってはお気に入りのメーカーがあるが、彼らは国営のマーケットでそろえ、特にひいきのメーカーはない。また一ヵ月に数回は外食をする。夫はパンを好まず、朝食にはインディアッパーやアッパーを必ず食べる。毎朝夫が近くの店で購入し、このときに食べるダール豆の煮物を妻は朝早く起きてつくる。

②家であまり調理をせず、母たちが届けてくれるカリーを食べ、外食をしたり、休日には親の家に行き、そこで食事をするので、アーユルヴェーダについては考えないし知識もない。あまり興味もな

い。

③ジャーディは、夫はかつて海村近くで育ったために知っているが、あまり食べたことはない。二十代の妻は聞いたことも見たこともない。妻が生まれ育ったコロンボ北部の実家のすぐ近くには漁撈従事者の家が建ち、また彼ら夫婦はカラーワである。彼らは成功したカラーワの一族であるが、親戚には漁業関係の仕事をしている人もいる。しかし、カトリックである妻は小さい頃から肉になじみ、保存用の魚を食べる必要もなかったので、ジャーディに関する知識はないものと思われる。

【事例三】夫カトリック、妻仏教徒、息子十三歳、妻の実家に妻の六十代後半の両親と同居。

夫婦ともに四十代前半でともに大学院を修了している。夫は政府の機関で働き、妻は研究機関で働いている。また海外留学経験や海外研修経験がある。自家用車を所有している。妻の父は国鉄を停年退職し、母は専業主婦でともに仏教徒。

①妻の母は専業主婦であり、もともと家にはハウスメイドがいなかった。しかし、コロンボ郊外のこの家の近くには両親双方の親族が多く住み、頻繁に訪問し合ったり助け合っていた。母が毎日家族の誰よりも早く起きて朝食の支度をした。ほぼ毎日近くのマーケットに歩いて買い物に出かけた。買い物に行く時間は、洗濯や家の片づけを終え昼食の支度を終えた十時か十一時頃である。この時間帯は店屋も混んでいないのでゆったりと買い物ができる。昼食後、母は特に外出する用事がなければ昼寝をして、夕方涼しくなる頃から夕食の支度を始める。この間に親戚の訪問があるが、親戚とお茶を

飲みながらゆったりと食事の支度をする。以前はすべてのスパイスを食事の支度のたびにヴァンゲディヤやヒラマナヤで挽いた。子供は娘二人のみなので、娘たちがよく手伝った。

娘が成長した今は家でスパイスをブレンドすることはほとんどない。近くの工場の売店でパックに入ったものを買ってくる。自分でスパイスをもっていって挽いてもらうのではなく、出来合いのブレンドされたスパイス粉を買ってくる。ヴァンゲディヤは以前使っていたが、使用することもなく台所の裏に置いてある。しかしミリスガラのみは、ポルサンボール（ココナツの胚乳を削り取り、ウンバラカダやスパイス類と和える）をつくるときに使用する。

妻はどんなに忙しくても出来合いのおかずを買うことはない。早朝五時に起き、朝食と昼食の準備とをしておく。二人とも職場が近いし、自家用車で通勤しているので昼は家に帰って食べることが可能である。夕食は帰宅後につくる。同居している妻の母が用意をしておいてくれる。

②妻の母は、子育て中は「熱い」「冷たい」「ニュートラル」の区別を知っていたが、今は考えて調理をしなくなり、ほとんど忘れてしまった。「熱い」カテゴリーは海魚に多く、カツオ類、甲殻類などのおいしい魚は「熱い」。これらの魚は特に蛋白質が多いので若い人や育ち盛りの人には必要であるが、食べ過ぎると「熱い」ので体に悪い。川魚や淡水魚のほとんどは「冷たい」カテゴリーであり、体にいい。

四十代の妻は、自文化の食にこのようなカテゴリーが存在することは知っているが、信じておらず、むしろ近代の栄養学のほうの知識を重視している。しかし、日常の調理で伝統的カテゴリーをまったく無視することはせず、知らないうちに「熱い」「冷たい」を使い分けている。つまり調理の献立を考えると無意識のうちに「熱い」「冷たい」食の調和がとれているという。また、カトリックの男性と結婚するまでは家族で牛肉を食べなかったが、今は食べる。しかし仏教徒なので家では牛肉を調理せず、外で食べる。近くに住む妻の妹夫婦は夫婦ともに仏教徒であるが、一九八〇年代に魚価が高騰したときから、牛肉を家で調理し食べている。

夫婦の一人息子はさらに食生活において脱スリランカ風になっている。まず、肉が好きなことと、エビやイカ以外は魚が嫌いであること、フライドフィッシュが好きなことである。肉に関しては、牛、鶏、豚の順で好きである。彼は肉はおいしいが魚はまずいという。レッドペッパーやグリーンチリを使う辛いカリーは食べられない。スリランカ料理にはなかったドレッシングをかけて食べるサラダなど生野菜も好きである。

③妻の両親はジャーディを積極的には好まないがあれば食べる。昔はよく食べた。夫妻は名前は知っているし、特に夫はもともと海村の出身（家は非漁民）なので昔はよく食べた。彼らの息子はジャーディをまったく知らない。

二　コロンボ近郊の住宅地

コロンボの地価の上昇により近郊に住宅を構える家族も増えた。かつては農地が広がっていたこの地帯はコロンボに通勤する家族と、農地を所有し、小作に出したり自らも土地を耕作したりする家族の混住地帯となった。多くは広い宅地と、宅地内に生育する多種の食用樹を所有している。また、比較的子供の数が多い。住居は伝統的な家屋に近代的な家屋を建て増ししたものも多く、古い台所と家電品のそろった新しい台所との二棟をもつ家もある。

【事例四】夫婦（夫六十代後半、妻六十代前半）、娘夫婦とその子供、未婚の娘、息子夫婦が同居。全員仏教徒。

①妻は娘たちとアーユルヴェーダに配慮しながら時間をかけて広い台所で調理をする。ヒラマナヤ、ヴァンゲディヤ、ミリスガラなどすべて駆使して調理する。昔と変わらない料理法だがこの方法が一番香りが出ておいしい。また、ガスクッカーなどもあるが、ほとんどの場合、伝統的に薪を使い土鍋で調理する。薪でゆっくりと煮るほうがおいしいからである。

②家族全員「熱い」ものが好きであるため、調理に工夫をしている。エビ・カニのような「熱い」ものは、ムルンガ（Drumstick tree：ワサビノキ）の葉を入れ、ココナツオイルで調理をすると「熱さ」が少なくなる。また、パンの木の実も「熱い」ので、ニウィティ（ツルムラサキ）かムルンガの葉を入れて調理をする。魚は絶対海魚に限り、バラヨは特においしいので、このような「熱い」魚を食した後は、タンビリ（キングココナツのジュース）を飲んだり、薬草入りおかゆ（サウカンダ、コラカンダなど葉の種類により数種類のおかゆがある）をとればいい。

体にいいといわれる淡水魚はこの辺には売っていないので買わない。この近くにも池がありその池の魚をとる人がいるが、おいしくないので彼らは食べない。若い世代の中には趣味で漁をする人もおり、娘の夫が時折余暇で釣りをする。しかし、親夫婦はこのような「漁民のような」行為をするのを嫌う。また、このようにして釣ってきた魚は決して口にしない。

③ジャーディは好きだった。かつてはジャーディだけを売っている店もあり、近くのマーケットではいつも売られていたような気がする。しかしもう二十年くらいみていない。パヌワがわくぐらいになるとおいしい。パヌワは気持ち悪いような気もするが、パヌワがないとおいしくない。パヌワをとって炒めて食べた。

【事例五】七十代後半の女性と娘の家族が同居。女性の夫は九十代で一昨年死亡。全員仏教徒。

①パックに入ったスパイス粉はまずいので一度も買ったことはない。必ずヴァンゲディヤで挽いて使う。また、ミリスガラは二つあり、一つは女性が生まれる前から、もう一つは夫の母の前の世代からある。ミリスガラで砕いたスパイスを使わないと香りが出ないので食事はおいしくない。

②女性と亡夫は肉類は一切食べない。孫（娘の息子で十代前半）のみが鶏肉を食べる。孫はほかの肉が禁食なのではなく、豚肉を食べると蕁麻疹ができるので食べない。仏教徒なので牛肉は食べない。必ず、「熱い」「冷たい」「ニュートラル」のカテゴリーを考えながら調理をする。

四十歳になる息子は結婚して別世帯をかまえている。息子は昔は牛肉を食べると蕁麻疹が出たので食べなかった。しかしよその家で牛肉を食べてから、だんだん好きになり、現在では牛肉が大好物である。息子が帰宅した際には息子のために調理することもある。魚は、海水魚のほうがおいしいので海水魚しか食べない。親戚の中には淡水魚も食べる家族もあるが、この家族は食べない。この辺の淡水魚はオヤマール（池の魚）で、オヤマールは「熱い」「冷たい」のカテゴリーでなく、「ニュートラル」であり、しかも体にいい。特に血にいいという。貧血気味の人など血を多くしなければならない人には望ましいというが、この家族は食べない。

③ジャーディは一九七〇年代頃まで頻繁に食べていた。パヌワがあれば気持ち悪いが、そのほうがおいしいという。どのマチの店屋でも売っていた。孫は名前は聞いたことがあるが、みたことも食べたこともない。

三　タルナウェラと周辺の非漁民世帯

タルナウェラでは、一九八〇年代後半に各家庭に電気が引かれ、一九九〇年代前半に簡易水道が各家庭で使用できるようになった。十年前まで女性の日課であった一日数回にわたる共同井戸での水汲みからの解放は、家事労働の時間を短縮させた。電気がきたことでほとんどの家庭にコイル式の電気湯沸かし器具が普及している。朝や不意の来客の紅茶の準備が簡単になった。食事は薪で準備する家が多い。

ムラの家は従来と変わらず、ミリスガラ、ヴァンゲディヤを使用している。パックに入ったスパイスはマーケットで売っているが、あまり買う人はいない。そのせいか、売場の奥の目立たないところに置かれ、しかも包装が古びている。また数も種類も少ない。

南岸では以前はウンバラカダの製造が盛んであった。近年はモルディヴから低価格で高品質のものが大量に輸入されるようになり、多くのムラでは生産をやめた。しかし、自家用あるいは地域内の流通用に製造する者もいる。

【事例六】漁民家族。

六十代の女性、夫は五年前に死亡、娘の家族と同居、調理や食事は娘と一緒。娘夫婦には幼児から赤ん坊まで子供が五人。

①別棟の台所には蛍光灯が灯るようになった。少量の紅茶用の湯はコイル式電気湯沸かし器を使用する。食材や食器洗い、洗濯や水浴びは裏庭に引かれた簡易水道で行う。しかし、調理は土間で座って行うままであり、スパイス類も従来の方法で挽いて調理する。安価なときになるべくたくさん買い入れ、ヴァンゲディヤで挽いて缶の中に保管しておく。小さな子供がいるので、母娘二人で時間をかけて調理をしている。

②海の魚が「熱い」ことはよく知っている。しかし、熱いものをたくさん食べても、タンビリを飲んで、水浴をすれば、体が冷たくなるので問題はない。それ以外にはアーユルヴェーダのことはあまり考えて調理することはない。川魚の中には、「冷たい」カテゴリーのものがあることも知っており、しかもおいしいことも知っているが食べない。海の魚があるし、ここでは淡水魚はかえって入手しにくい。

③魚の保冷庫がない頃はジャーディをつくっていた。今も自家用につくっている。かつてタルナウェラにはジャーディづくりの上手な女性が何人もいて、彼女らの夫がそれを売りに行っていたが、この家は自家消費用につくり、売ることは考えていなかった。むしろ、近年ジャーディをつくる人がいなくなったので、時折つくって売ることも考えている。しかし、幹線道路から離れているので売れないと思う。また、この家族は現在もウンバラカダをつくっている。地元製品の商品価値は下がったが、モルディヴから輸入された良質のものは都市の消費者が買い、地元製品は地元で売れる。原料となるバラヤが大量に水揚げされたときに買い付ける。

漁業収入が不安定であるため、漁家では今も保存食づくりを重視している。この家もジャーディ、ウムバラカダをはじめ、様々なドライフィッシュをつくり保存している。収入のない日が続くと、野菜を買うことができないので、ドライフィッシュのみをおかずにすることもある（米、ダール豆などの基本食は食料切符で手に入れる）。

【事例七】漁民家族。

五十代後半の夫と三十代前半の息子は漁民、五十代前半の妻は魚の加工、レース編み、ヤシ殻繊維業などの様々な仕事をして家計を補っている。また一九八五～九一年まで、連続して中東に出稼ぎをした。現在は息子の家族と同居。

①妻が中東出稼ぎをしていた間、子供は妻の実家で、夫は自分の姉妹の婚家で食事をしていた。妻

の中東出稼ぎの収入で建てた家には、冷蔵庫やガスクッカーなどもそろい、床に座るスタイルでなく、立って調理をしている。粉末スパイスは購入せず、すべてをヴァンゲディヤやミリスガラですりつぶす。最近はマチの商店でトマトケチャップを売るようになり、時々購入している。イカやエビ料理のときに、好みに合わせて卓上用に使用する。また、つぶしたスパイスに味の素を加えるようになったことも新たな変化である。味の素がいつ頃から売られるようになったのかはわからないが、この家ではカリーのうまみを引き出すものとして認識している。特に魚料理のときに使う。

②調理の際には「熱い」「冷たい」のカテゴリーはほとんど気にしない。

③ジャーディは忙しいのでつくらないが、あれば買ってもいいと思っている。

【事例八】非漁民家族。

海岸から約二キロメートルほど内陸部にあるムラの家族で、六十代前半の夫婦と未婚の子供たち、長男夫婦とその子供たちが同居。子供たちは事務職、店員、食堂勤務、学生など様々な仕事に従事している。家の周囲には果実や食用樹が多く生育している。

①スパイスは概ね、コリアンダー、クミンをそれぞれ自宅で挽いてつくり置きしておき、また別にクミン、フェンネル、カルダモン、ランペ（*Pandamus litifolia*：香りをつける葉）、カラピンチャ（*Murraya koenigil*：ナンヨウサンショー：香りをつける葉）をそれぞれ挽き、ブレンドしたものをつくっておく。

これらのスパイスは安値のときか、お金のあるときにまとめて買い、それらを時間のあるときにヴァンゲディヤで挽いて保存しておく。また、体の調子が悪いときのために、薬用にスパイスを（胃痛用・頭痛用・喉頭痛用などに分けて）ブレンドしたものも台所に常備してある。

②海魚はおいしく大好物であるが、近年は海水汚染が進んでおりあまり買わないようにしている。それは川の汚染された水が海に注ぐからである。つまり海魚は汚染されており、体によくない。むしろ淡水魚のほうが汚染度が少なく、食するに好ましい。日常の食事ではあまりアーユルヴェーダのことは考えないが、常備薬はアーユルヴェーダに忠実につくる。

③ジャーディは好きだがこの頃は売ってない。売っていれば買う。ついこの間まで海岸に行けばどこでも手に入れることができた。

四　内陸部入植地

この地域は海から離れているため、海魚や漁民に関する認識を調べることも意義がある。

【事例九】六十代後半の女性（夫は死亡）で二男夫婦の家に同居。

①スパイスは昔はヴァンゲディヤですりつぶしていたが、今はパックに入った粉末を購入する。レッドペッパーもシコクビエも昔は石臼ですりつぶしていたが、今はすべてスパイス工場の機械で行う。

②料理のときに「熱い」「冷たい」はまったく考慮しない。海魚は定期市やマチに行ったときに買

いたいと思えば買ってきたが、ごくまれにしか食べない。一方、淡水魚はいつでも手に入るし、食べられる。

③ジャーディは入植地に来る前に（同じく内陸部のムラに住んでいたが）、マチに出たときに買って食べた。行商人が売りに来るようなことはなかった。入植地に移ってきた一九八七年以降はまったく食べたことがない。

【事例十】四十代前半の夫と三十代後半の妻。

①スパイスは地域の中心地で開かれる定期市で粉末状になったのを買ってくる。胡椒のみミリスガラで挽く。

②「熱い」「冷たい」は気にする。なぜなら、妻が病気で毎日薬を飲んでいるからである。医者の指示で「熱い」ものはなるべく食べないようにしている。トマトや魚の缶詰は特に「熱い」し、この土地の気候は暑いので、なおさら「熱い」ものは食べないようにしている。

淡水魚と海水魚は、淡水魚のほうが好きだ。なぜなら、淡水魚のほうが体にいい。特にフナ・コイ類（コラリ）が好きだ。ビタミンも淡水魚のほうが豊富である。味については海水魚のほうがおいしいと思う。

③ジャーディは聞いたことがない。

以下、執行氏が入植地の八家族から収集したデータと氏自身のメモを要約して引用する。

①内陸部農村の農家では、スパイス類もあまり多くの種類を使っていない。農家の主婦は農作業や育児に加えて、そのほかの家事が山のようにあるので、料理にさほどの時間をとれない。しかし、かといってパックに入って売っている粉末スパイスを買うことには抵抗がある。内陸部では海産物を入手することが困難であり、淡水魚に比べて値段も高い。このため身近な淡水魚を食べる機会が多く、また食べ慣れているためにおいしいと感じている。また海水魚よりも淡水魚のほうが体にいいと考える人が多い。その根拠は淡水魚が「冷たい」カテゴリーであり、海水魚が「熱い」カテゴリーであるからだ。さらに海水魚に対していくつかの否定的見解がみられる。海水魚はたまに行商人が売りに来るものの、値段も高く氷詰めで送られてくるため新鮮さに欠けるばかりか、ホルマリンなどによる薬品処理をしてあるという噂がある(11)。また、海水魚は海水に流れ込んだ農薬や油などの毒を食べているために体に障りが出るともいわれる。

②アーユルヴェーダと食に関しては、ほとんどの人が気にしておらず、「貧乏人にはそんなことを考えるゆとりがない」ということばが印象的である。ただし、病人がいる場合は極力「熱い」カテゴリーのものを調理しないように気をつけており、知識を実践できる環境が整っていないことがうかがえる。

③ジャーディに関しては中高年者の世代もみたことのない人が多い。かつて海村でジャーディをつくり内陸部まで売りに行ったというが、当時でもあまり遠方にまで行かなかったと思われる。むしろ

乾燥魚を売りに行ったのであろう。海魚に関する抵抗感やジャーディの知識は海岸からの距離に比例するようである。またジャーディに関する知識のある人も聞いたことはあるが食べたことがないという人がほとんどである。しかし「パヌワの存在」だけはほかの地域と共通する。

五　結　語

事例報告でふれた以外にも様々な家庭で調理の観察をする機会があった。それらも加えて、食の変化に関していくつかの点を指摘しておきたい。

第一に都市の中産階級では電動式ミルや卓上で使うココナツ削り器を使用しており、地方では伝統的なヴァンゲディヤ、ヒラマナヤを使用する家庭が多いことである。また、都市中産階級ではガスクッカーの普及する以前の薪を使用していた頃から、調理台があり、立って調理をする方式が定着していた。若い主婦のいる家では、床に腰を下ろし、ヒラマナヤを使ってココナツの胚乳を削り取る作業をしなくなった。床に腰を下ろし、まな板を使わずに、包丁を上に向けて柄を足指で押さえて材料を切る方法も消えつつある。テレビの料理番組やクッキングブックでは非スリランカ料理の紹介が増え、また各国料理の情報が入るとともに、座ったままの調理は歓迎されなくなった。また、冷蔵庫やガスクッカーの普及は座っての調理を不便なものにしてしまった。しかし、農漁村では屋外（裏庭や台所の入り口近く）でヴァンゲディヤを使用してスパイスを砕き、床に腰を下ろしてヒラマナヤを使い、足指で柄を押さえた包丁を上に向けて材料を切り、床の上に石や土で囲いをつくり薪をくべて、土鍋で調理をするという、座り調理が一般的である（図12-④）。

一部には、薪での調理に対するこだわりもある。多くの人が強調するが、香辛料や香草を大量に使用するスリランカの料理は薪でじっくりと煮ていくのがおいしいという。そこで、広い宅地で余裕のある生活をしている郊外の中産階級は伝統的な台所と近代的な西洋風の台所の二ヵ所を料理の種類によって使い分けている。スパイスの使用も、パックに入った粉末スパイスを使用する家庭、工場にもっていって挽いてもらう家庭、すべて自宅で挽いたものを使う家庭など様々である。このことに関して、「パックに入って売られているスパイスはおいしくない」と説明する人と、「（食べるときに皿の上ですべてのおかずを混ぜるので）混ぜてしまえばみな同じ」と説明する人に分かれる。前者に関しては、さらにパック入りスパイスは、たとえばレッドペッパーは水増しのため赤煉瓦粉を入れてある、などの噂を各地で耳にした。魚の鮮度を保つためにホルマリンが入っているなどの噂と同様、食材流通に関する噂の考察も今後必要になるであろう。

第二に「熱い」「冷たい」のアーユルヴェーダの知識は質量に差があるうえに、近年は西洋の栄養学を重視する若い女性も増加している(12)。アーユルヴェーダの知識も、断片的なもの、あるいは特に重要なものにとどまる。たとえば、筆者の「アーユルヴェーダを考えて調理をするか？」という内容の質問に、大半の話者が海の魚の中でも特にカツオ類はおいしいが「熱い」食べ物であり、あまり食べ過ぎないほうがいい、と回答している(13)。またカツオ類をおいしい魚の筆頭に上げる人が多い。アーユルヴェーダの詳細を知らなかったり、あるいはあまり関心がないにもかかわらず、家族に病弱者がいると、アーユルヴェーダを考慮した調理をする。また多くの家で喉の痛みや咳、胃の重みに効く常備薬（スパイスや香草をアーユルヴェーダの伝統で調合したもの）を置いている。食事はアーユルヴェーダの知識で調理されるというタテマエとは異なり、多くの主婦は忙しくてそのようなことに気を使う余裕がないが、比較的裕福な年輩の主婦は伝統的知識で日常の調理をすることに誇りをもっている。また、回答者の魚への関心がアーユルヴェーダに基づくものと、海洋汚染に基づくものとに分岐しているのも現代のスリランカの状況を示している。牛肉に関しては、仏教徒であることを理由に食べない家庭と、仏教徒ではあるが、栄養学上食べる家庭がある。近年は特に魚の値が上昇しているので、値段の安い牛肉が好まれている。

また特に若い世代では辛みを出すスパイスや食材の使用量が激減している。つまり「辛くない」食事になりつつある。「田舎の食事は辛みが強い」「貧しい食をチリペッパーの多用でごまかす」などの言説が増え、辛みでなく、香草類を多用するとともに香りを強調したり食材の豊富さを誇る食に向かいつつある。

第三に、ジャーディに関する調査では、筆者がジャーディについて質問することでジャーディの存在を思い出した人が多かった。「そういえば、以前はどこでも売られていた、あれは今どうなったのだろうか」という具合である。回答者の多くが、「まずくはない」が、積極的には食べてはいなかった。近年、食のみならず、近代化の代償として失われたものへの憧れがノスタルジーとして形成されることが指摘されるが、今回の調査では「昔はよく食べた懐かしいもの」としてジャーディが語られることはなかった(14)。

第四に買い物風景の都市と農漁村との違いである。食材を買う男性の姿、夕方あるいは休日に夫婦で買い物をする姿は都市部では見慣れた光景になった。また、地方でも幼児連れの若い夫婦が祭り見物を兼ねて市に出かけるようになってきたが、近くの店での日常の買い物は妻の役割である。女性の雇用拡大による労働の場への参加は、女性に賃金労働と家事労働の二重の労働を背負わせる結果となったという指摘があり、スリランカでも同様の現象がみられる。しかし、同時に女性の雇用拡大による収入の増加で、冷蔵庫や洗濯機の所有も夢でなくなり、これらの所有が家族の名誉にもなるので、購入に関して夫は理解を示す。また、村内婚や妻方居住が多く、妻の母が近隣に住むことも多いため、母娘関係が娘の婚姻後も継続していることが女性の家庭外労働を可能にしているともいえる。一方で女性の中東出稼ぎの増加で、夫と子供だけの世帯や祖父母と孫だけの世帯が増え、高齢女性が再び家事にかり出されているともいえよう。

スリランカで「お袋の味」は存在するのだろうか。筆者は日本でよくいわれる「妻の味」と「母の味」の確執についてスリランカの多くの男性にインタビューを試みた。男性の回答は概ね一致しており、慣れ親しんだ「母の味」と新たに味わう「妻の味つけ」の間にはほとんど違いはないという。あるスリランカ人男性が的確に指摘した「食べるときにすべて混ぜてしまうので誰がつくっても同じ」という表現はスリランカの食文化を端的に示しているかもしれない。食材ごとに別々に調理し、食べるときに皿の上ですべてのカリーを少しずつ混ぜ合わせる食事方法なので、その味の違いはむしろ各食材の混ぜ方、つまり各自の皿の上での味の違いとなって現れる。辛みの強いカリー、辛みの少ないカリー、汁気の多いカリーなど様々な辛さの違うカリーが調理され、個々の家族員がそれぞれ好みに合わせて皿の上で混ぜて食するので、味に調理者の違いはあまりない。

女性の就労構造や社会の変化は儀礼的側面に影響を与えたものの、それが日常の食生活とは大きく結びついていない。伝統的な調理方法と新しい器具を使用した調理方法が併存しているスリランカでは、食の選択肢は拡大したが、基本はスパイスと香草を基礎とする煮込み料理や和え物料理であり、また、家庭において調理が女性によって担われることも変わらない。冷蔵庫やパック入りスパイス粉の普及は調理時間削減をもたらしたが、都市部では慢性的交通渋滞による通勤時間の拡大とハウスメイドのいなくなった台所で帰宅後に調理をしなければならない多くの既婚女性にとって、母の助けがなければ家事は相変わらず孤軍奮闘の場であり続ける。

《注》

（1）在日スリランカ人は可能である限り、ほとんど外食せず、また自国から大量に持参してきた食材を使用して調理をする。互いに連絡を取り合いながら、友人同士で食材を分け合っている。また、スリランカ人の多く居住する地区にはスリランカの食材を扱う店もあり、休日には多くのスリランカ人が購入にやってくる。近年は宅配も利用している。この理由をスリランカ人の多くは、日本の食材があまりにも高額であるからと説明をし、日本の食が口に合わないわけではないと説明する。しかし、重要な儀礼を実施するときも、経済的余裕があれば、たとえば米は日本で売られているジャポニカ米でなく、インディカ米の中でも高額のバースマティ（white long rice の中でも上質の米）を母国から取り寄せ、食が民族としてのアイデンティティと関係することが推察できる。

（2）米や雑穀の粉を水とココナツミルクで溶き、平板状にして焼いたアッパー、細い麵状にして蒸したインディアッパーはスリランカで一般的な朝食である。以前は自宅で粉を挽くところから用意したが、今は近くの店で出来合いのものを買ってくる人も多い。以前は、早朝あるいは夕暮れどきにどこの家からもココナツの胚乳をヒラマナヤで掻き落とす音や、ヴァンゲディヤでスパイスを搗きつぶす音が聞こえてきた。

（3）肉類一般を禁忌の対象とするようになったのは、十九世紀後半以降の仏教復興運動などの結果であり、ヨーロッパ文化との差異化を意識するようになってからである。内陸山岳部では、様々な野生動物の肉が調理されていた。

（4）人生の折目や節目などに僧侶を家庭に招き、出家した僧侶のみがもつ聖的力を在家者に与えるピリット儀礼の後に参加者全員で共食をする。

（5）妻が外出中で不在の場合、男性は親戚の家で食事をする。ただし、漁民は漁場を求めて移動しており、移動先では外食をすることになる。一般にモンスーン期に東南岸の浜に移動する場合、近くに食堂もないので、個人単位でなく、集団で移動し、その際調理人を連れて行く。調理人は引退した老漁民か見習いの少年が多い。船の動力化が進み、各地に漁業センターが開かれると、これら漁業センターでは周年漁業が可能であるため全国から多くの漁民が集まるようになった。これらの漁民を相手にした安価な食堂ができ、漁民はここで食事をとり、さらに船上で食べる弁当もつくってもらう。

（6）巡礼者の通る道沿いに住むムラの住民は、巡礼者を相手にした無料接待所をもうけ、巡礼者に軽食を振る舞うことで功徳を積む。巡礼という非日常の世界では未知の人からの食事のサービスを受けることになる。

（7）男の子が多い家庭では、寺に預けて僧侶にすることもあった。また、近年では、長期化する紛争のために、貧困層では男の子の一人を軍隊に入れる。

（8）悪質ブローカーによる詐欺、書類不備や病気等による国外退去、事件に巻き込まれたり雇用者による嫌がらせ、雇用先での事故、賃金を得て帰国した後の夫との確執などがあり、また、ブローカーに払うために負債を負う場合もある。しかし諸問題を克服して多くの女性が新たな地平を切り開いている。スリランカ女性の中東出稼ぎに関する日本語で書かれた書として内藤俊雄（一九九〇）がある。

（9）スリランカ海外雇用局によれば、二〇〇二年一月から六月までの六ヵ月間の海外雇用は、八万九千九百八十七人で、前年の同じ六ヵ月より三・六パーセント上昇したという。そしてこれらの雇用のうち、七三パーセントが未熟練労働で、半分の五六パーセントを女性が占めている。また、二〇〇一年に海外で雇用されたスリランカ人十八万三千八百八人中、五六・一パーセントがハウスメイドであった（Sunday Observer インターネット版、二〇〇二年八月一八日記事から）。

（10）スリランカと同様に、近年縫製工場が増加しているバングラデシュでも、首都ダッカの住民の間で、「縫製工場ができたためメイドのなり手がいなくなった」といわれる（村山 一九九七：七一）。

（11）漁民の間でも氷詰めで魚を出荷することを好まない者が多い。氷詰めだと、かえって新鮮でないと思われるというのである。また、カツオ・マグロ類、サワラ類は水揚げ直後よりも、（腐らない程度に）時間をおいて調理をしたほうが美味であると考える人も多く、氷詰めにせず出荷することもある。

(12) 近年外国人用にアーユルヴェーダを体験するホテル等の施設が建設されているのは皮肉である。

(13) これは回答者のほとんどが、筆者が「漁民を研究している」ことを知っているからであろうか。

(14) あるスリランカ人は次のような解釈をした。ジャーディを知っているあるいは食べたということは、その人が「田舎の人」である証拠になり、本当は知っているにもかかわらず「知らない」「食べたことがない」と答えるのではないか。「田舎の純朴な人」と思われることを嫌い、「田舎出身」であることを隠すコロンボ居住者も多い。

おわりに

ムラでの調査

タルナウェラで最初に過ごした年からまもなく二十年近くが経とうとしている。当時下宿し、今も訪れるたびにお世話になるお宅が本書に登場するマギノーナ宅である。一九八四年当時は一人息子も二女もまだ結婚していなかった。マギノーナの夫も健在であった。突然、住むことになった外国人である筆者を彼らはとまどいながらも受け止めてくれた。

筆者がマギノーナ宅に住み込むようになるまでは少々時間を要した。スリランカの海村を研究しようと計画を立てていた筆者は、調査地設定のためと、海村の様子を把握するために西岸から東南岸にかけて短期間の訪問を続けていた。西岸のカトリックの海村では大小様々な規模の魚市場で魚を売る女性たちの姿があり、水揚げ場となる浜には男性と同じくらいの数の女性の姿があった。この光景が仏教徒の多い地区に行くと一変する。浜にも魚市場にも男性の姿しかみえない。ムラの景観も秀麗な教会や聖人像に彩られる西岸地区と、白亜の仏舎利や巨大な菩提樹、仏陀像が特徴的な西南岸から南岸地区とはずいぶん違う。車でわずか数時間でこんなにも景観や雰囲気が異なることに驚嘆した。結局、漁業に係わらない女性の労働に関心をもち、仏教徒の多い地区でしかも観光開発の影響を受けていない海村タルナウェラを調査地に設定した。タルナウェラは、小さな湾に沿って家々が建ち並び、集落内を歩いたときの印象が短期間で全戸の把握ができそうな印象を得た。タルナウェラでは、マギノーナの家が筆者を受け入れてくれることになった。父がオルー大工で、息子が漁民、未婚の娘が母の手伝いをしながら話し相手になってくれ、また調査のサポートが期待できると考えた。実際、調査に臨んで、常に筆者のそばにいてくれた彼女の支えは大きいものとなった。手のかかる小さな子供がいないこともありがたかった。

マギノーナ宅は浜のすぐ上にあり、窓から毎日海と浜を眺めることができた。また家の前の小道を人々が頻繁に通り、中にはマギノーナ宅の庭先を横切って近道をしていく人も多かった。女性が浜に出入りするのは好まれない。人類学の調査で議論される調査者のジェンダーの問題、また外の世界の「異」文化からやってきた外国人調査者が当該社会でどのような姿勢で調査に臨むべきかを念頭に置きつつも、筆者はニュートラルな存在である「外国人」の特権を利用し、時々浜に出没した。もちろん、女性の浜への接近が完全に遮断されているというのではなく、なるべく近寄らないほうがいいという認識であり、実際には時折、中年以降の女性が浜に近づく。夫に伝達事項のある妻は必要に迫られて浜にやってくる。

マギノーナ宅には浜に出入りする魚商、息子の友人、マギノーナの友人など、まさに老人から赤ん坊までが頻繁に外国人である私を観察に訪れ、マギノーナの入れてくれた紅茶を飲みながらおしゃべりをした。若い女性はほとんど一人でなく数人で連れ立ってくるが、二女の友人も時折やってきて、女性たちの人生観を語ってくれた。シンハラ語の能力に限界がある筆者のために、調査の補助としてルフヌ大学の卒業生B・K・H・ランジット君とK・ダンティさんが土日を除くほぼ毎日通ってきてくれた。ランジット君はお父さんがディクウェラの漁民で、漁業をとりまく環境について助言をしてくれた。ダンティさんは当時のスリランカの女性が置かれていた情況、つまり若い女性が男性のエスコートなしで遠くへ出かけることを是としない風潮の中にあって、筆者につきあって各地をともに旅してくれた積極的な女性であった。その後、二人ともそれぞれ結婚して幸せな家庭を築き、有能な教師として次世代を担う子供たちを育てている。一九九九年と二〇〇一年の調査では、ナンダナ・ジャヤコディ君(現在大東文化大学大学院博士課程学生)とジャガット・ブーラットシンハ君が調査の手伝いをしてくれた。

一九八四~八五年のタルナウウェラは、八三年にコロンボや多くの都市で起こった反タミル暴動の影響もほとんどなく、東海岸のキャンプ地が危険になりつつあるので移動を控えようという動きがあったものの、北部地区で激化していた反政府組織と政府軍の戦乱もまだまだ暗い影を落としてはいなかった。ダクヌガマ市場の近くにはタミル人の家族も住んでいた。筆者はムラの人々と一緒に、キリンダの移動キャンプ地やトゥリコーナマレイに行った。キリンダはちょうど日本の無償援助による大規模漁港が建設され始めていたが、人々は工事現場近くに昔からのやり方でココヤシの葉で小屋をつくって滞在していた。トゥリコーナマレイにはダクヌガマ村から多くの家族が移住しており、プンチダクヌガマ(小さなダクヌガマ)と呼ばれるダクヌガマ村出身者の多く住むムラがタミル漁民の住むムラの近くにある。不安だが穏やかな日々でもあった。タルナウウェラの人々とは別行動で、同様にモンスーン期の移動地に行ったときも、シンハラ人とタミル人が決して親密とはいえないが、かといって敵対するでもなく滞在していた。タルナウェラの年輩者の多くはタミル語が話せる。むしろ学校で上級クラスにまで進んだ若い人たちがタミル語を話せなくなっていた。

しかし、この頃からこの南の海村は変貌を遂げつつあった。すでに多くの女性が中東出稼ぎに行っており、妻のいない家で幼い子供とともに呆然とする男性、妻の実家や姉妹の家に子供とともに身を寄せている男性が目立ち始めていた。そして、動力船の供給と港湾整備の進捗により、海村間の較差が広がりつつあった。本書でもふれているが、ロクウェラでは一部の魚商がコロンボ中央魚市場や国会議員と結びつき、浜には多数の動力船が停泊していた。ロクウェラのムダラーリの家はどれも立派で使用人もおり、テレビや冷蔵庫もあったが、タルナウェラでは当時成功をおさめていたジャヤシンニョムダラーリ宅にもテレビや冷蔵庫はなかった。ロクウェラ以外にも港湾拡充工事が行われている港は広々と大きく、動力船がひしめき、大型トラックが行き来し、活気に満ちあふれているが、タルナウェラのような小さな浜はその後もほとんど変化はないように思われる。人々はロクウェラの魚商の悪口を言って溜飲を下げながらも、ロクウェラの動力船に乗りたいと願っていた。そのような中で女性たちは、未婚の女性は機織りで、既婚女性の大半はヤシ殻繊維業で現金を得ようと努力していた。お金がないときは実家から借りるだけでなく、友人からも借りる。借金の返済のためにまた誰かから借りる。他人から借金をしているのにもかかわらず、別の人に貸す。このようにお金がまわっている。タルナウェラのような小社会ではこのように少額のお金がまわり、前借りと前貸しの連鎖によって社会が破綻せずに維持されているのだろう。

また国家の一貫した政策の基礎となっているウェルフェアリズム（福祉主義）によって、食料配給制、食料切符制、ジャナサヴィヤ計画、サムルディ計画など続々と打ち出される政策が物か現金の定期的支給を行い、人々の生活を向上させはしなくても、飢えで死ぬ人を生産しない状況をつくっているといえよう。

人類学とムラの人へのまなざし

現代の人類学が対象とする社会はすべて開発の影響を受けており、人類学者は調査において開発という現象から逃れることはできない。足立明が指摘するように人類学者は開発に対していかなる態度をとるにせよ、また対象社会のどのような面に焦点を当てて研究しようと、開発という現象がもつ事実を無視することはできない（足立 一九九五：一三七）。特に足立が別の研究でテンナコーン（Tennakoon 1993：504）を引用して論じているように、スリランカのように開発が日常生活を覆う文化的行為とセットとなり、しかも開発政策がほとんど効果のないまま貧困が蔓延し、貧富の格差が広がっている（足立 二〇〇三：四一八）社会では、変化の基軸に開発をすえざるを得ない。スリランカの海村では漁協の組織化が進行し、社会の変化をみるときには漁協の組織化の状況や当該社会の中での漁協の位置をみる必要がある。また生活向上と漁業振興を目的とする様々なNGO活動の手が入っているし、行政側からの働きかけを無視して海村社会は語れないであろう。しかし、文化人類学は開発人類学ではなく、開発に関する発言からは一定の距離を保つべきである。小馬徹が指摘するように、文化人類学者は自らの調査地での体験から「開発現象への自分自身のかかわりかたを明確にしておく必要がある」(小馬 二〇〇〇：一六五)。

また、スリランカに限らず多くの国や地域で紛争や暴力が長期化する中で、これらの現象に関する議論が盛んに行われている。これらの問題をさけて通ることはできないものの、一九八三年の「民族暴動と殺戮」の直後だったこともあり、調査では政治的話題はなるべくさけた。その意味で本書は村落社会が基層としてもっている政治参加と仏教ナショナリズムが結びついて暴力へと収斂していく過程を描き出そうとする動態的民族誌 (Moor 1985・Spencer 1990・澁谷 一九八九) ではない。ムラを離れて各地を移動している男性の多くは政治への関心は高く、漁業と政治家とのつながりに興味をもち、またタミル漁民との接触も多いだけでなく、内戦に巻き込まれる可能性も高い。それに対し、ムラからあまり出ることのない女性の話題は、より生活と密接に結びついたものが多い。そのような女性の係わる場面に注目した。多くのスリランカ女性は、男性に比べて政治的発言をしない。タルナウェラで、内戦やテロで実際に息子や夫を失った女性と話をする機会はその後の訪問でもあまりなかったし、彼女たちはあまり語ろうとはしなかった。

筆者がスリランカを離れてから、中南部でJVPと政府軍との戦闘が開始され、南岸域は内乱状態になった。指導者が南岸出身のカラーワであったため、日頃の不満が鬱積していた若者の多くはJVPに賛同した。軍や警察の部隊が内乱鎮圧のために導入され、またJVPと警察や政府軍との板挟みになり、多くの人々が行方不明になり殺害された。実際にＪＶＰの活動家であったかどうか不確かなまま殺されたり、戦闘に巻き込まれたり、密告や復讐による殺害もあった。指導者が殺害される一九八七年までのことはタルナウェラの人々もほとんど語らない。筆者はこの間タルナウェラを訪問することなく、再訪は内乱が鎮圧されて以降、一九九一年のことであった。

一九九〇年以降の十年間、タルナウェラの目にみえる変化は各家庭に電気が通じたことと、簡易水道を使用するようになったことであろう。マギノーナ宅で初めて下宿した頃は、飲料水を汲むために、十分ほど歩いたところの井戸を往復し、その井戸で洗面や水浴びをしたが、今は自宅裏の庭の水道の蛇口で水を汲めるようになった。井戸での洗濯から流水での洗濯に変わった。瓶に汲んでいた水で食器を洗ったり食材を洗っていたのが今では流水で洗える。何よりもわざわざ瓶やバケツを抱えて水汲みに行かなくてもよくなったのだ。ロウソクやランプで明かりをとりながら食事の支度をするのでなく、薄暗くても蛍光灯の下で調理をするようになり、また食事も電灯の下でとるようになった。薪をくべなくても携帯用電気コイルを入れたらすぐに湯を沸かすことができるようなった。しかし、こんな生活はすでにはるか以前から都市の中産階級では当たり前のことであった。

タルナウェラでやっと電気や水道を使えるようになった一九九〇年代中期、コロンボやキャンディなどの都市ではファッションビルが建ち、スーパーマーケットができ、冷房の効いたビルの中で西洋風のファッションに身を包んだ女性が買い物をしたり、車でレストランに乗り付けファストフードの店で食事をしている。長びく内戦と雇用状況にほとんど改善がみられず厭世気分が蔓延していたものの、ODA援助は増加し、スリランカでは着実に中産階級は成熟しつつあった。そのためスリランカを訪問するたびに都市と村との生活の較差が広がっているように感じられた。貧しい家庭の息子はかつては寺に入ったり、富裕家庭や店の手伝いに雇われたりしたが、今では軍隊に入り前線で死んでいく。タルナウェラでも軍隊に入って死んだ若者がいる。医療制度の充実で幼児死亡者数は格段に減少している。また少子化は都市部で進んでいるが、タルナウェラのようなムラではほとんど変わらない。子供の数が多く、かつてはその多くが家族の中で労働の担い手になっていたが、近年では子供を漁民にさせたくないため、そして男女ともに事務職のようなクリーンな仕事を手に入れるために教育熱は高く、塾に通わせている。しかし、雇用機会は限られており、高等教育を受けても満足な仕事はない。都市域の高等教育を受けた中産階級の人々もスリランカでの雇用不安と今後の国の将来の展望が不確実な中にあって、スリランカからの出国を望んでいる。目的地は欧米、それが不可能であるならば、日本で就職したいと考えている人は多い。

かつて一九七一年にもJVPの武装蜂起があったが、その担い手は教育を受けながら満足な仕事をみつけることができない若者であった。一九八〇年代末期の同じくJVP蜂起による殺戮の根幹には、成功した人、成功した地区への妬みなどがあった。本書で言及したように、新ダクヌガマに開かれたガーメントファクトリーはムラの中に新たな妬みや嫉みの温床をつくり出している。

タルナウェラの変化の中で、筆者とタルナウェラとの関係のあり方にまで大きな影響を与えるものが、近年のタルナウェラの若者の日本への出稼ぎである。筆者がタルナウェラの人々と出会った一九八〇年代は、女性の中東出稼ぎが多く、男性の出稼ぎは女性ほど多くないにせよ、同じ中東であり、新たにシンガポールやマレーシアなどに行った話をたまに聞くぐらいであった。まだこの当時は日本はタルナウェラの人々には遠い存在でしかなく、日本に関する知識は日本製の自動車や家電製品、それに香港映画と混同して空手ぐらいのものであった(1)。しかし、一九八〇年代末からスリランカの多くの若者が日本へやってくるようになった。日本がバブル景気にわいていた頃、アジアから多数の人々が金持ち国である日本へ仕事を求めてやってきた。スリランカからも例外でない。一つは嫁不足に悩む農村への花嫁として、結婚ブローカーによって斡旋されて来日した若い女性の流れである。日本へは未婚女性が仕事を求めてやってくる機会はほとんどなく、そのため日本人男性の花嫁として来日を果たした。これはその後大きな社会問題になっていく(2)。もう一つは仕事を求めての若い男性の入国である。彼らの多くは仲介業者に莫大な金を払って日本にやってくる。パスポート取得から日本入国まで、そして入国後の仕事先の斡旋まで含めての斡旋料は土地を売ったり親戚から借金をして用意する。日本にきてほとんど元手をとることもなく、すぐに送還される人も多い。犯罪に巻き込まれる人も増えている。タルナウェラの若者も、斡旋屋に莫大なお金を払い日本へやってくるようになった。筆者のところにある日突然電話がかかってくるようになった。

これまでの人類学は、調査者は調査地へ出かけ、調査をして民族誌を書くことが当面の目標であった。調査者である人類学者と調査地の人々との交流は、ほとんど調査地で展開するものであった。「貧しい」調査地の人々が調査者の国へ来る可能性は少なかった。そこにはポスト植民地の枠から完全に抜けきれない人類学があった。しかし、状況は変わってきた。調査者と被調査者との間の新たな関係が生まれつつある。残念ながら、筆者は突然電話をかけてきたタルナウェラの若者に何もできない。率直な気持ちは突然の電話によるとまどいである。多くのタルナウェラの若者は、日本で何の仕事もみつけることもできず、不運な人は日本への失望のみを土産に強制送還されてしまうのである。調査者が自ら調査地に出かけて調査をする中で現地の人とつきあうという一方通行は次第になくなり、新たな関係のあり方を考えなければいけない段階になっている。この問題も人類学者のモラルとして今後議論されていかねばならないであろう。

タルナウェラのような小さな海村は、周辺の大きな浜をもつ海村の漁港整備が進むにつれ、ますます忘れられたムラになるだろう。小さな湾の奥にある浜はこれ以上拡充できないだろうし、人々は周辺の漁業基地や観光地に出稼ぎに出ることで現金を獲得しようとするであろう。動力船に乗れなかったり仕事にあぶれた人々がオルーで沿岸魚や近海回遊魚をとるようなムラになるであろう。彼らは漁業以外の道をますます模索している。そして女性はそんな生活環境で家計をやりくりしながら、今後も様々な現金獲得の道を探り続けるであろう。スリランカ社会が大きく変わりつつあるといっても、女性は結婚して母になることこそが最高の生き方であるという観念は変わらない。そして、タルナウェラの女性が妻として夫である男性の成功を支える期待役割関係にあることも変わらない。社会が高学歴を指向し、実際に世界システムに組み込まれる中でカーストや出身地に束縛されない新たな可能性は開けている。しかし、それはまた高等教育を受けるためのお金がない人々に期待をもたせながら、結局は学歴もコネもなければ何にもならないという失望を与えるだけかもしれない。漁民のような殺生を否定的にみる風潮は社会が流動的になってもあまり変わらない。長い戦乱の時代が終焉を迎えようとしており、これからは危険にさらされずに、モンスーン期の移動ができるであろう。しかし、漁業基地の整備が進むと以前のような伝統的移動パターンはなくなっていくかもしれない。すでに大型帆付きオルーの製造はほとんどない。オルーでの役割分担、漁撈長（マラッカラへ）のもつ職人技のような漁撈技術はオルー建造技術とともに消える運命にあるだろう。

タルナウェラの人々は、筆者を特にムラに利益をもたらさない、しかし特に悪いことをするわけではないというふうに淡々と受け入れてくれた。付近には多くの外国人開発関係者が入っており、また全国を移動する彼らに情報はすぐに伝わる。ムラの生活をよくしてくれるように日本政府に働きかけてほしい旨の発言は幾度かあったが、筆者がそのことに無関係であってもそれで彼らの筆者への態度は変わらない。毎日のようにムラの中をうろうろと歩く筆者に声をかけてくれ、突然の訪問にも嫌な顔ひとつせず、お茶を入れてくれたり、なけなしのお金をはたいて近くの店まで子供を走らせ、ぬるいファンタ（ダクヌガマ村ではファンタオレンジがよく売られている）を買って出してくれたり、ムラで調べたことを何に使うか、ということに対しても問いつめたりすることもなく、筆者の上達しないシンハラ語を一生懸命理解しようとしてくれ、そして丁寧に説明をしてくれた。しかし、彼らを単に優しいお人好しな人ということばで片づけるわけにはいかない。外国人である、第三者である筆者には決してみせない、したたかさやある意味で残酷さも彼らは併せもっている。欲求不満と成功した人への嫉み、それが彼らのエネルギー源になっているともいえよう。それだからこそ、あの内戦状態を生き抜いていくことができたのであろう。

筆者はスリランカに関して表面的な知識だけで調査に赴いた。調査は一九八四年〜八五年にかけてはコロンボ大学大学院研究生、一九九一年にはルフヌ大学研究員として実施することができた。そんな調査を始めるにあたり実に多くの方々にお世話になった。その後の拙い研究も多くの方々のお力添えがあったから何とか続けることができた。すべての方々のお名前を記すことができないが、とりわけ以下の方々にはスリランカへの出発から、コロンボ大学への留学、調査中のアドヴァイスなどでお世話になった。スリランカ出発前にシンハラ語を教えてくださったシャーマリ・デ・ヴァスさん、パドマ・ペレーラさんは我慢強く熱心な先生だった。スリランカ研究という航海がどういうものであるかを教えてくださった中村尚司先生、中村禮子さん、シャンムガラトナムさん、スリランカでの生活一般についてご助言いただいたカセム・モンテさん、ピヤダーサ・ラトナーヤカさん、深町得男さん、そして具体的な助言をいただいただけでなく、実際にスリランカ滞在中にも激励をいただいた足立明さん、澁谷利雄さん、執行一利さん、これらの方々には本当にお世話になった。足立明さんからは調査の具体的方法について叱咤激励を受け、どんなに心強かったか、また澁谷利雄さんはその後もスリランカ研究フォーラムでご一緒させていただき、研究上の刺激を受け続けている。これらの方々に感謝申し上げたい。

なお、本研究にあたっては、一九八四年度財団法人トヨタ財団の研究助成、二〇〇〇年度山崎香辛料振興財団の研究助成を受けた。関係者に感謝を申し上げたい。
本書をまとめるに際し、八千代出版の大野俊郎社長には企画の段階でお骨折りいただいた。また編集部の飯村玲子さんには、拙ない原稿の内容から文章表現までのすべてにわたり、助言をしていただいた。ありがとうございました。

二〇〇四年四月

高桑　史子

《注》

（1）小説家・劇作家・文芸評論家として有名なE・サラッチャンドラが日本を舞台に描いて発表した『亡き人』（一九五九年）、『お命日』（一九六五年）（一九九三年、二部作を野口忠司が『亡き人』として日本語に翻訳）は大学入学資格試験の問題として採用されたり、また極東の神秘の国日本への憧れをかきたてた書として非常に有名である。NHKの「おしん」がスリランカで放映されるまでは、日本といえば、自動車、モーターバイク、家電製品か『亡き人』のヒロイン、ノリコであった。スリランカの日本人観については澁谷利雄（一九九〇）参照。

（2）一九八〇年代日本の農村地帯で農業離れと過疎化に伴う「嫁不足」の解消として「アジアから花嫁を世話する」活動があった。ビジネスとして結婚相談所や民間業者のみならず自治体もアジアから花嫁を連れてくる活動を熱心に行った。異文化への無理解、「貧しいアジア」から金銭で女性を連れてくること、その後のケア不足など様々な問題が露呈し、マスコミ等で盛んに取り上げられた。この背景と問題点の指摘は中村尚司（一九九四）参照。

参考・引用文献

赤嶺綾子　一九九五「タイ漁村と活躍する女性たち」中村尚司・鶴見良行編著『コモンズの海』学陽書房
秋道智彌編著　一九九八『海人の世界』同文舘出版
足立　明　一九九五「開発現象と人類学」米山俊直編著『現代人類学を学ぶ人のために』世界思想社
足立　明　一九九七「スリランカ—民族と暴力—」青木　保・内堀基光・梶原景昭・小松和彦・清水昭俊・中林伸浩・福井勝義・船曳建夫・山下晋司編『岩波講座　文化人類学　第六巻　紛争と運動』岩波書店
足立　明　二〇〇三「開発の記憶—序にかえて—」『民族學研究』六七—四　日本民族学会
飯田　卓　二〇〇一「マダガスカル南西部ヴェズにおける漁撈活動と漁家経済」『国立民族学博物館研究報告』二六巻一号　国立民族学博物館
池沢敬八　一九九四「ガーメント（縫製業）」中村尚司編著『海外職業訓練ハンドブック　スリランカ』財団法人海外職業訓練協会
石井正子　二〇〇二『女性が語るフィリピンのムスリム社会　紛争・開発・社会的変容』明石書店
大野純一　一九九七「スリランカにおける構造調整」『アジア経済』三八—五　アジア経済研究所
大森元吉　一九八八「村落社会の全体秩序」千葉正士編著『スリランカの多元的法体制』（アジア法叢書九）成文堂
岡村　隆　二〇〇〇「モルディブのカツオブシ」秋野晃司・小幡　壮・澁谷利雄編著『アジアの食文化』建帛社

岡本真佐子　一九九六『開発と文化』岩波書店
ガードナー・K著、田中典子訳　二〇〇二『河辺の詩―バングラデシュ農村の女性と暮らし―』風響社（1991 *Songs at the River's Edge : Stories from a Bangladeshi Village*）
柿崎京一　一九九三「漁村」「漁民」森岡靖美・塩原勉・本間康平編集代表『新社会学事典』有斐閣
蟹沢慶子　二〇〇〇「スリランカの僧院の食」秋野晃司・小幡壮・澁谷利雄編著『アジアの食文化』建帛社
辛島昇編　一九九四『インド入門II　ドラヴィダの世界』東京大学出版会
国際協力事業団　一九九四『漁民生活向上（スリランカ）基礎調査団報告書』国際協力事業団
小馬徹　二〇〇〇「キプシギスの女性自助組合運動と女性婚―文化人類学はいかに開発研究に資することができるのか―」青柳まちこ編『開発の文化人類学』古今書院
酒井純　二〇〇一「モルディブの鰹節（カツオと日本人第一〇回）」『月刊オルタ』七月号
サラッチャンドラ・E著、野口忠司訳　一九九三『亡き人』南雲堂
執行一利　一九八七a「シンハラ農村の社会組織―いくつかの社会集団について―」『史苑』第四七巻第一号（通巻一三七号）立教大学史学会
執行一利　一九八七b「シンハラ社会の命名システム―個人名と称号について―」『ふぃるど』第二号　明治大学社会人類学会
シビル・ウェッタシンハ著、まつおかきょうこ訳　一九九四『きつねのホイティ』福音館書店
澁谷利雄　一九八九『祭りと社会変動―スリランカの民衆劇と民族紛争―』同文舘
澁谷利雄　一九九〇「日本との関係」杉本良男編著『もっと知りたいスリランカ』弘文堂
澁谷利雄　一九九五「食と宗教―スリランカの場合―」滝口直子・秋野晃司編著『食と健康の文化人類学』

学術図書出版
澁谷利雄　二〇〇三「菩提樹をめぐる信仰」澁谷利雄・高桑史子編著『スリランカ　人びとの暮らしを訪ねて』段々社
澁谷利雄・高桑史子編著　二〇〇三『スリランカ　人びとの暮らしを訪ねて』段々社
ジョアンナ・メーシー著、中村尚司監修、霍田栄作他訳　一九八四『サルボダヤ―仏法と開発―』めこん
白蓋由喜　一九九六「ココヤシの島スリランカ」鶴見良行・宮内泰介編著『ヤシの実のアジア学』コモンズ
杉本良男　一九八六「スリランカの仏教―王亡き王国の宗教―」『文化人類学』三　アカデミア出版会
杉本良男　一九八八「シンハラ仏法論」千葉正士編著『スリランカの多元的法体制―西洋法の移植と固有法の対応―』（アジア法叢書九）成文堂
杉本良男編著　一九八七『もっと知りたいスリランカ』弘文堂
杉本良男編著　一九九八『アジア読本―スリランカ―』河出書房新社
鈴木晋介　一九九九「スリランカ・サルボダヤ運動における『開発』と『伝統』―現場から『開発の時代』を据え直すための予備的考察―」『族』三〇号　筑波大学歴史人類学系民族学研究室
鈴木正崇　一九九六『スリランカの宗教と社会―文化人類学的考察』春秋社
高桑史子　一九八四「スリランカのシンハラ漁民社会概観―Alexander, Pの研究から―」『南島史学』二三号　南島史学会
高桑史子　一九八八「スリランカ南部沿岸漁村の魚商人―漁民から魚商へ―」『社会人類学会年報』No.14　東京都立大学社会人類学会・弘文堂
高桑史子　一九九七「漁民？　魚商？　―スリランカのKaravaカースト―」秋道智彌編著『海人の世界』

同文館出版
高桑史子　一九九八「移動する漁民―スリランカ漁民の移動パターンの変遷―」『文化国際研究』第二巻　東京都立短期大学文化国際学科
高桑守史　一九九四『日本漁民社会論考―民俗学的研究―』未来社
田中典子　一九九三『消されたポットゥースリランカ少数民族の女たち』農山漁村文化協会
田中雅一　一九九二「スリランカ・タミル漁村における女性の地位―親族組織と経済の領域を中心に―」『西南アジア研究』三六号　京都大学
田中雅一　一九九三「漁業儀礼考―スリランカ・タミル漁村における地曳網漁をめぐって―」『国立民族学博物館研究報告』一八巻一号　国立民族学博物館
田中雅一　一九九四「イラナウィラ」『漁民生活向上（スリランカ）基礎調査団報告書』国際協力事業団
田中雅一　一九九五「スリランカ漁民社会のジェンダー」中村尚司・鶴見良行編著『コモンズの海』学陽書房
谷口佳子　一九八八「女性の地位―伝統と変容」千葉正士編著『スリランカの多元的法体制―西洋法の移植と固有法の対応―』（アジア法叢書九）成文堂
谷口佳子　一九九七『開発と女性』における労働とエンパワーメント―女性の労働をどう考えるか―」川田順造ほか編『岩波講座　開発と文化三　反開発の思想』岩波書店
谷口佳子　一九九九「低地シンハラ農村の女性と工場労働」「農村女性の地域社会活動―ジェンダー、労働、エンパワーメント―」大森元吉編著『スリランカの女性、開発、民族意識（国際基督教大学社会科学研究所地域研究シリーズI）』明石書店

鶴見良行　一九九〇『ナマコの眼』筑摩書房

内藤俊雄　一九九〇『イスル・ソヤ―スリランカの海外出稼ぎ事情―』同文館

中谷文美　二〇〇三『「女の仕事」のエスノグラフィ　バリ島の布・儀礼・ジェンダー』世界思想社

中村尚司　一九九四『人々のアジア―民際学の視座から―』岩波書店（岩波新書）

野口武徳　一九八七『漂海民の人類学』弘文堂

ピット＝リヴァース・J・A著、野村雅一訳　一九八〇『シエラの人びと』（1954 *The People of the Sierra*）弘文堂

ホーネル・E　一九七四「漁撈文化人類学」藪内芳彦編著『漁撈文化人類学の基本的文献資料とその補足的研究』（Hornell, E. E. 1950 *Fishing in Many Waters*）

松井やより　一九九六『女たちがつくるアジア』岩波書店（岩波新書）

村山真弓　一九九七「女性の就労と社会関係―バングラデシュ縫製労働者の実態調査から―」押川文子編『南アジアの社会変容と女性』（アジア経済研究所研究双書四七〇）アジア経済研究所

森谷裕美子　二〇〇四『ジェンダーの民族誌―フィリピン・ボントックにおける女性と社会―』九州大学出版会

八木祐子　一九九九「結婚・家族・女性―北インド農村社会の変容―」窪田幸子・八木祐子編著『社会変動と女性―ジェンダーの文化人類学―』ナカニシヤ出版

Ahmed, S. A.　1987 'Percepions of Socio-economic and Cultural Impact of Tourism in Sri Lanka-A Research Study'　*MARGA* Vol. 8 No. 4, MARGA Institute.

Alexander, P.　1977 'Sea Tenure in Southern Sri Lanka'　*Ethnology* Vol. 16.

Alexander ,P. 1982 *Sri Lanka Fishermen : Rural Capitalism and Peasant Society* (Monographs on South Asia No. 7), Canberra, Australian National University.

Alles, D. 1997 *Facets of Sri Lanka 2 Traditional Foods & Cookery Down the Ages*, Colombo, Doreen Alles Reserved.

Argenti-Pillen, A. 2003 *Masking Terror-How Women Contain Violence in Southern Sri Lanka*, Philadelphia, University of Pennsylvania Press.

BOBP 1991 *The Fisherfolk of Puttalam, Chilaw, Galle and Matara District, Sri Lanka* (BOBP/INF/12).

Burman, S. (ed) *Money-Go-Rounds : The Importance of Rotating Savings and Credit Associations for Women* (Cross-Cultural Perspectives on women vol.14), Oxford, BERG.

Busby, C. 2000 *The Performance of Gender : An Anthropology of Everyday Life in a South Indian Fishing Village*, London, The Athlone Press.

Christensen, J. B. 1977 'Motor Power and Woman Power : Technological and Economic Change Among the Fanti Fishermen of Ghana' Smith, M. E. (ed) *Those who Live From the Sea : A Study in Maritime Anthropology*, USA, West Publishing Co.

Cole, S. 1988 'The Sexual Division of Labor and Social Change in a Portuguese Fishery' Nadel-Klein, J. & Davis, D. L. (eds) *To Work and to Weep-Women in Fishing Economies* (Social and Economic Papers No. 18) Institute of Social and Economic Research, Memorial University of Newfound land

Cumaranatunga, L. K. 1990 'Coping with the Unknown : Sri Lankan domestic aides in West Asia.' In

Kiribamune, S. & Samarasinghe, V. (eds), *"Women at the Crossroads A Sri Lanka Perspective"* (International Center for Ethnic Studies : Sri Lanka Studies Series) New Delhi, NORAD and Vikas Publishing House.

Danapala, A. H. & Deheragoda, C. K. M. & Samarasiri, N. G. 1993 *Resource Survey and Mapping of Matara District,* Matara District Integrated Rural Development Project.

Disanayaka, J. B. 1998 *Understanding The Sinhalese*, Colombo, Godage Poth Mendura.

De Silva, M. W. 1977 'Structural Change in Coastal Fishing Community in Sri Lanka' *MARGA* Vol. 4 No. 2

Drewes, E. 1982 *Three Fishing Villages in Tamil Nadu-A Socio-economic Study with Special Reference to the Role and Status of Women* (Bay of Bengal Working Paper 14) Bay of Bengal Programme, Development of Small-Scale Fisheries Food and Agriculture Organization of the United Nations.

Fernando, S. 1984 'The Marketing System of the Small-Scale Fishery of Sri Lanka' *MARGA Special Issue Fisheries* Vol. 7 No. 2 & 3, Colombo, Marga Institute.

Fernando, S. & Devasena, L. & Banda, R. M. R. & Somawantha, H. K. M. 1984 'The Impact of Buddhism on Small-Scale Fishery Performance and Development' *MARGA Special Issue Fisheries* Vo.l .7 No. 2 & 3, Colombo, MARGA Institute.

Firth, R. 1966 *Malay Fishermen : Their Peasant Economy*, London, Routledge and Kegan Paul Ltd.

Galdwell, B. 1999 *Marrige in Sri Lanka A Century of Change*, Hindustan Publishing Corporation.

Gamburd, M. R. 2000 *The Kitchen Spoon's Handle : Transnationalism and Sri Lanka's Migrant House-*

maids, Cornell University Press.

Gombrich, R & Obeyesekere, G. 1988 *Buddhism Transformed : Religious Change in Sri Lanka*, Princeton, Princeton Univer sity Press.（ゴンブリッチ、オベーセーカラ著　島 岩訳　2002『スリランカの仏教』法蔵館）

Hulbert, K. W. 1970 *A Study in Human Ecology :The Sea-fishing people of the Southwest Coast of India*, University of Colorado.

Integrated Rural Development Project Office, Matara 1990 *Resources Profile of Devinuwara AGA Devisions*, Southern Province, Matara District Devinuwara Electorate.

Jayaweera, S. (ed) 2002 *Women in Post-Independence Sri Lanka*, New Delhi, Sage Publication.

Jayatilaka, R. 1998 'Globalization and Rural Women : A Case Study of Two Villages in the District of Galle' *Logos* Vol. 36 No. 1, Colombo, Center for Society and Religion.

Jayaweera, S. & Sanmugam, T. 1998 *Women's Rights in the Informal Sector-Mahaweli Settlements-Coir Industry*, Study Series No. 14. Centre for Women's Research (CENWOR) Sri Lanka.

Kapferer, Bruce 1983 *A Celebration of Demons : Exorcism and the Aesthetics of Healing in Sri Lanka*, Bloomington, Indiana University Press.

Krabacher 1988 'Sexual Division of Labor, Risk, and Economic Success along the Sherbro Coast of Sierra Leone' Nadel-Klein, J. & Davis, D. L. (ed) 1988 To Work and to Weep-Women in Fishing Economics (Social and Ecomomic Paper. No. 18) Institate of Social and Economic Research Memorial University of Newfoundland.

Leach, E. R. 1960 'The Sinhalese of Dry Zone of Northern Ceylon' Murdock, G. P. (ed) *Social Structure in Southeast Asia*, Viking Fund Publications in Anthropology No. 29, Chicago, Quadrangle Books.

Leach, E. R. 1961 *Pul Eliya : A Village in Ceylon, A Study of Land Tenure and Kinship*, Cambridge University Press.

Leach, E. R. 1982 *Social Anthropology*, Fontana Paperbacks. (リーチ著、長島信弘訳 一九八五『社会人類学案内』岩波書店)

Leitan, T. & Gunasekera, S. 1995 'Women in the Fishing Industry : Participatory Development through Co-operatives Research Study', *LOGOS* Vol. 34 No. 1. Colombo, Center for Society and Religion.

MARGA (ed) 1984 *Fisheries* (Marga Quarterly Journal, Special Issue Vol. 7 No. 2 & 3) Colombo MARGA Institute.

Mayoux, L. & Anand, S. 1995 'Gender Inequality, ROSCAs and Sectoral Employment Strategies : Questions from the South Indian Silk Industry' Ardens, S. & Burman, S. (ed) *Money-Go-Rounds : The Importance of Rotating Savings and Credit Associations for Women* (Cross-Cultural Perspectives on women vol. 14), Oxford, BERG.

Mohini, R. S. 1995 'Women's ROSCAs in Contemporary Indian Society' Ardens, S. & Burman, S. (ed) *Money-Go-Rounds : The Importance of Rotating Savings and Credit Associations for Women* (Cross-Cultural Perspectives on women vol. 14), Oxford, BERG.

Moor, M. 1985 *The State and Peasant Politics in Sri Lanka*, Cambridge University Press.

Munasinghe, H. 1984 'Socio-Economic Conditions of Small-Scale Fishermen in Sri Lanka' *MARGA*

Special Issue Fisheries Vol. 7 No. 2 & 3, Colombo MARGA Institute.

Murdock, G. P. 1960 'Cognatic Forms of Social Organization' Murdock G. P. (ed) "*Social Structure in Southeast Asia*" Viking Fund Publications in Anthropology No. 29, Chicago, Quadrangle Books.

Muthumala, K. 1999 *Matara and Its Hinterland : A Geographical Analysis of a Medium Size Town in South western Sri Lanka,* Stuttgart, Franz Steiner Verlag.

Nadel-Klein, J. & Davis, D. L. (ed) 1988 *To Work And to Weep-Women in Fishing Economies* (Social and Economic Papers No. 18), Institute of Social and Economic Research, New foundland, Memorial University of Newfoundland.

Nandasena, R. 1999 *Sex Workers of Sri Lanka*, A Sarvodaya Vishva Lekha Publication.

National Department of Census and Statistics 1997 *Changing Role of Women in Sri Lanka*, Department of Census and Statistics Ministry of Finance and Planning.

Nieuwenhuys, O 1989 Invisible Nets : Women and Children in Kerala Fishing, *Maritime Anthropological Studies* Vol. 2 No 2.

Nissan, E. 1988 Polity and Pilgrimage Centers in Sri Lanka, *Man* 23-2.

Nowak, B. S. 1988 'The Cooperative Nature of Women's and Men's Roles in Btsisi' Marine Extracting Activities' Nadel-Klein, J & Davis, D. L. (ed) *To Work and to Weep-Women in Fishing Economies* (Social and Economic Papers No.18), Institute of Social and Economic Research Memorial University of Newfoundland.

Obeyesekere, G. 1963 'Pregnancy cravings (Dola Dika) in relation to social structure and personality in a Sinhalese village' *American Anthropologist* 65.

Obeyesekere, G. 1967 *Land Tenure in Village Ceylon*, Cambridge University Press.

Obeyesekere, G. 1977 'The Social Change and the Deities : Rise of the Kataragama Cult in Modern Sri Lanka' *Man* (N. S.) 12.

Obeyesekere, G. 1978 'The Fire-Walkers of Kataragama : The Rise of Bhakti Religiousity in Buddhist Sri Lanka' *Journal of Asian Studies*.

Raghavan, M. D. 1961 *The Karava in Ceylon, Society and Culture,* Colombo, K. V. G. de Silva & Sons.

Ram, K. 1991 *Mukkuvar Women : Gender, Hegemony and Capitalist Transformation in a South Indian Fishing Community, Sydney*, Allen & Unwin Pty Ltd.

Ratnapala, N 1984 *Tourism in Sri Lanka : the Social Impact*, Sri Lanka, A Sarvodaya Vishva Lekha Publication.

Ratnapala, N 1999 *Sex Workers of Sri Lanka*, Sri Lanka, A Sarvodaya Vishva Lekha Publication.

Risseeuw, C. 1991 (1988) *Gender Transformation, Powe and Resistance among Women in Sri Lank — The Fish don't Talk about the Water—*, New Delhi, Manohar Publication.

Roberts, M. 1982 *Caste Conflict and Elite Formation : The Rise of Karava Elite in Sri Lanka 1500-1931*, Cambridge : Cambridge University Press.

Robinson, M. S. 1968 'Some Observation on the Kandyan Sinhalese Kinship System' *Man* (N. S.) 3.

Sivasubramaniam, K 1997 *One Hundred Years of Fisheries Management in Sri Lanka : Lessons for the Future*, Sri Lanka, Department of Fisheries and Aquatic Resources.

Skjomsberg 1982 A *Special Caste? Tamil Women of Sri Lanka*, Zed Press.

Smith, M. E. 1977 Introduction, Smith, M. E. (ed) *Those Who Live From the SEA : A Study in Maritime Anthropology*, USA, West Publishing Co.

Spencer, J. 1989 'Anthropology as a kind of Writing' *Man* (N.S.) 24-1.

Spencer, J. 1990 'Writing Within Anthropology, Nationalism, and Culture in Sri Lanka' *Current Anthropology* 31-3.

Spencer, J. 1990 *A Sinhala Village in a Time of Trouble-Politics and Change in Rural Sri Lanka*, Oxford University Press.

Spoehr, A. 1980 Introduction, Spoehr, A. (ed) *Maritime Adaptation : Essays on Contemporary Fishing Communities Contributions from ETHNOLOGY*, University of Pittsburgh Press.

Stirrat, R. L. 1977 'Dravidian and non-Dravidian Kinship terminologies in Sri Lanka' *Contribution to Indian Sociology* (N.S.) Vol. 11 No. 2

Stirrat, R. L. 1988 *On the Beach-Fishermen, Fisherwives and Fishtraders in Post-Colonial Lanka*, Delhi Hindustan Publishing Corporation.

Swarna, J. (ed) 2002 *Women in Post-Independence Sri Lanka*, New Delhi, Sage Publications.

Tambiah, S. J. 1966 'Polyandry in Ceylon : With Special Reference to the Laggala Region' von Furer-heimendorf, C (ed). *Caste and Kin in Nepal, India and Ceylon-Anthropological Studies in Hindu-Buddhist Contact Zones*.

Tambiah, S. J. 1973 Dowry and Bridewealth and the Property Rights of Women in South Asia. Goody,

J. & Tambiah, S. J. *Bridewealth and Dowry*, Cambridge University Press.

Tennakoon, 1988 'Rituals of Development: The Accelerated Mahavali Development Program of Sri Lanka' *American Ethnologost* 15-2.

Thorbek, S.（Fredsfod, B. 英訳） 1994 *Gender and Slum Culture in Urban Asia*, Zed Books Ltd, London and New Jersey.

Toussaint, A. 1966（Guicharnaud 訳） *History of the Indian Ocean*, 原文 1961.

Volkman, T. A. 1994 'Our garden is the Sea : Contingency and Improvisation in Mandar women's work' *American Ethnologist* 21(3) : 564-585.

Yalman, N. 1971 *Under the Bo Tree : Studies in Caste, Kinship and Marriage in the Interior of Ceylon*, University of California Press.

シンハラ語文献

チャンダナ 1994 *Werala : Dhīwara Janakavi Nirūshaya hā Vimārshanaya*, Ratmalana, Pethikada Publishers & Press.（1994『浜辺：漁民の民俗歌謡と生活伝承』）

初出一覧

はじめに（書き下ろし）

第一部

第一章（書き下ろし）

第二章

第一節（書き下ろし）

第二節「漁民？　商人？　―スリランカのKaravaカースト―」（秋道智彌編『海人の世界』同文舘出版　一九九八年）をベースに加筆補訂

第三節「コロンボと西海岸」（杉本良男編著『もっと知りたいスリランカ』弘文堂　一九八七年）をベースに加筆補訂

第四節・第五節「漁船の動力化と村落開発―スリランカ漁村の実態―」（『ふぃるど』第三号、明治大学社会人類学会　一九八九年）と「移動する漁民―スリランカ漁民の移動パターンの変遷―」（『文化国際研究』第二巻、東京都立短期大学文化国際学科　一九九八年）を再構成し加筆補訂

第六節「女性が支える漁民の暮らし―漁村の生活―」（杉本良男編著『アジア読本スリランカ』河出書房新社　一九九八年）をベースに加筆補訂

第七節（書き下ろし）

第三章

第一節・第二節（書き下ろし）

第三節「スリランカ南部沿岸漁民のムラと家族」（明治大学社会人類学研究室編『明治大学社会・人類学会年報』一号、人間の科学社　一九八七年）をベースに加筆補訂

第四節・第五節「スリランカ海村社会のジェンダー―女性の労働と男性の労働―」（大胡欽一編『アジア世界　その構造と原義を求めて（下）』八千代出版　一九九八年）をベースに加筆補訂

第六節（書き下ろし）

第四章

第一節「南岸漁村の「開発」と女性の労働」（大森元吉編『スリランカの女性・開発・民族意識（国際基督教大学社会科学研究所地域研究シリーズⅠ）』明石書店　一九九九年）をベースに加筆補訂

第二節「幸運な男と有能な妻―スリランカ南岸村の家族―」（『法政人類学』五〇、一九九二年）をベースに加筆補訂

第三節・第四節・第五節（書き下ろし）

第二部

第一章「ニックネームにみられるスリランカ漁民の仏教的価値観と個人の類別」（明治大学社会人類学研究室編『明治大学社会・人類学会年報』二号、人間の科学社　一九八八年）

第二章「アペーパンサラ！（我々の寺）―スリランカ南部漁村における寺院の役割と機能―」（明治大学社会人類学研究室編『明治大学社会・人類学会年報』三号、人間の科学社　一九八九年）をベースに

加筆補訂

第三章（書き下ろし）

補　論「スリランカ食文化における香辛料使用の変遷に関する試論―社会変化とジェンダーの関係から―

（『文化国際研究』第六巻、東京都立短期大学文化国際学科　二〇〇二年）

おわりに（書き下ろし）

索　引

ア　行

サ　行

マ　行

著者略歴

高桑史子（たかくわ・ふみこ）

1949年兵庫県西宮市生まれ
早稲田大学第一文学部東洋史学科卒業
明治大学大学院政治経済研究科修士課程、博士後期課程を経て、
現在、東京都立短期大学文化国際学科教授
専門は文化人類学。スリランカ、日本の南西諸島、鹿児島県の島嶼にて
　　フィールドワークを行っている

【主な著書・論文】
『アジア読本・スリランカ』（共著　河出書房新社　1998年）
『スリランカの女性・開発・民族意識』（共著　明石書店　1999年）
『スリランカ―人々の暮らしを訪ねて―』（共編　段々社　2003年）
「スリランカ仏教徒のムラに見られる共食と食の接待」（『アジア遊学61　世界の宴会「宴会」なくして「社会」ありやいなや』勉誠出版　2004年）
「甑島漁村における家族の可動性―その構造と変化―」（シリーズ比較家族第III期2『変貌する東アジアの家族』比較家族史学会監修　早稲田大学出版部　2004年）
など

スリランカ海村社会の女性たち
―文化人類学的研究―

2004年4月30日第1版1刷発行

著　者―高　桑　史　子
発行者―大　野　俊　郎
印刷所―三浦企画印刷
製本所―美　行　製　本
発行所―八千代出版株式会社
〒101-0061　東京都千代田区三崎町2-2-13
TEL　03-3262-0420
FAX　03-3237-0723
振替　00190-4-168060

＊定価はカバーに表示してあります。
＊落丁・乱丁本はお取替えいたします。

ISBN 4-8429-1323-1